삼성병원 간호사
GSAT

삼성서울병원 · 강북삼성병원 · 삼성창원병원

FINAL 실전 최종모의고사 6회분 + 무료삼성특강

SD에듀
(주)시대고시기획

✿ 머리말

삼성병원에 소속된 의료기관에는 삼성서울병원, 강북삼성병원, 삼성창원병원이 있다. 이 3개의 병원은 삼성그룹의 사회공헌활동을 수행하고 있으며, 환자행복을 위한 의료혁신을 위해 긴밀한 협력체계로 운영되고 있다.

삼성서울병원은 1994년 개원 당시 환자 중심과 고객 만족이라는 앞선 슬로건으로 국내 의료계의 패러다임을 바꿔왔다. 지난 20년 동안 NCSI(국가고객만족도) 14회 1위, 브랜드스타 병원 부문 12년 연속 1위에 선정되는 등 국민들로부터 많은 사랑을 받아오고 있다.

강북삼성병원은 1968년 11월 2일 유서깊은 경교장 터에 대한민국 최고의 병원을 모토로 개원하였으며, 오랜 전통과 함께 우수한 의료진, 첨단 시설로 건강한 대한민국을 선도해 왔다. 2012년에는 건강보험심사평가원이 발표한 '위암, 대장암, 간암 3대암 수술을 잘하는 병원'으로 선정되는 등 우수한 성과를 보여 왔다.

삼성창원병원은 2010년 7월, 학교법인 성균관대학교의 부속병원으로 전환되어 창원시의 첫 대학병원으로 출범하였다. 대학병원의 역할인 수준 높은 진료, 의료인재양성을 위한 교육, 미래의학발전을 위한 연구활동을 활발히 수행하고 있다.

삼성병원은 우수한 인재를 확보하기 위해 간호사 채용 절차 중 하나로 GSAT(Global Samsung Aptitude Test : 삼성직무적성검사)를 시행하고 있다. 삼성병원 GSAT의 경우 일반 삼성 계열사에서 실시하는 GSAT 과목과 일치하나, 간호라는 업무특성상 직무상식 영역을 시험 과목에 추가하고 있다. 이 영역에서는 기본적인 간호 관련 지식을 묻는 문제가 출제되며, 이를 통해 지원자들이 삼성병원의 간호사로서 일하기에 적합한 인재인지 평가한다.

이에 SD에듀에서는 수험생들이 GSAT에 대한 '철저한 준비'를 할 수 있도록 다음과 같이 교재를 구성하였으며, 이를 통해 단기에 성적을 올릴 수 있는 학습법을 제시하였다.

도서의 특징

❶ 2022년 삼성병원 GSAT 기출복원문제를 수록하여 출제경향을 한눈에 파악할 수 있도록 하였다.

❷ 최근 출제경향을 분석하여 만든 모의고사 4회분으로 시험 직전 자신의 실력을 최종적으로 점검할 수 있도록 하였다.

❸ 전 회차에 도서 동형 온라인 실전연습 서비스를 제공하여 실제로 온라인 시험에 응시하는 것처럼 연습할 수 있도록 하였다.

끝으로 본서로 삼성병원 채용 시험을 준비하는 여러분 모두의 건강과 합격을 진심으로 기원한다.

SD적성검사연구소 씀

삼성병원 간호사
GSAT

Always **with you**

사람의 인연은 길에서 우연하게 만나거나
함께 살아가는 것만을 의미하지는 않습니다.
책을 펴내는 출판사와 그 책을 읽는 독자의 만남도 소중한 인연입니다.
SD에듀는 항상 독자의 마음을 헤아리기 위해 노력하고 있습니다.
늘 독자와 함께하겠습니다.

삼성병원 이야기

| 삼성서울병원 |

✿ 설립이념

건강한 사회와 복지국가 실현을 위하여 이웃과 함께 하는 따뜻한 기업으로서의 사명을 다한다.

✿ 미션

우리는 생명존중의 정신으로 최상의 진료, 연구, 교육을 실현하여 인류의 건강하고 행복한 삶에 기여한다.

✿ 비전

미래 의료의 중심 SMC

최고의 의료기술로 중증 고난도 환자를 맞춤 치료하여 최고의 치료 성과를 구현한다.

✿ 전략 방향

환자 중심	환자를 최우선으로 하는 환자 중심 병원
중증 고난도	최고의 치료성적을 내는 중증 고난도 집중 병원
첨단 지능	미래의료를 선도하는 첨단 지능형 병원
메디컬 클러스터	新치료법을 구현하는 메디컬 혁신 클러스터
케어 네트워크	의료사회와 상생하는 케어 네트워크 허브

✿ 채용절차

온라인 지원서 작성 ▶ 서류전형 ▶ GSAT ▶ 면접전형 ▶ 건강검진 ▶ 최종합격

| 강북삼성병원 |

❊ 미션

최상의 진료와 끊임없는 연구로 환자의 건강과 행복을 실현하여 신뢰받는 의료기관

❊ 비전

환자 중심의 헬스케어를 선도하는 100년 병원

❊ 핵심가치

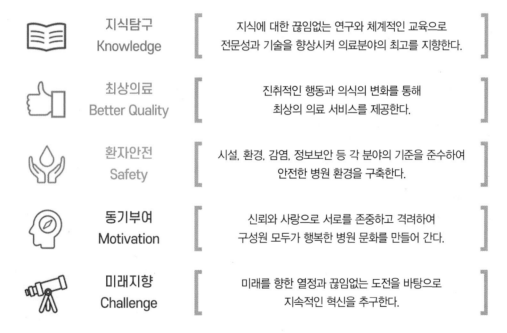

지식탐구 Knowledge	지식에 대한 끊임없는 연구와 체계적인 교육으로 전문성과 기술을 향상시켜 의료분야의 최고를 지향한다.
최상의료 Better Quality	진취적인 행동과 의식의 변화를 통해 최상의 의료 서비스를 제공한다.
환자안전 Safety	시설, 환경, 감염, 정보보안 등 각 분야의 기준을 준수하여 안전한 병원 환경을 구축한다.
동기부여 Motivation	신뢰와 사랑으로 서로를 존중하고 격려하여 구성원 모두가 행복한 병원 문화를 만들어 간다.
미래지향 Challenge	미래를 향한 열정과 끊임없는 도전을 바탕으로 지속적인 혁신을 추구한다.

❊ 인재상

다양한 의견제시와 자신의 개발에 주저없이 몸을 던지는 창의적인 사람

❊ 채용절차

온라인 지원서 작성 ▸ 서류전형 ▸ 1차 면접 ▸ GSAT ▸ 2차 면접 ▸ 신체검사 ▸ 최종합격

삼성창원병원

미션

우리는 생명존중의 정신으로 최상의 진료, 교육, 연구를 실천하여 인류건강, 인재육성, 의학발전에 기여한다.

비전

동남권역 선도 병원

핵심가치

Clinical Excellence	최적의 선진 의료시스템 구축
Service	환자 중심의 감동 서비스 제공
Satisfaction	직원 만족을 통한 자부심 함양
Innovation	미래의료를 개척하는 지속적 혁신

채용절차

합격 선배들이 알려주는

삼성서울병원/강북삼성병원 합격기

간호사 GSAT, 반복학습이 답이다!

고대하던 삼성서울병원 채용공고가 뜨자마자 원서 접수를 하고, GSAT 같은 인적성검사를 한 번도 경험해 보지 못했던 터라, 감도 안 잡히고 막막했어요. 그러던 중에 제가 공부했던 간호사 시험 책의 출판사인 SD에듀에서 간호사 GSAT 책을 냈다는 것을 알고 망설임 없이 구매했습니다. 막상 문제를 풀어보니 생각보다 높은 난도와 계속되는 오답에 좌절했지만, 처음부터 잘하는 사람은 없을 것이라고 생각하며 문제를 풀어나갔습니다. 오답이었던 문제들을 따로 표시해놓고 반복해서 보는 것도 잊지 않았고요. 반복해서 봐왔던 유형들이 시험문제에서 많이 보이더라고요. 그래서 당황하지 않고 문제를 풀어나갈 수 있었습니다. 직무상식 영역은 다 풀었고요ㅎㅎ. GSAT 공부도 학교 공부와 본질은 다르지 않은 것 같아요. 꾸준히 문제를 풀고 반복하는 것이 답이었고, 결국 당당히 합격할 수 있었습니다!

문제를 푸는 방법을 알려준 친절한 책!

1차 면접을 보고 필기시험일까지 2주 가량밖에 남지 않았는데 두꺼운 책을 다 공부해야 한다는 생각에 눈앞이 깜깜했지만, 결과적으로 책을 외우는 것이 아니라 일단 전부 다 푼 후 취약한 부분 위주로 반복해야겠다는 생각으로 공부했습니다. 저는 추리가 약한 편이었는데, 반복해서 보다 보니 문제 패턴이 눈에 보이게 되었고, 실제로 시험장에서 잘 써먹었습니다. 직무상식 부분도 자신 있다고 생각했지만 막상 풀어보니 틀리는 부분들이 좀 있어서, 따로 표시해놓고 시험 보러 가는 날 아침까지 봤구요. 광대한 범위를 다 공부한다는 부담감 없이, 약한 부분만 골라 보고 반복해서 본 것이 저에게는 효과적인 학습이 되었던 것 같습니다!!

❖ 본 독자 후기는 실제 SD에듀의 도서를 통해 공부하여 합격한 독자들께서 보내주신 후기를 재구성한 것입니다.

이 책의 차례

Add+ 특별부록

2022년 기출복원문제

www.sdedu.co.kr

2022년 기출복원문제

※ 정답 및 해설은 바로 뒤 p.10에 있습니다.

제 1 영역 수리논리

01 화물 출발지와 도착지 간 거리가 A기업은 100km, B기업은 200km이며, 운송량은 A기업이 5톤, B기업이 1톤이다. 국내 운송 시 수단별 요금체계가 다음과 같을 때, A기업과 B기업의 운송비용에 대한 설명으로 가장 적절한 것은?(단, 다른 조건은 같다)

구분		화물자동차	철도	연안해송
운임	기본운임	200,000원	150,000원	100,000원
	추가운임	1,000원	900원	800원
부대비용		100원	300원	500원

※ 추가운임 및 부대비용은 거리(km)와 무게(톤)를 곱하여 산정한다.

① A, B 모두 화물자동차 운송이 저렴하다.
② A는 화물자동차가 저렴하고, B는 모든 수단이 같다.
③ A는 모든 수단이 같고, B는 연안해송이 저렴하다.
④ A, B 모두 철도운송이 저렴하다.
⑤ A는 연안해송, B는 철도운송이 저렴하다.

02 다음은 2017 ~ 2021년의 한부모 및 미혼모·부 가구 수를 조사한 자료이다. 자료에 대한 설명으로 적절하지 않은 것은?

〈2017 ~ 2021년 한부모 및 미혼모·부 가구 수〉

(단위 : 천 명)

구분		2017년	2018년	2019년	2020년	2021년
한부모 가구	모자 가구	1,600	2,000	2,500	3,600	4,500
	부자 가구	300	340	480	810	990
미혼모·부 가구	미혼모 가구	80	68	55	72	80
	미혼부 가구	28	17	22	27	30

① 한부모 가구 중 모자 가구 수는 2018 ~ 2021년까지 2020년을 제외하고 매년 1.25배씩 증가한다.

② 한부모 가구에서 부자 가구가 모자 가구 수의 20%를 초과한 연도는 2020년과 2021년이다.

③ 2020년 미혼모 가구 수는 모자 가구 수의 2%이다.

④ 2018 ~ 2021년 전년 대비 미혼모 가구와 미혼부 가구 수의 증감 추이가 바뀌는 연도는 같다.

⑤ 2018년 부자 가구 수는 미혼부 가구 수의 20배이다.

03 S사 인사이동에서 A부서 사원 6명이 B부서로 넘어갔다. 부서 인원이 각각 15% 감소, 12% 증가했을 때, 인사이동 전 두 부서의 인원 차이는?

① 6명   ② 8명

③ 10명   ④ 12명

⑤ 14명

04 다음은 휴대폰 A~D의 항목별 고객평가 점수를 나타낸 자료이다. 다음 〈보기〉에서 이에 대한 설명으로 적절한 것을 모두 고르면?

〈휴대폰 A~D의 항목별 고객평가 점수〉

구분	A	B	C	D
디자인	8	7	4	6
가격	4	6	7	8
해상도	5	6	8	4
음량	6	4	7	5
화면크기·두께	7	8	3	4
내장·외장메모리	5	6	7	8

※ 각 항목의 최고점은 10점이다.
※ 기본점수 산정방법 : 각 항목에서 제일 높은 점수 순대로 5점, 4점, 3점, 2점 배점
※ 성능점수 산정방법 : 해상도, 음량, 내장·외장메모리 항목에서 제일 높은 점수 순대로 5점, 4점, 3점, 2점 배점

───〈보기〉───

ㄱ. 휴대폰 A~D 중 기본점수가 가장 높은 휴대폰은 C이다.
ㄴ. 휴대폰 A~D 중 성능점수가 가장 높은 휴대폰은 D이다.
ㄷ. 각 항목의 고객평가 점수를 단순 합산한 점수가 가장 높은 휴대폰은 B이다.
ㄹ. 성능점수 항목을 제외한 고객평가 점수만을 단순 합산했을 때, 휴대폰 B의 점수는 휴대폰 C 점수의 1.5 배이다.

① ㄱ, ㄷ
② ㄴ, ㄹ
③ ㄱ, ㄴ, ㄷ
④ ㄱ, ㄷ, ㄹ
⑤ ㄴ, ㄷ, ㄹ

05 다음은 S사 최종합격자 A~D 4명의 채용시험 점수표이다. 점수표를 기준으로 〈조건〉의 각 부서가 원하는 요구사항 대로 A~D를 배치한다고 할 때, 최종합격자 A~D와 각 부서가 바르게 연결된 것은?

〈최종합격자 A~D의 점수표〉

구분	서류점수	필기점수	면접점수	평균
A	㉠	85	68	㉡
B	66	71	85	74
C	65	㉢	84	㉣
D	80	88	54	74
평균	70.75	80.75	72.75	74.75

〈조건〉
〈부서별 인원배치 요구사항〉

홍보팀 : 저희는 대외활동이 많다보니 면접점수가 가장 높은 사람이 적합할 것 같아요.
총무팀 : 저희 부서는 전체적인 평균점수가 높은 사람의 배치를 원합니다.
인사팀 : 저희는 면접점수보다도, 서류점수와 필기점수의 평균이 높은 사람이 좋을 것 같습니다.
기획팀 : 저희는 어느 영역에서나 중간 정도 하는 사람이면 될 것 같아요.

※ 배치순서는 홍보팀 – 총무팀 – 인사팀 – 기획팀 순으로 결정한다.

	홍보팀	총무팀	인사팀	기획팀
①	A	B	C	D
②	B	C	A	D
③	B	C	D	A
④	C	B	D	A
⑤	C	B	A	D

01 다음 제시된 명제가 모두 참일 때, 빈칸에 들어갈 명제로 가장 적절한 것은?

> • 아는 것이 적으면 인생에 나쁜 영향이 생긴다.
> • _____
> • 지식을 함양하지 않으면 아는 것이 적다.
> 그러므로 공부를 열심히 하지 않으면 인생에 나쁜 영향이 생긴다.

① 공부를 열심히 한다고 해서 지식이 생기지는 않는다.
② 지식을 함양했다는 것은 공부를 열심히 했다는 뜻이다.
③ 아는 것이 많으면 인생에 나쁜 영향이 생긴다.
④ 아는 것이 많으면 지식이 많다는 뜻이다.
⑤ 아는 것이 적으면 지식을 함양하지 않았다는 것이다.

02 다음 제시된 단어의 대응 관계로 볼 때, 빈칸에 들어가기에 가장 적절한 것은?

> 호평 : 악평 = 예사 : (   )

① 비범   ② 통상
③ 보통   ④ 험구
⑤ 인기

03 A, B, C 세 사람은 점심식사 후 아메리카노, 카페라테, 카푸치노, 에스프레소 4종류의 음료를 파는 카페에서 커피를 마신다. 주어진 〈조건〉이 항상 참일 때, 다음 중 옳은 것은?

> ───── 〈조건〉 ─────
> • A는 카페라테와 카푸치노를 좋아하지 않는다.
> • B는 에스프레소를 좋아한다.
> • A와 B는 좋아하는 커피가 서로 다르다.
> • C는 에스프레소를 좋아하지 않는다.

① C는 아메리카노를 좋아한다.
② A는 아메리카노를 좋아한다.
③ C와 B는 좋아하는 커피가 같다.
④ A가 좋아하는 커피는 주어진 조건만으로는 알 수 없다.
⑤ C는 카푸치노를 좋아한다.

※ 다음 도식에서 기호들은 일정한 규칙에 따라 문자를 변화시킨다. ?에 들어갈 적절한 문자를 고르시오(단, 규칙은 가로와 세로 중 한 방향으로만 적용된다). **[4~7]**

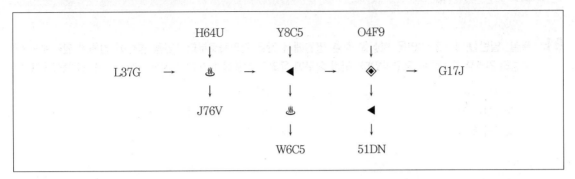

04

S4X8 → ♨ → ◈ → ?

① 37YT
② YT37
③ 95ZU
④ 5Z9U
⑤ Y73T

05

W53M → ◀ → ◈ → ?

① L12S
② M32P
③ L21S
④ MP32
⑤ 3M2P

06

T83I → ♨ → ◀ → ?

① H52Q
② Q52H
③ R63I
④ 63SI
⑤ 6S3I

07

6SD2 → ◀ → ◈ → ♨ → ?

① 34RE
② 4R3E
③ D43R
④ R4D3
⑤ 3QD3

01 특실, 일반실, 1·2·6인용 병실을 갖춘 병원에서 간호 관리자로부터 1인용 병실에 입원한 환자에게 더 특별히 간호를 잘하도록 요구받았다. 이런 요구에 윤리적 갈등을 느끼기 시작했다면 이 갈등의 핵심윤리는?

① 정의의 원리   ② 선행의 원리
③ 자율성의 원리   ④ 의무화의 원리
⑤ 성실의 원리

02 다음 중 삼차신경통(Trigeminal Neuralgia) 환자의 식이요법과 관련된 교육내용으로 가장 적절한 것은?

① 손상받지 않은 쪽으로 씹도록 한다.
② 단단하고 질긴 고섬유 식이를 권장한다.
③ 음식은 뜨겁게 데워서 준다.
④ 얼음이 섞인 음료를 준다.
⑤ 저단백 식이를 권장한다.

03 석고붕대 환자가 청색증이 오고 냉감과 감각이 없어질 때 간호사가 해야 할 행위는?

① 따뜻한 물수건을 대준다.   ② 탄력붕대를 감아준다.
③ 석고붕대 부위를 상승시킨다.   ④ 신경사정을 한다.
⑤ 석고붕대를 제거해 준다.

04 덤핑증후군을 경험하는 대상자의 간호중재로 적절하지 않은 것은?

① 충분한 수분섭취를 권장한다.   ② 저탄수화물 식이를 준다.
③ 양질의 단백질을 공급한다.   ④ 음식은 소량씩 나누어 먹는다.
⑤ 횡와위 자세로 식사를 하도록 한다.

05 만성기관지염 환자의 동맥혈가스분석 검사결과이다. 다음 중 간호중재로 적절한 것을 모두 고르면?

> pH : 7.25, PaO_2 : 65mmHg, $PaCO_2$: 61mmHg, HCO_3^- : 26mEq/L

> ㉠ 환자를 앙와위로 눕힌다.
> ㉡ 수분섭취를 권장한다.
> ㉢ 마스크를 사용하여 100% 산소를 투여한다.
> ㉣ 복식호흡을 하도록 권한다.

① ㉠, ㉡, ㉢　　　　　　　　　　　② ㉠, ㉢
③ ㉡, ㉣　　　　　　　　　　　　　④ ㉣
⑤ ㉠, ㉡, ㉢, ㉣

06 다음 중 경변증 환자를 위한 간호중재로 적절한 것을 모두 고르면?

> ㉠ 필요시 가는 바늘로 주사하고 주사 후 부드럽게 압박하여 지혈한다.
> ㉡ 복수와 부종이 있는 환자는 수분과 염분섭취를 제한한다.
> ㉢ 매일 체중과 섭취량, 배설량을 확인한다.
> ㉣ 가능한 한 단백질과 암모니아가 풍부한 식이를 권장한다.

① ㉠, ㉡, ㉢　　　　　　　　　　　② ㉠, ㉢
③ ㉡, ㉣　　　　　　　　　　　　　④ ㉣
⑤ ㉠, ㉡, ㉢, ㉣

2022년 기출복원문제 정답 및 해설

제 1영역 수리논리

01	02	03	04	05					
③	④	③	④	③					

01
정답 ③

- A기업
  - 화물자동차 : $200{,}000+(1{,}000×5×100)+(100×5×100)$
    $=750{,}000$원
  - 철도 : $150{,}000+(900×5×100)+(300×5×100)$
    $=750{,}000$원
  - 연안해송 : $100{,}000+(800×5×100)+(500×5×100)$
    $=750{,}000$원
- B기업
  - 화물자동차 : $200{,}000+(1{,}000×1×200)+(100×1×200)$
    $=420{,}000$원
  - 철도 : $150{,}000+(900×1×200)+(300×1×200)$
    $=390{,}000$원
  - 연안해송 : $100{,}000+(800×1×200)+(500×1×200)$
    $=360{,}000$원

따라서 A는 모든 수단의 운임이 같고, B는 연안해송이 가장 저렴하다.

02
정답 ④

미혼모 가구 수는 2019년까지 감소하다가 2020년부터 증가하였고, 미혼부 가구 수는 2018년까지 감소하다가 2019년부터 증가하였으므로 증감 추이가 바뀌는 연도는 같지 않다.

오답분석

① 한부모 가구 중 모자 가구 수의 전년 대비 증가율은 다음과 같다.
- 2018년 : $2{,}000÷1{,}600=1.25$배
- 2019년 : $2{,}500÷2{,}000=1.25$배
- 2020년 : $3{,}600÷2{,}500=1.44$배
- 2021년 : $4{,}500÷3{,}600=1.25$배

따라서 2020년을 제외하고 1.25배씩 증가하였다.

② 한부모 가구 중 모자 가구 수의 20%를 구하면 다음과 같다.
- 2017년 : $1{,}600×0.2=320$천 명
- 2018년 : $2{,}000×0.2=400$천 명
- 2019년 : $2{,}500×0.2=500$천 명
- 2020년 : $3{,}600×0.2=720$천 명
- 2021년 : $4{,}500×0.2=900$천 명

따라서 부자 가구가 20%를 초과한 해는 2020년(810천 명), 2021년(990천 명)이다.

③ 2020년 미혼모 가구 수는 모자 가구 수의 $\dfrac{72}{3{,}600}×100=2\%$이다.

⑤ 2018년 부자 가구 수는 미혼부 가구 수의 $340÷17=20$배이다.

03
정답 ③

인사 이동 전 A부서와 B부서의 인원을 각각 a명, b명이라고 하면 $a×\dfrac{15}{100}=6$, $b×\dfrac{12}{100}=6$이므로 $a=40$, $b=50$이다.

따라서 인사이동 전 두 부서의 인원 차이는 10명이다.

04
정답 ④

ㄱ. 휴대폰 A~D의 항목별 기본점수를 계산하면 다음과 같다.

구분	A	B	C	D
디자인	5	4	2	3
가격	2	3	4	5
해상도	3	4	5	2
음량	4	2	5	3
화면크기·두께	4	5	2	3
내장·외장 메모리	2	3	4	5
합계	20	21	22	21

따라서 기본점수가 가장 높은 휴대폰은 22점인 휴대폰 C이다.

ㄷ. 휴대폰 A~D의 항목별 고객평가 점수를 단순 합산하면 다음과 같다.

구분	A	B	C	D
디자인	8	7	4	6
가격	4	6	7	8
해상도	5	6	8	4
음량	6	4	7	5
화면크기·두께	7	8	3	4
내장·외장 메모리	5	6	7	8
합계	35	37	36	35

따라서 각 항목의 점수를 단순 합산한 점수가 가장 높은 휴대폰은 제품 B이다.

ㄹ. 성능점수인 해상도, 음량, 내장·외장메모리 항목의 점수를 제외한, 디자인, 가격, 화면크기·두께 항목의 점수만을 단순 합산한 점수를 계산하면 다음과 같다.

기본점수	A	B	C	D
디자인	8	7	4	6
가격	4	6	7	8
화면크기·두께	7	8	3	4
합계	19	21	14	18

따라서 휴대폰 B의 점수는 휴대폰 C 점수의 $\frac{21}{14}=1.5$배이다.

오답분석

ㄴ. 휴대폰 A~D의 성능점수를 계산하면 다음과 같다.

구분	A	B	C	D
해상도	3	4	5	2
음량	4	2	5	3
내장·외장 메모리	2	3	4	5
합계	9	9	14	10

따라서 성능점수가 가장 높은 휴대폰은 14점인 휴대폰 C이다.

05

정답 ③

먼저 표의 빈칸을 구하면 다음과 같다.

• A의 서류점수 : $\frac{\bigcirc+66+65+80}{4}=70.75$점

∴ $\bigcirc=72$

• A의 평균점수 : $\frac{72+85+68}{3}=75$점

∴ $\bigcirc=75$

• C의 필기점수 : $\frac{85+71+\bigcirc+88}{4}=80.75$점

∴ $\bigcirc=79$

• C의 평균점수 : $\frac{65+79+84}{3}=76$점

∴ $\bigcirc=76$

이에 따라 각 부서에 배치할 인원은 다음과 같다.

• 홍보팀 : 면접점수가 85점으로 가장 높은 B
• 총무팀 : 평균점수가 76점으로 가장 높은 C
• 인사팀 : A와 D의 서류점수와 필기점수의 평균을 구하면
A가 $\frac{72+85}{2}=78.5$점, D가 $\frac{80+88}{2}=84$점이다.

따라서 인사팀에는 D가 적절하다.

• 기획팀 : 배치순서가 가장 마지막이므로 A가 배치될 것이다.

01	02	03	04	05	06	07			
②	①	②	③	③	③	⑤			

01

정답 ②

'공부를 열심히 한다.'를 A, '지식을 함양하지 않는다.'를 B, '아는 것이 적다.'를 C, '인생에 나쁜 영향이 생긴다.'를 D로 놓고 보면 첫 번째 명제는 C → D, 세 번째 명제는 B → C, 네 번째 명제는 ~A → D이므로 네 번째 명제가 도출되기 위해서는 ~A → B가 필요하다. 따라서 대우 명제인 ②가 답이 된다.

02

정답 ①

제시된 단어는 반의 관계이다.

'호평'은 '좋게 평함. 또는 그런 평판이나 평가'를 뜻하고, '악평'은 '나쁘게 평함. 또는 그런 평판이나 평가'를 뜻한다. 따라서 '보통 있는 일'의 뜻인 '예사'와 반의 관계인 단어는 '보통 수준보다 훨씬 뛰어나게'의 뜻인 '비범'이다.

오답분석

② 통상 : 특별하지 아니하고 예사임
③ 보통 : 특별하지 아니하고 흔히 볼 수 있음. 또는 뛰어나지도 열등하지도 아니한 중간 정도
④ 험구 : 남의 흠을 들추어 헐뜯거나 험상궂은 욕을 함
⑤ 인기 : 어떤 대상에 쏠리는 대중의 높은 관심이나 좋아하는 기운

03

정답 ②

주어진 조건을 표로 정리하면 다음과 같다.

구분	아메리카노	카페라테	카푸치노	에스프레소
A	○	×	×	×
B				○
C				×

따라서 A는 아메리카노를 좋아한다.

오답분석

①·⑤ 주어진 조건만으로는 C가 좋아하는 커피를 알 수 없다.
③ B는 에스프레소를 좋아하지만, C는 에스프레소를 좋아하지 않는다.
④ A와 B는 좋아하는 커피가 다르다고 했으므로, A는 에스프레소를 좋아하지 않는다. 또한 주어진 조건에서 카페라테와 카푸치노도 좋아하지 않는다고 했으므로 A가 좋아하는 커피는 아메리카노이다.

04

정답 ③

♨ : 각 자릿수 +2, +1, +2, +1
◀ : 각 자릿수 −4, −3, −2, −1
◈ : 1234 → 4231

$$S4X8 \quad \rightarrow \quad U5Z9 \quad \rightarrow \quad 95ZU$$
$$\quad\quad ♨ \quad\quad\quad\quad ◈$$

05

정답 ③

$$W53M \quad \rightarrow \quad S21L \quad \rightarrow \quad L21S$$
$$\quad\quad ◀ \quad\quad\quad\quad ◈$$

06

정답 ③

$$T83I \quad \rightarrow \quad V95J \quad \rightarrow \quad R63I$$
$$\quad\quad ♨ \quad\quad\quad\quad ◀$$

07

정답 ⑤

$$6SD2 \quad \rightarrow \quad 2PB1 \quad \rightarrow \quad 1PB2 \quad \rightarrow \quad 3QD3$$
$$\quad\quad ◀ \quad\quad\quad\quad ◈ \quad\quad\quad\quad ♨$$

01	02	03	04	05	06				
①	①	⑤	①	③	①				

01
정답 ①

정의의 원리

정의란 어떤 사람의 타인에 대한 행위의 기본, 즉 도덕성의 기본이다. 달리 표현하면, 정의라는 것은 사회생활의 영위와 관련된 개인의 규범이며 동시에 사회를 구성하는 데 기본이 되는 사회적 규범이라고 할 수 있다. 이러한 분배적 정의의 유형에는 획일적 분배, 필요에 따른 분배, 노력에 따른 분배, 성과에 다른 분배, 공적에 따른 분배 등이 있다.

02
정답 ①

오답분석

② 저작이 용이한 음식을 소량씩 자주 제공한다. 고섬유 식이는 저작이 어려운 경우가 많다.

③·④ 지나치게 뜨겁거나 차가운 음식 섭취를 삼가야 한다.

⑤ 고단백 식이를 권장한다.

03
정답 ⑤

석고붕대를 반원통으로 자르거나 원통석고붕대의 일부를 잘라 압박을 감해준다.

04
정답 ①

위 절제수술 후 식이요법

• 위 절제수술 후 음식물이 장 내로 너무 빨리 내려가 구토, 복통, 설사 등의 덤핑증후군이 나타나는 것을 방지하고 수술 후 회복과 영양상태 유지를 위해 식사조절을 시행한다.

• 수술 직후에는 전체적인 식사 섭취량이 적고 소화 및 흡수율도 낮아 체중이 단기간 많이 빠질 수 있으므로 일정하게 체중을 체크하면서 적절한 영양상태를 유지할 수 있도록 식사를 섭취한다.

• 식사 시에는 앉아서 먹지 말고 횡와위나 반횡와위 등을 취한 상태에서 한다.

• 식사량은 한 번에 많이 먹지 말고 조금씩 소량으로 나누어 여러 번 먹는다.

• 수분섭취는 식전 1시간이나 식후 2시간까지는 제한하여 음식소화를 지연시킨다.

• 고단백, 고지방, 저탄수화물 식이를 제공해준다.

05
정답 ③

호흡성 산증 환자의 적절한 간호중재

• 저산소혈증을 예방하기 위하여 처방된 낮은 농도의 산소를 투여한다.

• 탈수를 예방하기 위하여 따뜻한 생리식염수를 공급한다.

• 복식호흡을 하도록 권하고, 금연을 시킨다.

06
정답 ①

오답분석

ㄹ 암모니아가 풍부한 음식은 간성 뇌병증을 유발할 수 있으므로 제한한다.

제1회
삼성병원 간호사
GSAT

〈문항 및 시험시간〉

평가영역	문항 수	시험시간	비고	도서 동형 온라인 실전연습 서비스 쿠폰번호
수리논리	20문항	30분		
추리	30문항	30분	객관식 5지선다형	AOGO-00000-1FD7E
직무상식	30문항	30분		

제1회 모의고사

| 문항 수 : 80문항 |
| 시험시간 : 90분 |

제1영역 수리논리

01 S병원에 근무 중인 K사원은 업무 계약 건으로 출장을 가야 한다. 시속 75km로 이동하던 중 점심시간이 되어 전체 거리의 40% 지점에 위치한 휴게소에서 30분 동안 점심을 먹었다. 시계를 확인하니 약속된 시간에 늦을 것 같아 시속 25km를 더 올려 이동하였더니, 본사에서 출장지까지 총 3시간 20분이 걸려 도착하였다. S병원에서 출장지까지의 거리는?

① 100km   ② 150km
③ 200km   ④ 250km
⑤ 300km

02 집에서 도서관을 거쳐 영화관에 갔다가 되돌아오려고 한다. 집에서 도서관에 가는 길은 3가지이고, 도서관에서 영화관에 가는 길은 4가지일 때, 다음 〈조건〉을 만족하는 모든 경우의 수는?

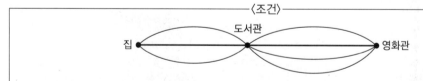

〈조건〉

• 도서관에서 영화관을 다녀올 때 같은 길을 이용한다면, 집과 도서관 사이에는 다른 길을 이용해야 한다.
• 도서관에서 영화관을 다녀올 때 다른 길을 이용한다면, 집과 도서관 사이에는 같은 길을 이용해야 한다.

① 12가지   ② 48가지
③ 60가지   ④ 128가지
⑤ 144가지

03 다음은 S병원의 고객 서비스 만족도를 조사한 자료이다. 이에 대한 해석으로 적절하지 않은 것은?

〈고객 서비스 만족도 조사 결과〉

만족도	응답자 수(명)	비율(%)
매우 만족	(A)	20%
만족	33	22%
보통	(B)	(C)
불만족	24	16%
매우 불만족	15	(D)
합계	150	100%

① 방문 고객 150명을 대상으로 고객 서비스 만족도를 조사하였습니다.

② 응답해 주신 고객 중 30명이 '매우 만족'한다고 평가해 주셨습니다.

③ 내방 고객의 약 $\frac{1}{3}$이 고객 서비스 만족도를 '보통'으로 평가해 주셨습니다.

④ '불만족' 이하 구간이 26%로 큰 비중을 차지하고 있습니다. 고객이 제안해주신 개선안을 바탕으로 고객응대 매뉴얼을 수정할 필요가 있다고 생각됩니다.

⑤ 전체 고객 중 $\frac{1}{5}$이 '매우 불만족'으로 평가해 주셨는데, 고객 서비스 교육을 통해 개선할 수 있을 것입니다.

04 다음은 2022년 경제자유구역 입주 사업체 투자재원조달 실태조사 자료이다. 자료에 대한 〈보기〉의 설명 중 적절한 것을 모두 고르면?

〈2022년 경제자유구역 입주 사업체 투자재원조달 실태조사〉

(단위 : 백만 원, %)

구분		전체		국내투자		해외투자	
		금액	비중	금액	비중	금액	비중
국내재원	자체	4,025	57.2	2,682	52.6	1,343	69.3
	정부	2,288	32.5	2,138	42.0	150	7.7
	기타	356	5.0	276	5.4	80	4.2
	소계	6,669	94.7	5,096	100.0	1,573	81.2
해외재원	소계	365	5.3	–	–	365	18.8
합계		7,034	100.0	5,096	100.0	1,938	100.0

〈보기〉

ㄱ. 자체 재원조달금액 중 국내투자에 사용되는 금액이 차지하는 비중은 60%를 초과한다.
ㄴ. 해외재원은 모두 해외투자에 사용되고 있다.
ㄷ. 국내재원 중 정부조달금액이 차지하는 비중은 40%를 초과한다.
ㄹ. 국내재원 중 국내투자금액은 해외투자금액의 3배 미만이다.

① ㄱ, ㄴ
② ㄱ, ㄷ
③ ㄴ, ㄷ
④ ㄴ, ㄹ
⑤ ㄷ, ㄹ

05 어느 통신회사는 이동전화의 통화시간에 따라 월 2시간까지는 기본요금, 2시간 초과 3시간까지는 분당 a원, 3시간 초과부터는 $2a$원을 부과한다. 다음 자료와 같이 요금이 청구되었을 때, a의 값은?

〈휴대전화 이용요금〉

구분	통화시간	요금
1월	3시간 30분	21,600원
2월	2시간 20분	13,600원

① 50
② 80
③ 100
④ 120
⑤ 150

06 A편의점은 3 ~ 8월까지 6개월간 캔 음료 판매현황을 아래와 같이 정리하였다. 다음 자료를 이해한 내용으로 적절하지 않은 것은?(단, 3 ~ 5월은 봄, 6 ~ 8월은 여름이다)

〈A편의점 캔 음료 판매현황〉

(단위 : 캔)

구분	맥주	커피	탄산음료	이온음료	과일음료
3월	601	264	448	547	315
4월	536	206	452	523	362
5월	612	184	418	519	387
6월	636	273	456	605	406
7월	703	287	476	634	410
8월	812	312	513	612	419

① 맥주는 매월 커피의 2배 이상 판매되었다.
② 모든 캔 음료는 봄보다 여름에 더 잘 팔렸다.
③ 이온음료는 탄산음료보다 봄에 더 잘 팔렸다.
④ 맥주는 매월 가장 많은 판매 비중을 보이고 있다.
⑤ 모든 캔 음료는 여름에 매월 꾸준히 판매량이 증가하였다.

07 다음은 국가별 디스플레이 세계시장 점유율에 관한 자료이다. 이에 대한 설명으로 가장 적절한 것은?

〈국가별 디스플레이 세계시장 점유율〉

(단위 : %)

구분	2016년	2017년	2018년	2019년	2020년	2021년	2022년
한국	45.7	47.6	50.7	44.7	42.8	45.2	45.8
대만	30.7	29.1	25.7	28.1	28.8	24.6	20.8
일본	19.4	17.9	14.6	15.5	15.0	15.4	15.0
중국	4.0	5.0	8.2	10.5	12.5	14.2	17.4
기타	0.2	0.4	0.8	1.2	0.9	0.6	1.0

① 일본의 디스플레이 세계시장 점유율은 2019년까지 계속 하락한 후 2020년부터 15% 정도를 유지하고 있다.
② 조사기간 중 국가별 디스플레이 세계시장 점유율은 매해 한국이 1위를 유지하고 있으며, 한국 이외의 국가의 순위는 2020년까지 변하지 않았으나, 2021년부터 순위가 바뀌었다.
③ 중국의 디스플레이 세계시장의 점유율은 지속적인 성장세를 보이고 있으며, 중국의 2016년 대비 2022년의 세계시장 점유율의 증가율은 335%이다.
④ 2021년 대비 2022년의 디스플레이 세계시장 점유율의 증감률이 가장 낮은 국가는 일본이다.
⑤ 2017 ~ 2022년 중 한국의 디스플레이 세계시장 점유율의 전년 대비 증가폭은 2017년에 가장 컸다.

08 다음 자료는 A사 피자 1판 주문 시 구매 방식별 할인 혜택과 비용을 나타낸 것이다. 이를 근거로 정가가 12,500원인 A사 피자 1판을 가장 싸게 살 수 있는 구매 방식은?

<구매 방식별 할인 혜택과 비용>

구매 방식	할인 혜택과 비용
스마트폰앱	정가의 25% 할인
전화	정가에서 1,000원 할인 후, 할인된 가격의 10% 추가 할인
회원카드와 쿠폰	회원카드로 정가의 10% 할인 후, 할인된 가격의 15%를 쿠폰으로 추가 할인
직접 방문	정가의 30% 할인. 교통비용 1,000원 발생
교환권	A사 피자 1판 교환권 구매비용 10,000원 발생

※ 구매 방식은 한 가지만 선택함

① 스마트폰앱
② 전화
③ 회원카드와 쿠폰
④ 직접 방문
⑤ 교환권

09 다음은 업종별 해외 현지 자회사 법인 현황에 관한 자료이다. 이에 대한 설명으로 적절하지 않은 것은?

<업종별 해외 현지 자회사 법인 현황>

(단위 : 개, %)

구분	사례 수	진출 형태별					
		단독법인	사무소	합작법인	지분투자	유한회사	무응답
주조	4	36.0	36.0	–	–	–	28.0
금형	92	35.4	44.4	14.9	1.7	–	3.5
소성가공	30	38.1	–	15.2	–	–	46.7
용접	128	39.5	13.1	–	1.7	–	45.7
표면처리	133	66.4	14.8	9.0	–	2.4	7.3
열처리	–	–	–	–	–	–	–
전체	387	47.6	20.4	7.8	1.0	0.8	22.4

① 단독법인 형태의 소성가공 업체의 수는 10개 이상이다.
② 모든 업종에서 단독법인 형태로 진출한 현지 자회사 법인의 비율이 가장 높다.
③ 표면처리 업체의 해외 현지 자회사 법인 중 유한회사의 형태인 업체는 2곳 이상이다.
④ 전체 업체 중 용접 업체의 해외 현지 자회사 법인의 비율은 30% 이상이다.
⑤ 소성가공 업체의 해외 현지 자회사 법인 중 단독법인 형태의 업체 수는 합작법인 형태의 업체 수의 2배 이상이다.

10 다음은 S기업의 주가지표에 대한 자료이다. 이에 대한 설명으로 적절하지 않은 것을 〈보기〉에서 모두 고르면?

〈S기업 주가지표〉

(단위 : 원)

주가지표	2019년	2020년	2021년	2022년
기말주가	44,700	76,500	60,500	94,100
기본 주당순이익(EPS)	4,193	15,074	22,011	2,856
주당 순자산가치(BVPS)	30,368	43,369	60,678	62,324
주당매출액	23,624	41,359	55,556	37,075
주가매출비율(PSR)	1.9	1.8	1.1	2.5

※ (EPS)=(당기순이익)÷(가중평균유통보통주식 수)
※ (BVPS)={(자본총계)−(무형자산)}÷(총발행주식 수)
※ (주당매출액)=(연간매출액)÷(총발행주식 수)
※ (PSR)=(기말주가)÷(연간 주당매출액)

─〈보기〉─

ㄱ. 2020년부터 2022년까지 전년 대비 기말주가의 증감 추이와 기본 주당순이익의 증감 추이는 동일하다.
ㄴ. 주가매출비율이 높은 해일수록 주당 순자산가치가 높다.
ㄷ. 2019년부터 2022년까지 매년 총발행주식 수가 동일하다면, 2021년의 연간매출액이 가장 크다.
ㄹ. 2019년 대비 2022년의 주당매출액은 50% 이상 증가하였다.

① ㄱ, ㄴ
② ㄱ, ㄷ
③ ㄴ, ㄷ
④ ㄴ, ㄹ
⑤ ㄷ, ㄹ

11 다음은 국가별 4차 산업혁명 기반산업 R&D 투자 현황에 관한 자료이다. 이에 대한 설명으로 적절하지 않은 것을 〈보기〉에서 모두 고르면?

〈국가별 4차 산업혁명 기반산업 R&D 투자 현황〉

(단위 : 억 달러)

국가	서비스				제조					
	IT서비스		통신 서비스		전자		기계장비		바이오·의료	
	투자액	상대 수준	투자액	상대 수준	투자액	상대 수준	투자액	상대 수준	투자액	상대 수준
한국	3.4	1.7	4.9	13.1	301.6	43.1	32.4	25.9	16.4	2.3
미국	200.5	100.0	37.6	100.0	669.8	100.0	121.3	96.6	708.4	100.0
일본	30.0	14.9	37.1	98.8	237.1	33.9	125.2	100.0	166.9	23.6
독일	36.8	18.4	5.0	13.2	82.2	11.7	73.7	58.9	70.7	10.0
프랑스	22.3	11.1	10.4	27.6	43.2	6.2	12.8	10.2	14.2	2.0

※ 투자액은 기반산업별 R&D 투자액의 합계
※ 상대수준은 최대 투자국의 R&D 투자액을 100으로 두었을 때의 상대적 비율임

〈보기〉

ㄱ. 한국의 IT서비스 부문 투자액은 미국 대비 1.7%이다.
ㄴ. 미국은 모든 산업의 상대수준이다.
ㄷ. 한국의 전자 부문 투자액은 전자 외 부문 투자액을 모두 합한 금액의 6배 이상이다.
ㄹ. 일본과 프랑스의 부문별 투자액 순서는 동일하지 않다.

① ㄱ, ㄴ
② ㄴ, ㄷ
③ ㄱ, ㄷ
④ ㄴ, ㄹ
⑤ ㄷ, ㄹ

12 다음은 연도별 투약일당 약품비에 관한 자료이다. 2021년의 총투약일수가 120일, 2022년의 총투약일수가 150일인 경우, 2022년의 상급종합병원의 총약품비와 2021년의 종합병원의 총약품비의 합은?

〈투약일당 약품비〉

(단위 : 원)

구분	전체	상급종합병원	종합병원	병원	의원
2018년	1,753	2,704	2,211	1,828	1,405
2019년	1,667	2,551	2,084	1,704	1,336
2020년	1,664	2,482	2,048	1,720	1,352
2021년	1,662	2,547	2,025	1,693	1,345
2022년	1,709	2,686	2,074	1,704	1,362

※ 투약 1일당 평균적으로 소요되는 약품비를 나타내는 지표
※ (투약일당 약품비)＝(총약품비)÷(총투약일수)

① 630,900원　　　　　　　② 635,900원
③ 640,900원　　　　　　　④ 645,900원
⑤ 658,000원

13 다음은 보건복지부에서 집계한 전국 의료기관 총 병상 수와 천 명당 병상 수이다. 자료를 보고 판단한 것으로 적절하지 않은 것은?

<전국 의료기관 총 병상 수와 천 명당 병상 수>

(단위 : 개)

연도	총 병상 수	인구 천 명당 병상 수			
		전체	종합병원·병원	의원·조산원	치과·한방병원
2016	353,289	7.4	5.2	1.9	0.2
2017	379,751	7.9	5.7	2	0.2
2018	410,581	8.5	6.3	2	0.2
2019	450,119	9.3	7.1	2	0.2
2020	478,645	9.8	7.6	2	0.2
2021	498,302	10.2	8.1	1.9	0.2
2022	523,357	10.7	8.7	1.8	0.2

※ 병원 : 일반병원, 요양병원, 결핵·한센·정신병원 등의 특수병원
※ 의원 : 산업체의 부속 의원 포함
※ (인구 천 명당 병상 수)=(총 병상 수)×1,000÷(추계인구)
※ 수치가 클수록 인구 대비 병상 수가 많은 것을 나타냄

① 조사기간 동안 매년 총 병상 수는 증가하고 있다.
② 2021년 치과·한방병원이 보유하고 있는 병상 수는 10,000개 이하이다.
③ 의원·조산원이 차지하고 있는 천 명당 병상 수의 비중이 전체의 10% 미만인 해도 있다.
④ 2016년에 비해 2022년 치과와 한방병원 수가 5% 증가했다면 치과와 한방병원의 병상 수 평균은 5% 이상 증가했을 것이다.
⑤ 병상 수의 감소는 병원의 폐업을 의미하며, 의원의 병상 수는 조사기간 동안 변화가 없었다고 했을 때, 조산원의 병상 수는 점점 줄고 있다고 할 수 있다.

14 다음은 학교별 급식학교수와 급식인력(영양사, 조리사, 조리보조원)의 현황이다. 자료에 대한 설명으로 적절하지 않은 것은?

<학교별 급식학교수와 급식인력 현황>

(단위 : 개, 명)

직종	급식학교 수	영양사			조리사	조리보조원	총계
		정규직	비정규직	소계			
초등학교	5,417	3,377	579	3,956	4,955	25,273	34,184
중학교	2,492	626	801	1,427	1,299	10,147	12,873
고등학교	1,951	1,097	603	1,700	1,544	12,485	15,729
특수학교	129	107	6	113	135	211	459
전체	9,989	5,207	1,989	7,196	7,933	48,116	63,245

① 급식인력은 4개의 학교 중 초등학교가 가장 많다.
② 4개의 학교 모두 급식인력(영양사, 조리사, 조리보조원) 중 조리보조원이 차지하는 비율이 가장 높다.
③ 중학교 정규직 영양사는 고등학교 비정규직 영양사보다 23명 더 많다.
④ 특수학교는 4개의 학교 중 유일하게 정규직 영양사보다 비정규직 영양사가 더 적다.
⑤ 영양사 정규직 비율은 특수학교가 중학교보다 2배 이상 높다.

15 다음은 보건복지부에서 발표한 연도별 의료기기 생산 실적 통계자료이다. 자료를 보고 판단한 것 중 적절하지 않은 것은?

<연도별 의료기기 생산 실적 총괄 현황>

(단위 : 개, %, 명, 백만 원)

구분	업체 수	증감률	품목 수	증감률	운영인원	증감률	생산금액	증감률
2015년	1,500	–	5,862	–	25,287	–	1,478,165	–
2016년	1,596	6.4	6,392	9.04	25,610	1.28	1,704,161	15.29
2017년	1,624	1.75	6,639	3.86	26,399	3.08	1,949,159	14.38
2018년	1,662	2.34	6,899	3.92	26,936	2.03	2,216,965	13.74
2019년	1,726	3.85	7,367	6.78	27,527	2.19	2,525,203	13.9
2020년	1,754	1.62	8,003	8.63	28,167	2.32	2,764,261	9.47
2021년	1,857	5.87	8,704	8.76	30,190	7.18	2,964,445	7.24
2022년	1,958	5.44	9,086	4.39	32,255	6.84	3,366,462	13.56

① 2015 ~ 2022년까지 의료기기 생산업체 수는 꾸준히 증가하고 있으며, 품목 또한 해마다 다양해지고 있다.
② 업체 수의 2016 ~ 2022년까지의 평균 증감률은 5% 이하이다.
③ 전년 대비 업체 수가 가장 많이 늘어난 해는 2016년이며, 전년 대비 생산금액이 가장 많이 늘어난 해는 2019년이다.
④ 2019 ~ 2022년 사이 운영인원의 증감률 추이와 품목 수의 증감률 추이는 같다.
⑤ 품목 수의 평균 증감률은 업체 수의 평균 증감률을 넘어선다.

16 정부나 기업의 투자 대안을 평가하는 방법의 하나로 투자 대안의 기대수익률과 수익률의 분포를 나타내는 표준편차를 동시에 이용하는 경우가 많다. 특히 표준편차는 투자 대안의 위험 수준을 대변하는 것으로 간주한다. 기대수익률은 높을수록, 표준편차는 낮을수록 바람직한 투자 대안으로 평가된다. 다음 7개의 투자 대안에 대한 설명으로 가장 적절한 것은?(단, 기대수익률과 위험 수준에 대한 선호도는 고려하지 않는다)

〈투자 대안별 기대수익률 및 표준편차〉

투자 대안	기대수익률(%)	표준편차(%)
A	10	1.0
B	15	1.0
C	10	0.9
D	15	1.5
E	8	1.2
F	20	2.5
G	17	1.8

① 투자 대안 A와 C, B와 D는 동일한 기대수익률이 예상되기 때문에 서로 우열을 가릴 수 없다.
② 투자 대안 B, C, F, G 중에서 어느 것이 낫다고 평가할 수는 없다.
③ 투자 대안 F의 기대수익률이 가장 높으므로 F가 가장 바람직한 대안이다.
④ 투자 대안 E는 D와 G보다 바람직하다.
⑤ 7가지 대안의 기대수익률의 상대적 크기에 따라 투자 비율을 구성하여 모든 대안에 투자하는 것이 바람직하다.

17 매일의 날씨 자료를 수집 및 분석한 결과, 전날의 날씨를 기준으로 그 다음 날의 날씨가 변할 확률은 다음과 같았다. 만약 내일 날씨가 화창하다면, 사흘 뒤에 비가 올 확률은 얼마인가?

전날 날씨	다음 날 날씨	확률
화창	화창	25%
화창	비	30%
비	화창	40%
비	비	15%

※ 날씨는 '화창'과 '비'로만 구분하여 분석함

① 12% ② 13%
③ 14% ④ 15%
⑤ 11%

18 다음은 A국의 치료감호소 수용자 현황에 관한 자료이다. 빈칸 (가) ~ (라)에 해당하는 수를 모두 더한 값은?

〈치료감호소 수용자 현황〉

(단위 : 명)

구분	약물	성폭력	심신장애자	합계
2017년	89	77	520	686
2018년	(가)	76	551	723
2019년	145	(나)	579	824
2020년	137	131	(다)	887
2021년	114	146	688	(라)
2022년	88	174	688	950

① 1,524명
② 1,639명
③ 1,751명
④ 1,763명
⑤ 1,770명

19 다음 표는 통계청에서 집계한 장래인구추계에 관한 자료이다. 이에 대한 판단으로 적절한 것을 〈보기〉에서 모두 고르면?

〈장례인구추계〉

(단위 : 천억 원, %)

연도	노년부양비	노령화지수
1980년	6.1	11.2
1990년	7.4	20.0
2000년	10.1	34.3
2010년	15.0	67.7
2016년	18.2	100.7
2020년	21.7	125.9
2030년	37.7	213.8
2040년	56.7	314.8

※ 노령화지수(%)＝[(65세 이상 인구)÷(0 ~ 14세 인구)]×100

─────〈보기〉─────

ㄱ. 1980년부터 2040년까지 노년부양비와 노령화지수는 계속 증가한다.

ㄴ. 2016년부터 2030년까지 0 ~ 14세 인구가 65세 이상 인구보다 늘어나고 있다.

ㄷ. 65세 이상 인구가 1,000만, 0 ~ 14세 인구가 900만일 때 노령화지수는 약 111%이다.

ㄹ. 1980년 대비 2040년의 노령화지수 증가율이 노년부양비 증가율보다 낮다.

① ㄱ, ㄴ
② ㄱ, ㄷ
③ ㄴ, ㄷ
④ ㄴ, ㄹ
⑤ ㄷ, ㄹ

20 다음은 2019년부터 2022년 A지역의 유아교육 규모를 나타낸 자료이다. 이에 대한 설명으로 적절하지 않은 것은?

〈유아교육 규모〉

(단위 : 개, 명, %)

구분	2019년	2020년	2021년	2022년
유치원 수	112	124	119	110
학급 수	327	344	340	328
원아 수	8,423	8,391	8,395	8,360
교원 수	566	572	575	578
취원율	14.5	13.2	13.7	13.3

① 2019년부터 2022년의 유치원당 평균 학급 수는 3개를 넘지 않는다.
② 2019년부터 2022년의 학급당 원아 수의 평균은 25명 이상이다.
③ 취원율이 가장 높았던 해에 원아 수도 가장 많았다.
④ 학급당 교원 수는 2020년에 가장 낮고, 2022년에 가장 높다.
⑤ 교원 1인당 원아 수는 점점 증가하고 있다.

01 상걸이는 상설 할인 매장에서 근무하고 있는 사원이다. 오늘 하루 해당 매장에서 특가 이벤트 행사를 열기로 했는데, 할인율에 따라 함께 판매할 수 있는 품목의 종류가 다르다. 아래의 조건에 따라 물건을 판매하려고 할 때 빈칸에 들어갈 가장 적절한 명제는?

- 의류를 판매하면 핸드백을 판매할 수 없다.
- 핸드백을 판매하면 구두를 판매할 수 없다.
- 의류를 판매하지 않으면 모자를 판매할 수 있다.
- 모자를 판매하면 구두를 판매할 수 없다.
- _____ 의류를 판매할 수 있다.

① 구두를 판매하지 않으면   ② 구두를 판매하면
③ 모자를 판매하면   ④ 핸드백을 판매하지 않으면
⑤ 핸드백을 판매하면

※ 마지막 명제가 참일 때, 다음 빈칸에 들어갈 명제로 가장 적절한 것을 고르시오. [2~3]

02
- 채소를 좋아하는 사람은 해산물을 싫어한다.
- _____
- 디저트를 좋아하는 사람은 채소를 싫어한다.

① 채소를 싫어하는 사람은 해산물을 좋아한다.
② 디저트를 좋아하는 사람은 해산물을 싫어한다.
③ 채소를 싫어하는 사람은 디저트를 싫어한다.
④ 디저트를 좋아하는 사람은 해산물을 좋아한다.
⑤ 디저트를 싫어하는 사람은 해산물을 싫어한다.

03
- 환율이 하락하면 국가 경쟁력이 떨어졌다는 것이다.
- _____
- 수출이 감소했다는 것은 GDP가 감소했다는 것이다.
따라서 수출이 감소하면 국가 경쟁력이 떨어진다.

① 국가 경쟁력이 떨어지면 수출이 감소했다는 것이다.
② GDP가 감소해도 국가 경쟁력은 떨어지지 않는다.
③ 환율이 상승하면 GDP가 증가한다.
④ 환율이 하락해도 GDP는 감소하지 않는다.
⑤ 수출이 증가했다는 것은 GDP가 증가했다는 것이다.

04 최근 한 동물연구소에서 기존의 동물 분류 체계를 대체할 새로운 분류군과 분류의 기준을 마련하여 발표하였다. 다음을 토대로 판단할 때, 반드시 거짓인 진술은?

> 1. 이 분류 체계는 다음과 같은 세 가지 분류의 기준을 적용한다.
>   (가) 날 수 있는 동물인가, 그렇지 않은가?(날 수 있는가는 정상적인 능력을 갖춘 성체를 기준으로 한다)
>   (나) 벌레를 먹고 사는가, 그렇지 않은가?
>   (다) 장(腸) 안에 프리모넬라가 서식하는가?(이 경우 '프리모'라 부른다) 아니면 세콘데렐라가 서식하는가?(이 경우 '세콘도'라 부른다) 둘 중 어느 것도 서식하지 않는가?(이 경우 '눌로'라고 부른다) 혹은 둘 다 서식하는가?(이 경우 '옴니오'라고 부른다)
> 2. 벌레를 먹고 사는 동물의 장 안에 세콘데렐라는 도저히 살 수가 없다.
> 3. 날 수 있는 동물은 예외 없이 벌레를 먹고 산다. 그러나 그 역은 성립하지 않는다.
> 4. 벌레를 먹지 않는 동물 가운데 눌로에 속하는 것은 없다.

① 날 수 있는 동물 가운데는 세콘도가 없다.
② 동고비새는 날 수 있는 동물이므로 옴니오에 속한다.
③ 벌쥐가 만일 날 수 있는 동물이라면 그것은 프리모이다.
④ 플라나리아는 날지 못하고 벌레를 먹지도 않으므로 세콘도이다.
⑤ 이름 모르는 동물을 관찰해보니 벌레를 먹지 않으므로 옴니오일 수 있다.

05 지각을 한 영업사원 甲은 어제 소주, 맥주, 양주, 막걸리, 고량주를 각각 한 병씩 마셨다고 한다. 술을 어느 순서로 마셨냐고 묻자, 甲은 다음 술집으로 이동하기 전에 필름이 끊겨 기억이 잘 나지 않는다고 하고 급하게 화장실로 뛰어갔다. 다음 중 참이 아닌 진술은?

> • 양주는 언제 마셨는지 기억이 없다.
> • 맥주는 소주를 다 마신 후에 마셨고, 그때 고량주는 아직 마시지 않은 상태였다.
> • 취한 상태에서 맥주를 마시면 속이 안 좋아져서, 맥주는 마지막에 마시지 않았다고 한다.
> • 소주는 고량주와 막걸리(또는 막걸리와 고량주) 사이에 마셨다.
> • 막걸리를 마시고 바로 맥주를 마시지는 않았다.

① 고량주를 막걸리보다 먼저 마실 수 없다.
② 양주를 처음에 마시지 않았다면, 가장 처음 마신 술은 막걸리이다.
③ 소주보다 막걸리를 먼저 마셨다.
④ 맥주를 마시고 바로 고량주를 마셨을 것이다.
⑤ 양주를 마지막에 마시지 않았다면 고량주를 마실 때에는 이미 필름이 끊겼을 것이다.

06 일남, 이남, 삼남, 사남, 오남 5형제가 둘러앉아 마피아 게임을 하고 있다. 이중 1명은 경찰, 1명은 마피아이고, 나머지는 시민이다. 다음 5명의 진술 중 2명의 진술이 거짓일 때 항상 옳은 것은?(단, 모든 사람은 진실 또는 거짓만 말한다)

- 일남 : 저는 시민입니다.
- 이남 : 저는 경찰이고, 오남이는 마피아예요.
- 삼남 : 일남이는 마피아예요.
- 사남 : 확실한 건 저는 경찰은 아니에요.
- 오남 : 사남이는 시민이 아니고, 저는 경찰이 아니에요.

---

① 일남이가 마피아, 삼남이가 경찰이다.
② 오남이가 마피아, 이남이가 경찰이다.
③ 이남이가 마피아, 사남이가 경찰이다.
④ 사남이가 마피아, 오남이가 경찰이다.
⑤ 사남이가 마피아, 삼남이가 경찰이다.

07 다음 명제가 모두 참일 때, 반드시 참인 명제는?

- 사람은 빵도 먹고 밥도 먹는다.
- 사람이 아니면 생각을 하지 않는다.
- 모든 인공지능은 생각을 한다.
- T는 인공지능이다.

---

① 사람이면 T이다.
② 생각을 하면 인공지능이다.
③ 인공지능이 아니면 밥을 먹지 않거나 빵을 먹지 않는다.
④ 빵을 먹지 않거나 밥을 먹지 않으면 생각을 한다.
⑤ T는 빵도 먹고 밥도 먹는다.

08 다음 명제가 모두 참일 때, 반드시 참인 명제는?

> • 갑과 을 앞에 감자칩, 쿠키, 비스킷이 놓여 있다.
> • 세 가지의 과자 중에는 각자 좋아하는 과자가 반드시 있다.
> • 갑은 감자칩과 쿠키를 싫어한다.
> • 을이 좋아하는 과자는 갑이 싫어하는 과자이다.

① 갑은 좋아하는 과자가 없다.
② 갑은 비스킷을 싫어한다.
③ 을은 비스킷을 싫어한다.
④ 갑과 을이 같이 좋아하는 과자가 있다.
⑤ 갑과 을이 같이 싫어하는 과자가 있다.

09 다음 명제가 모두 참일 때, 반드시 참인 명제는?

> • 도보로 걷는 사람은 자가용을 타지 않는다.
> • 자전거를 타는 사람은 자가용을 탄다.
> • 자전거를 타지 않는 사람은 버스를 탄다.

① 자가용을 타는 사람은 도보로 걷는다.
② 버스를 타지 않는 사람은 자전거를 타지 않는다.
③ 버스를 타는 사람은 도보로 걷는다.
④ 도보로 걷는 사람은 버스를 탄다.
⑤ 도보로 걷는 사람은 자전거를 탄다.

10 S사에서는 사내 직원들의 친목 도모를 위해 산악회를 운영하고 있다. A ~ D 중 최소 1명 이상이 산악회 회원이라고 할 때, 다음 내용에 따라 항상 참인 것은?

> • C가 산악회 회원이면 D도 산악회 회원이다.
> • A가 산악회 회원이면 D는 산악회 회원이 아니다.
> • D가 산악회 회원이 아니면 B가 산악회 회원이 아니거나 C가 산악회 회원이다.
> • D가 산악회 회원이면 B는 산악회 회원이고 C도 산악회 회원이다.

① A는 산악회 회원이다.
② B는 산악회 회원이 아니다.
③ C는 산악회 회원이 아니다.
④ B와 D의 산악회 회원 여부는 같다.
⑤ A ~ D 중 산악회 회원은 2명이다.

11 다음 진술은 참이다. 만일 서희가 서울 사람이 아니라면, 참인지 거짓인지 알 수 없는 것은?

> • 철수 말이 참이라면 영희와 서희는 서울 사람이다.
> • 철수 말이 거짓이라면 창수와 기수는 서울 사람이다.

① 철수 말은 거짓이다.
② 창수는 서울 사람이다.
③ 기수는 서울 사람이다.
④ 영희는 서울 사람일 수도 아닐 수도 있다.
⑤ 영희는 서울 사람이다.

12 S회사 1층의 ○○커피숍에서는 모든 음료를 주문할 때마다 음료의 수에 따라 쿠폰에 도장을 찍어준다. 10개의 도장을 모두 채울 경우 한 잔의 음료를 무료로 받을 수 있다고 할 때, 다음을 읽고 바르게 추론한 것은?(단, 서로 다른 2장의 쿠폰은 1장의 쿠폰으로 합칠 수 있으며, 음료를 무료로 받을 때 쿠폰은 반납해야 한다)

> • A사원은 B사원보다 2개의 도장을 더 모았다.
> • C사원은 A사원보다 1개의 도장을 더 모았으나, 무료 음료를 받기엔 2개의 도장이 모자라다.
> • D사원은 오늘 무료 음료 한 잔을 포함하여 총 3잔을 주문하였다.
> • E사원은 D사원보다 6개의 도장을 더 모았다.

① A사원의 쿠폰과 D사원의 쿠폰을 합치면 무료 음료 한 잔을 받을 수 있다.
② A사원은 4개의 도장을 더 모아야 무료 음료 한 잔을 받을 수 있다.
③ C사원과 E사원이 모은 도장 개수는 서로 같다.
④ D사원이 오늘 모은 도장 개수는 B사원보다 많다.
⑤ 도장을 많이 모은 순서대로 나열하면 'C - E - A - B - D'이다.

13 회사원 K씨는 건강을 위해 평일에 다양한 영양제를 먹고 있다. 요일별로 비타민 B, 비타민 C, 비타민 D, 칼슘, 마그네슘을 하나씩 먹는다고 할 때, 다음에 근거하여 바르게 추론한 것은?

> • 비타민 C는 월요일에 먹지 않으며, 수요일에도 먹지 않는다.
> • 비타민 D는 월요일에 먹지 않으며, 화요일에도 먹지 않는다.
> • 비타민 B는 수요일에 먹지 않으며, 목요일에도 먹지 않는다.
> • 칼슘은 비타민 C와 비타민 D보다 먼저 먹는다.
> • 마그네슘은 비타민 D보다 늦게 먹고, 비타민 B보다는 먼저 먹는다.

① 비타민 C는 금요일에 먹는다.
② 마그네슘은 수요일에 먹는다.
③ 칼슘은 비타민 C보다 먼저 먹지만, 마그네슘보다는 늦게 먹는다.
④ 마그네슘은 비타민 C보다 먼저 먹는다.
⑤ 월요일에는 칼슘, 금요일에는 비타민 B를 먹는다.

14 진실마을 사람은 진실만을 말하고, 거짓마을 사람은 거짓만을 말한다. 주형이와 윤희는 진실마을과 거짓마을 중 한 곳에서 사는데, 윤희가 한 말을 통해 주형이와 윤희는 각각 어느 마을에 사는지 바르게 유추한 것은?

> 윤희 : "적어도 우리 둘 중에 한 사람은 거짓마을 사람이다."

① 윤희는 거짓마을 사람이고, 주형이는 진실마을 사람이다.
② 윤희는 진실마을 사람이고, 주형이는 거짓마을 사람이다.
③ 윤희와 주형이 모두 진실마을 사람이다.
④ 윤희와 주형이 모두 거짓마을 사람이다.
⑤ 윤희의 말만으로는 알 수 없다.

15 A, B, C 세 사람 중 한 사람은 수녀이고, 한 사람은 왕이고, 한 사람은 농민이다. 수녀는 언제나 참을, 왕은 언제나 거짓을, 농민은 참을 말하기도 하고 거짓을 말하기도 한다. 이 세 사람이 다음과 같은 대화를 할 때, A, B, C는 각각 누구인가?

> • A : 나는 농민이다.
> • B : A의 말은 진실이다.
> • C : 나는 농민이 아니다.

① 농민, 왕, 수녀   ② 농민, 수녀, 왕

③ 수녀, 왕, 농민   ④ 수녀, 농민, 왕

⑤ 왕, 농민, 수녀

※ 다음 제시된 단어의 대응 관계가 동일하도록 괄호 안에 들어갈 가장 적절한 단어를 고르시오. **[16~17]**

16

> 낱말 : 문장 = ( ) : 태양계

① 우주   ② 인공위성

③ 행성   ④ 은하계

⑤ 블랙홀

17

> ( ) : 혼절 = 감사 : 사례

① 나태   ② 소멸

③ 충격   ④ 곡해

⑤ 오해

18

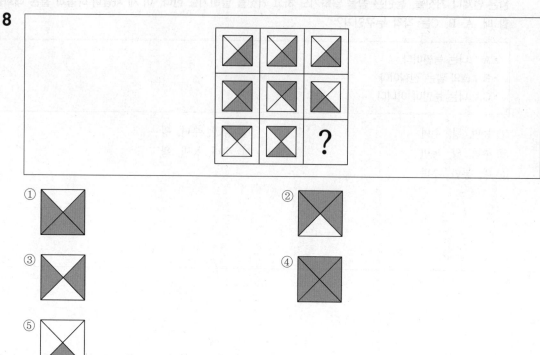

19

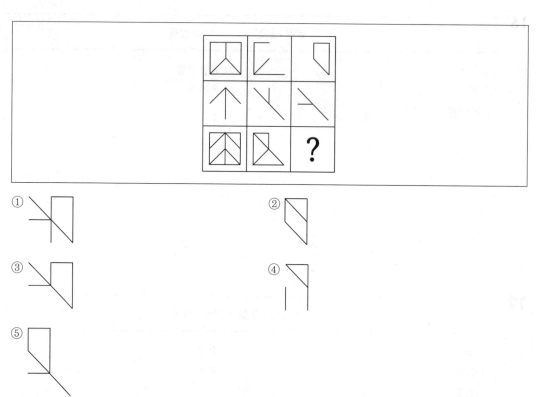

20

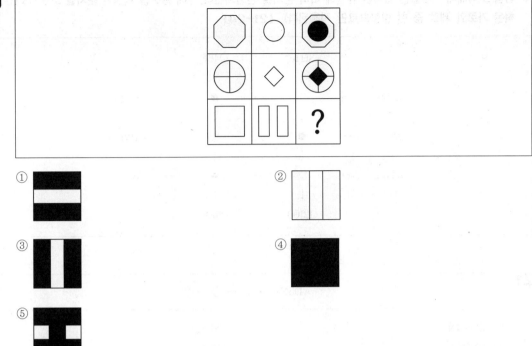

①

②

③

④

⑤

※ 다음 도식에서 기호들은 일정한 규칙에 따라 문자를 변화시킨다. ?에 들어갈 적절한 문자를 고르시오(단, 규칙은 가로와 세로 중 한 방향으로만 적용된다). [21~24]

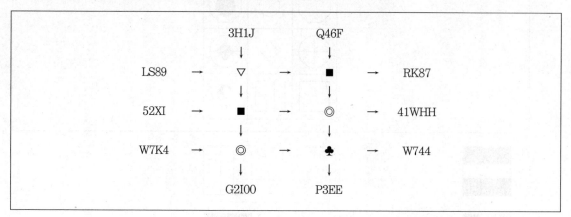

21

D5N8 → ▽ → ◎ → ?

① 5D8NN
② M62E2
③ 8ND5N
④ M6E22
⑤ C47MM

22

WB16 → ◎ → ♣ → ■ → ?

① W16B
② C80R
③ VA55
④ RC80
⑤ A55V

23

$$XQ5M \rightarrow \blacksquare \rightarrow \odot \rightarrow ?$$

① Q5MXX

② A3CZZ

③ WP4LL

④ QX5MM

⑤ PU4LL

24

$$RS94 \rightarrow \triangledown \rightarrow \odot \rightarrow \blacksquare \rightarrow ?$$

① QR833

② RQ388

③ SP722

④ PS277

⑤ JP544

※ 다음 글의 내용을 통해 추론할 수 없는 것을 고르시오. [25~26]

25

언어는 배우는 아이들이 있어야 지속된다. 그러므로 성인들만 사용하는 언어가 있다면 그 언어의 운명은 어느 정도 정해진 셈이다. 언어학자들은 이런 방식으로 추리하여 인류 역사에 드리워진 비극에 대해 경고한다. 한 언어학자는 현존하는 북미 인디언 언어의 약 80%인 150개 정도가 빈사 상태에 있다고 추정한다. 알래스카와 시베리아 북부에서는 기존 언어의 90%인 40개 언어, 중앙아메리카와 남아메리카에서는 23%인 160개 언어, 오스트레일리아에서는 90%인 225개 언어, 그리고 전 세계적으로는 기존 언어의 50%인 3,000개의 언어들이 소멸해 가고 있다고 한다. 이 중 사용자 수가 10만 명을 넘는 약 600개의 언어들은 비교적 안전한 상태에 있지만, 그 밖의 언어는 21세기가 끝나기 전에 소멸할지도 모른다.

언어가 이처럼 대규모로 소멸하는 원인은 중첩적이다. 토착 언어 사용자들의 거주지가 파괴되고, 종족 말살과 동화(同化)교육이 이루어지며, 사용 인구가 급격히 감소하는 것 외에 '문화적 신경가스'라고 불리는 전자 매체가 확산되는 것도 그 원인이 된다. 물론 우리는 소멸을 강요하는 사회적, 정치적 움직임들을 중단시키는 한편, 토착어로 된 교육 자료나 문학작품, 텔레비전 프로그램 등을 개발함으로써 언어 소멸을 어느 정도 막을 수 있다. 나아가 소멸 위기에 처한 언어라도 20세기의 히브리어처럼 지속적으로 공식어로 사용할 의지만 있다면 그 언어를 부활시킬 수도 있다.

합리적으로 보자면, 우리가 지구상의 모든 동물이나 식물종들을 보존할 수 없는 것처럼 모든 언어를 보존할 수는 없으며, 어쩌면 그래서는 안 되는지도 모른다. 가령, 어떤 언어 공동체가 경제적 발전을 보장해 주는 주류 언어로 돌아설 것을 선택할 때, 그 어떤 외부 집단이 이들에게 토착 언어를 유지하도록 강요할 수 있겠는가? 또한, 한 공동체 내에서 이질적인 언어가 사용되면 사람들 사이에 심각한 분열을 초래할 수도 있다. 그러나 이러한 문제가 있더라도 전 세계 언어의 50% 이상이 빈사 상태에 있다면 이를 보고만 있을 수는 없다.

① 현재 소멸해 가고 있는 전 세계 언어 중 약 2,400여 개의 언어들은 사용자 수가 10만 명 이하이다.
② 소멸 위기에 있는 언어라도 사용자들의 의지에 따라 유지될 수 있다.
③ 소멸 위기 언어 사용자가 처한 현실적인 문제는 언어의 다양성을 보존하기 어렵게 만들 수 있다.
④ 언어 소멸은 지구상의 동물이나 식물종 수의 감소와 같이 자연스럽고 필연적인 현상이다.
⑤ 타의적·물리적 압력에 의해서만 언어 소멸이 이루어지는 것은 아니다.

26

멜서스는 『인구론』에서 인구는 기하급수적으로 증가하지만 식량은 산술급수적으로 증가한다고 주장했다. 먹지 않고 살 수 있는 인간은 없는 만큼, 이것이 사실이라면 어떤 방법으로든 인구 증가는 억제될 수밖에 없다. 그 어떤 방법에 포함되는 가장 유력한 항목이 바로 기근, 전쟁, 전염병이다. 식량이 부족해지면 사람들이 굶어 죽거나, 병들어 죽게 된다는 것이다. 이런 불행을 막으려면 인구 증가를 미리 억제해야 한다. 따라서 멜서스의 이론은 사회적 불평등을 해소하려는 모든 형태의 이상주의 사상과 사회운동에 대한 유죄 선고 판결문이었다. 멜서스가 보기에 인간의 평등과 생존권을 옹호하는 모든 사상과 이론은 '자연법칙에 위배되는 유해한' 것이었다. 사회적 불평등과 불공정을 비판하는 이론은 존재하지 않는 자연법적 권리를 존재한다고 착각하는 데에서 비롯된 망상의 산물일 뿐이었다. 그러나 멜서스의 주장은 빗나간 화살이었다. 멜서스의 주장 이후 유럽 산업국 노동자의 임금은 자꾸 올라가 최저 생존 수준을 현저히 넘어섰지만 인구가 기하급수적으로 증가하지는 않았다. 그리고 '하루 벌어 하루 먹고사는 하류계급'은 성욕을 억제하지 못해서 임신과 출산을 조절할 수 없다고 했지만, 그가 그 이론을 전개한 시점에서 유럽 산업국의 출산율은 이미 감소하고 있었다.

① 멜서스에게 인구 증가는 국가 부흥의 증거이다.
② 멜서스는 인구 증가를 막기 위해 적극적인 억제방식을 주장한다.
③ 멜서스는 사회구조를 가치 있는 상류계급과 가치 없는 하류계급으로 나눴을 것이다.
④ 대중을 빈곤에서 구해내는 방법을 찾는 데 열중했던 당대 진보 지식인과 사회주의자들에게 비판받았을 것이다.
⑤ 멜서스의 주장은 비록 빗나가긴 했지만, 인구구조의 변화에 동반되는 사회현상을 관찰하고, 그 원리를 논증했다는 점은 학문적으로 평가받을 부분이 있다.

27

우리는 도구를 사용하고, 다양한 종류의 음식을 먹는 본능과 소화력을 갖췄다. 어떤 동물은 한 가지 음식만 먹는다. 이렇게 음식 하나에 모든 것을 거는 '단일 식품 식생활'은 도박이다. 그 음식의 공급이 끊기면 그 동물도 끝이기 때문이다.

400만 년 전, 우리 인류의 전 주자였던 오스트랄로피테쿠스는 고기를 먹었다. 한때 오스트랄로피테쿠스가 과일만 먹었을 것이라고 믿은 적도 있었다. 따라서 오스트랄로피테쿠스 속과 사람 속을 가르는 선을 고기를 먹는지 여부로 정했었다. 그러나 남아프리카공화국의 한 동굴에서 발견된 200만 년 된 유골 4구의 치아에서는 이와 다른 증거가 발견됐다. 인류학자 맷 스폰하이머와 줄리아 리소프는 이 유골의 치아사기질의 탄소 동위 원소 구성 중 13C의 비율이 과일만 먹은 치아보다 열대 목초를 먹은 치아와 훨씬 더 가깝다는 것을 발견했다. 식생활 동위 원소는 체내 조직에 기록되기 때문에 이 발견은 오스트랄로피테쿠스가 상당히 많은 양의 풀을 먹었거나 이 풀을 먹은 동물을 먹었다는 추측을 가능케 한다. 그런데 같은 치아에서 풀을 씹어 먹을 때 생기는 마모는 전혀 보이지 않았기 때문에 오스트랄로피테쿠스 식단에서 풀을 먹는 동물이 큰 부분을 차지했다는 결론을 내릴 수 있다.

오래 전에 멸종되어 260만 년이라는 긴 시간을 땅속에 묻혀 있던 동물의 뼈 옆에서는 석기들이 함께 발견되기도 한다. 이 뼈와 석기가 들려주는 이야기는 곧 우리의 이야기다. 어떤 뼈에는 이로 씹은 흔적 위에 도구로 자른 흔적이 겹쳐있다. 그 반대의 흔적이 남은 뼈들도 있다. 도구로 자른 흔적 다음에 날카로운 이빨 자국이 남은 경우다. 이런 것은 무기를 가진 인간이 먼저 먹고 동물이 이빨로 뜯어 먹은 것이다.

① 오스트랄로피테쿠스는 풀은 전혀 먹지 않았다.
② 육식 여부는 오스트랄로피테쿠스의 진화과정을 보여주는 중요한 기준이다.
③ 단일 식품 섭취의 위험성 때문에 단일 식품을 섭취하는 동물은 없다.
④ 맷 스폰하이머와 줄리아 리소프의 연구는 육식 여부로 오스트랄로피테쿠스와 사람을 구분하던 방법이 잘못되었음을 보여준다.
⑤ 오스트랄로피테쿠스는 날카로운 이빨을 이용하여 초식동물을 사냥하였다.

28

최근 환경에 대한 관심이 증가하면서 상표에도 '에코, 녹색' 등 '친환경'을 표방하는 상표 출원이 꾸준히 증가하는 것으로 나타났다. 특허청에 따르면, '친환경' 관련 상표 출원은 최근 10여 년간 연평균 1,200여 건이 출원돼 꾸준한 관심을 받아온 것으로 나타났다. '친환경' 관련 상표는 제품의 '친환경'을 나타내는 대표적인 문구인 '친환경, 에코, ECO, 녹색, 그린, 생태' 등의 문자를 포함하고 있는 상표이며 출원건수는 상품류를 기준으로 한다. 즉, 단류 출원은 1건, 2개류에 출원된 경우 2건으로 계산한다.

작년 한 해 친환경 상표가 가장 많이 출원된 제품은 화장품(79건)이었으며, 그다음으로 세제(50건), 치약(48건), 샴푸(47건) 순으로 조사됐다. 특히, 출원건수 상위 10개 제품 중 7개가 일상생활에서 흔히 사용하는 미용, 위생 등 피부와 관련된 상품인 것으로 나타나 깨끗하고 순수한 환경에 대한 관심이 친환경제품으로 확대되고 있는 것으로 분석됐다.

2007년부터 2017년까지의 '친환경' 관련 상표의 출원실적을 보면, 영문자 'ECO'가 4,820건으로 가장 많이 사용되어 기업이나 개인은 제품의 '친환경'을 나타내는 상표 문구로 'ECO'를 가장 선호하는 것으로 드러났다. 다음으로는 '그린'이 3,862건, 한글 '에코'가 3,156건 사용됐고 '초록', '친환경', '녹색', '생태'가 각각 766건, 687건, 536건, 184건으로 그 뒤를 이었다. 특히, '저탄소·녹색성장'이 국가 주요 정책으로 추진되던 2010년에는 '녹색'을 사용한 상표출원이 매우 증가한 것으로 나타났고, 친환경·유기농 먹거리 등에 대한 수요가 늘어나면서 2015년에는 '초록'이 포함된 상표 출원이 상대적으로 증가한 것으로 조사됐다.

최근 환경과 건강에 대한 관심이 증가하면서 이러한 '친환경' 관련 상표를 출원하여 등록받는 것이 소비자들의 안전한 구매를 촉진하는 길이 될 수 있다.

① 환경과 건강에 대한 관심이 증가하지만 '친환경'을 강조하는 상표출원의 증가세가 주춤할 것으로 전망된다.
② 국가 주요 정책이나 환경에 대한 관심이 상표 출원에 많은 영향을 미친다.
③ 친환경 상표가 가장 많이 출원된 제품인 화장품의 경우 대부분 안전하다고 믿고 사용해도 된다.
④ 영문 'ECO'와 한글 '에코'의 의미가 동일하므로 한글 '에코'의 상표 문구 출원이 높아져 영문 'ECO'를 역전할 가능성이 높다.
⑤ 친환경 세제를 개발한 P사는 ECO 달세제, ECO 별세제 2개의 상품을 모두 '표백제 및 기타 세탁용 제제'의 상품류로 등록하여 출원건수는 2건으로 계산될 수 있다.

※ 다음 글의 주장에 대한 비판으로 가장 적절한 것을 고르시오. [29~30]

29

저작권은 저자의 권익을 보호함으로써 활발한 저작 활동을 촉진하여 인류의 문화 발전에 기여하기 위한 것이다. 그러나 이렇게 공적 이익을 추구하기 위한 저작권이 현실에서는 일반적으로 지나치게 사적 재산권을 행사하는 도구로 인식되고 있다. 저작물 이용자들의 권리를 보호하기 위해 마련한, 공익적 성격의 법조항도 법적 분쟁에서는 항상 사적 재산권의 논리에 밀려 왔다.

저작권 소유자 중심의 저작권 논리는 실제로 저작권이 담당해야 할 사회적 공유를 통한 문화 발전을 방해한다. 몇 해 전의 '애국가 저작권'에 대한 논란은 이러한 문제를 단적으로 보여준다. 저자 사후 50년 동안 적용되는 국내 저작권법에 따라, 애국가가 포함된 〈한국 환상곡〉의 저작권이 작곡가 안익태의 유족들에게 2015년까지 주어진다는 사실이 언론을 통해 알려진 것이다. 누구나 자유롭게 이용할 수 있는 국가(國歌)마저 공공재가 아닌 개인 소유라는 사실에 많은 사람들이 놀랐다.

창작은 백지 상태에서 완전히 새로운 것을 만드는 것이 아니라 저작자와 인류가 쌓은 지식 간의 상호 작용을 통해 이루어진다. "내가 남들보다 조금 더 멀리 보고 있다면, 이는 내가 거인의 어깨 위에 올라서 있는 난쟁이이기 때문"이라는 뉴턴의 겸손은 바로 이를 말한다. 이렇듯 창작자의 저작물은 인류의 지적 자원에서 영감을 얻은 결과이다. 그러한 저작물을 다시 인류에게 되돌려 주는 데 저작권의 의의가 있다. 이러한 생각은 이미 1960년대 프랑스 철학자들에 의해 형성되었다. 예컨대 기호학자인 바르트는 '저자의 죽음'을 거론하면서 저자가 만들어 내는 텍스트는 단지 인용의 조합일 뿐 어디에도 '오리지널'은 존재하지 않는다고 단언한다.

전자 복제 기술의 발전과 디지털 혁명은 정보나 자료의 공유가 지니는 의의를 잘 보여주고 있다. 인터넷과 같은 매체 환경의 변화는 원본을 무한히 복제하고 자유롭게 이용함으로써 누구나 창작의 주체로서 새로운 문화 창조에 기여할 수 있도록 돕는다. 인터넷 환경에서 이용자는 저작물을 자유롭게 교환할 뿐 아니라 수많은 사람들과 생각을 나눔으로써 새로운 창작물을 생산하고 있다. 이러한 상황은 저작권을 사적 재산권의 측면에서보다는 공익적 측면에서 바라볼 필요가 있음을 보여준다.

① 저작권의 사회적 공유에 대해 일관성 없는 주장을 하고 있다.
② 저작물이 개인의 지적·정신적 창조물임을 과소평가하고 있다.
③ 저작권의 사적 보호가 초래한 사회적 문제의 사례가 적절하지 않다.
④ 인터넷이 저작권의 사회적 공유에 미치는 영향을 드러내지 못하고 있다.
⑤ 객관적인 사실을 제시하지 않고 추측에 근거하여 논리를 전개하고 있다.

사회 현상을 볼 때는 돋보기로 세밀하게, 그리고 때로는 멀리 떨어져서 전체 속에 어떻게 위치하고 있는가를 동시에 봐야 한다. 숲과 나무는 서로 다르지만 따로 떼어 생각할 수 없기 때문이다. 현대 사회 현상의 최대 쟁점인 과학 기술에 대해 평가할 때도 마찬가지이다. 로봇 탄생의 숲을 보면, 그 로봇 개발에 투자한 사람과 로봇을 개발한 사람들의 의도가 드러난다. 그리고 나무인 로봇을 세밀히 보면, 그 로봇이 생산에 이용되는지 아니면 감옥의 죄수들을 감시하기 위한 것인지 그 용도를 알 수가 있다. 이 광범한 기술의 성격을 객관적이고 물질적이어서 가치관이 없다고 쉽게 생각하면 로봇에 당하기 십상이다.

자동화는 자본주의의 실업을 늘려 실업자에 대해 생계의 위협을 가하는 측면뿐 아니라, 기존 근로자에 대한 감시를 더욱 효율적으로 해내는 역할도 수행한다. 자동화를 적용하는 기업 측에서는 자동화가 인간의 삶을 증대시키는 이미지로 일반 사람들에게 인식되기를 바란다. 그래야 자동화 도입에 대한 노동자의 반발을 무마하고 기업가의 구상을 관철시킬 수 있기 때문이다. 그러나 자동화나 기계화 도입으로 인해 실업을 두려워하고, 업무 내용이 바뀌는 것을 탐탁해 하지 않았던 유럽의 노동자들은 자동화 도입에 대해 극렬히 반대했던 경험들을 갖고 있다.

지금도 자동화·기계화는 좋은 것이라는 고정관념을 가진 사람들이 많고, 현실에서 이러한 고정관념이 가져오는 파급 효과는 의외로 크다. 예를 들어 은행에 현금을 자동으로 세는 기계가 등장하면 은행원들이 현금을 세는 작업량은 줄어든다. 손님들도 기계가 현금을 재빨리 세는 것을 보고 감탄해 하면서 행원이 세는 것보다 더 많은 신뢰를 보낸다. 그러나 현금 세는 기계의 도입에는 이익 추구라는 의도가 숨어 있다. 현금 세는 기계는 행원의 수고를 덜어 준다. 그러나 현금 세는 기계를 들여옴으로써 실업자가 생기고 만다. 사람이 잘만 이용하면 잘 써먹을 수 있을 것만 같은 기계가 엄청나게 혹독한 성품을 지닌 프랑켄슈타인으로 돌변하는 것이다. 자동화와 정보화를 추진하는 핵심 조직이 기업이란 것에서도 알 수 있듯이 기업은 이윤 추구에 도움이 되지 않는 행위는 무가치하다고 판단한다. 그러므로 자동화는 그 계획 단계에서부터 기업의 의도가 스며들어가 탄생된다. 또한 그 의도대로 자동화나 정보화가 진행되면, 다른 한편으로 의도하지 않은 결과를 초래한다. 자동화와 같은 과학 기술이 풍요를 생산하는 수단이라고 생각하는 것은 하나의 고정관념에 불과하다.

채플린이 제작한 영화 〈모던 타임즈〉에 나타난 것처럼 초기 산업화 시대에는 기계에 종속된 인간의 모습이 가시적으로 드러날 수밖에 없었다. 그래서 이러한 종속에 저항하고자 하는 인간의 노력도 적극적인 모습을 보였다. 그러나 현대의 자동화기기는 그 첨병이 정보 통신기기로 바뀌면서 문제는 질적으로 달라진다. 무인 생산까지 진전된 자동화나 정보 통신화는 인간에게 단순 노동을 반복시키는 그런 모습을 보이지 않는다. 그래서인지는 몰라도 정보 통신은 별 무리 없이 어느 나라에서나 급격하게 개발·보급되고 보편화되어 있다. 그런데 문제는 이 자동화기기가 생산에만 이용되는 것이 아니라, 노동자를 감시하거나 관리하는 데도 이용될 수 있다는 것이다. 오히려 정보 통신의 발달로 이전보다 사람들은 더 많은 감시와 통제를 받게 되었다.

① 기업의 이윤 추구가 사회 복지 증진과 직결될 수 있음을 간과하고 있어.
② 기계화·정보화가 인간의 삶의 질 개선에 기여하고 있음을 경시하고 있어.
③ 기계화를 비판하는 주장만 되풀이할 뿐, 구체적인 근거를 제시하지 않고 있어.
④ 화제의 부분적 측면에 관계된 이론을 소개하여 편향적 시각을 갖게 하고 있어.
⑤ 현대의 기술 문명이 가져다 줄 수 있는 긍정적인 측면을 과장하여 강조하고 있어.

01 호흡장애로 기관절개관을 삽입하고 있는 환자에게 수행한 간호중재로 적절한 것은?

① 흡인 시 흡인관의 조절 구멍을 막은 상태에서 삽입한다.
② 내관 삽입 전 외관의 분비물을 제거한다.
③ 내관 흡인 시 청결 장갑을 착용한다.
④ 삽입 부위 피부는 바깥쪽에서 안쪽으로 소독한다.
⑤ 내관 소독 시 포비돈 희석액을 사용한다.

02 안질환 환자에게 안연고를 투여할 때, 투여방법으로 옳은 것은?

① 투약 후 10초간 눈을 감지 않도록 한다.
② 투약 후 코눈물관 위를 30초 이상 눌러 준다.
③ 상안검을 위로 잡아 올린다.
④ 정면을 바라보도록 한다.
⑤ 하부결막낭 내측에서 외측으로 짜 넣는다.

03 간호 관리자가 신규 직원 배치 시 친교 욕구가 강한 간호사는 고객만족팀에, 성취 욕구가 강한 간호사는 간호연구팀에, 권력 욕구가 강한 간호사는 성과관리팀에 배치하였다. 이때 적용된 동기부여 이론은 무엇인가?

① 성취동기이론
② 욕구단계이론
③ ERG이론
④ XY이론
⑤ 동기 – 위생이론

04 간호 실무 중 지휘기능에 해당되는 간호 관리자의 활동은?

① 간호사의 손위생 이행률을 조사하였다.
② 간호사 동기부여를 위한 활동을 하였다.
③ 간호사의 업무수행능력을 평가하였다.
④ 병동운영계획안을 작성하였다.
⑤ 간호사직무기술서를 재작성하였다.

05 다음 중 간호 실무 현장에서 정의의 원칙을 적용한 사례는?

① 응급환자분류체계(Triage) 적용하기
② 진단 결과에 대해 진실 말하기
③ 억제대 사용금지
④ 환자의 개인정보 보호하기
⑤ 사전 동의받기

06 보건교육 프로그램을 개발하려고 할 때 다음 내용에 해당하는 학습이론은 무엇인가?

• 안내자 및 촉진자로서 교육자의 역할
• 소규모 팀으로 구성된 협동학습
• 학습자 주도적인 학습환경
• 실제 사례 제시

① 행동주의 학습이론   ② 완전학습이론
③ 인지주의 학습이론   ④ 구성주의 학습이론
⑤ 인본주의 학습이론

07 뇌출혈 환자의 신체사정 결과가 다음과 같다. 우선적인 중재는?

• 두개내압 31mmHg, 혈압 195/120mmHg
• 맥박 51회/분
• 투사성 구토, 기면, 심한 두통

① 좌측 측위 유지   ② 수액 공급
③ 사지운동 능력 사정   ④ 기도개방 유지
⑤ 소변 배설량 측정

08 골다공증(Osteoporosis)의 발생 위험 요인으로 옳은 것은?

① 스테로이드제 장기 복용   ② 여성호르몬 대체요법 적용
③ 체질량지수(BMI) $28kg/m^2$ ④ 수근관 증후군 병력
⑤ 남성

09 복부 자상으로 출혈이 심했던 입원 환자의 배뇨량이 24시간 동안 300mL 미만일 때 예측할 수 있는 것은?

① 말초혈관 이완　　　　　　　　　② 피부의 혈액순환 증가

③ 심박출량 증가　　　　　　　　　④ 중심정맥압 증가

⑤ 콩팥기능 저하

10 다음 중 교정이 필요한 급성 A형 바이러스 간염(Acute A Viral Hepatitis) 환자에 대한 반응으로 적절하지 않은 것은?

① "술은 마시지 않습니다."

② "진통제로 아세트아미노펜 제제를 먹습니다."

③ "피로가 심하면 휴식을 취합니다."

④ "기름진 음식은 피합니다."

⑤ "밥은 조금씩 자주 먹습니다."

11 다음 중 의료기관에 입원하고 있는 환자의 권리로 옳은 것을 모두 고르면?

ㄱ 인간의 존엄성을 유지할 권리
ㄴ 치료과정에 대한 설명을 충분히 받을 권리
ㄷ 사적인 일에 간섭받지 않을 권리
ㄹ 의료보장의 개선을 나라에 요구할 권리

---

① ㄱ, ㄴ, ㄷ　　　　　　　　　　② ㄱ, ㄷ

③ ㄴ, ㄹ　　　　　　　　　　　　④ ㄹ

⑤ ㄱ, ㄴ, ㄷ, ㄹ

12 간호사의 과실로 인하여 환자에게 의료사고를 일으켰고 병원장이 환자에게 금전적으로 그 손실을 배상하였다. 병원장의 이러한 행위에 대한 법적 책임의 근거는?

① 형사 책임　　　　　　　　　　② 업무상 과실치사상 책임

③ 피용자 과실 책임　　　　　　　④ 의료법상 위반 책임

⑤ 사용자 책임

13 갑상선 절제술을 받은 환자를 간호할 때 환자의 침상 옆에 항상 준비해 둬야 하는 것은?

① Suture Set
② 비타민 D 제제
③ 기관 절개 세트와 산소
④ Lugol 용액
⑤ 밀봉 흉부 배액관

14 다음 중 고나트륨혈증의 증상으로 옳지 않은 것은?

① Na 148mEq/L
② 체온 상승
③ 맥박 108/분, 혈압 90/50mmHg
④ 삼투질 농도 290mOsm/kg 이하
⑤ 호흡곤란

15 다음 중 호흡의 화학적인 조절에 관한 설명으로 가장 적절한 것은?

① 혈압이 상승하면 호흡이 빠르고 얕아진다.
② 저산소혈증이 되면 과소환기를 하게 된다.
③ 체온이 상승하면 호흡수는 감소한다.
④ 체내 탄산가스 농도가 증가하면 호흡이 느려진다.
⑤ 동맥혈 내 수소이온이 많아지면 호흡수는 증가한다.

16 다음 중 일과성 허혈성 발작(Transient Ischemic Attack)을 의심할 수 있는 증상은?

① 다리의 일시적 마비
② 흉통
③ 저혈압
④ 부정맥
⑤ 저체온

17 급성 간부전으로 간이식(Liver Trans – plantation) 수술을 받은 환자의 이식 거부반응을 줄여주는 약물은?

① 나이트로글리세린(Nitroglycerin)

② 아테놀올(Atenolol)

③ 페니토인(Phenytoin)

④ 사이클로스포린(Cyclosporine)

⑤ 아세트아미노펜(Acetaminophen)

18 대형사고, 화재, 지진 등 긴급 재난상황으로 인해 한번에 많은 환자가 발생했을 때 대상자 분류에서 가장 우선적으로 처치해야 할 응급상태는?

① 폐쇄성 골절   ② 기도 폐색

③ 요로감염   ④ 타박상

⑤ 염좌

19 다음 중 대상포진(Herpes Zoster) 환자를 위한 올바른 교육내용은?

① 보통 수포는 양측성으로 발생한다.

② 초기에 장기간 스테로이드를 복용한다.

③ 개인위생을 잘 지키면 재발을 막을 수 있다.

④ 면역이 저하된 사람과 가능한 한 접촉하지 않게 한다.

⑤ 증상 완화를 위해 경구 항생제를 복용한다.

20 심한 오심과 구토, 발한 증상이 있는 탈수(Dehydration) 환자의 신체사정 결과로 예상되는 것은?

① 맥압 증가   ② 요비중 감소

③ 적혈구침강속도 증가   ④ 헤마토크릿 감소

⑤ 구강점막 건조

21 과민대장증후군(Irritable Bowel Synd – rome, IBS) 환자에게 나타나는 주증상은?

① 점액변   ② 백혈구 상승

③ 빈혈   ④ 설사와 변비의 반복적인 발생

⑤ 체온 상승

22 과도한 음주 후 1~2일 전부터 연하곤란, 연하통, 흉부 불편감이 있는 중년 남성에게 우선적으로 내릴 수 있는 간호진단은?

① 불확실성과 관련된 비효율적 대처

② 식도자극과 관련된 통증

③ 건강상태 변화와 관련된 불안

④ 정보 부족과 관련된 지식 부족

⑤ 연하곤란과 관련된 영양 부족

23 알코올성 간경화증(Alcoholic Liver Cirrhosis) 환자의 혈액검사 결과가 다음과 같을 때 우선적으로 사정해야 하는 것은?

- AST 95U/L, ALT 121U/L, 혈소판 8,100/mm³
- 암모니아 254ug/dL, 총빌리루빈 4.8mg/dL

① 피부색   ② 복부팽만 정도

③ 소변량   ④ 의식 수준

⑤ 체온

24 심장 수술 직후 환자의 사정 결과가 다음과 같을 때 적절한 중재는?

- 중심정맥압 4cmH$_2$O, 폐모세혈관쐐기압 2mmHg
- 흉관배액량 110mL/시간
- 체온 36.2℃, 맥박 110회/분, 혈압 92/56mmHg

① 침상머리를 높여 준다.

② 베타차단제를 투여한다.

③ 냉습포를 적용한다.

④ 4시간마다 활력징후를 측정한다.

⑤ 투여 수액량을 증가시킨다.

25 외상 환자의 사정 결과가 다음과 같다. 손상이 가장 의심되는 뇌신경은?

> • 오른쪽 얼굴 근육이 힘없이 처짐
> • 이마 주름 잡기와 휘파람 불기가 불가능함
> • 눈 깜박임 반사가 소실, 눈물이 흘러내림

① 제2뇌신경   ② 제4뇌신경
③ 제5뇌신경   ④ 제7뇌신경
⑤ 제12뇌신경

26 급성 골수성 백혈병(Acute Myeloid Leukemia, AML) 환자의 간호사정 결과가 다음과 같다. 우선적인 중재는?

> • 백혈구 $5,500/mm^3$, 혈색소 11.4g/dL, 혈소판 $35,000/mm^3$
> • 요소질소 25mg/dL, 크레아티닌 1.7mg/dL
> • 소변량 감소, 피로, 허약감

① 농축적혈구 수혈   ② 수분 제한
③ 혈액투석   ④ 격리
⑤ 잇몸출혈 확인

27 갈색세포종(Pheochromocytoma)을 의심할 수 있는 환자의 소변검사 결과로 올바른 것은?

① 백혈구수 증가   ② 적혈구수 증가
③ 비중 감소   ④ 카테콜아민 대사 산물 증가
⑤ 케톤체 감소

28 우측 유방암 수술 후 퇴원 전 교육을 받은 환자의 반응 중 추가교육이 필요한 것은?

① "수술한 쪽의 팔에서는 혈압을 재지 말아야 합니다."
② "설거지를 할 때는 고무장갑을 착용합니다."
③ "절개 부위가 나은 후에도 수술한 쪽의 팔은 당분간 움직이지 않아야 합니다."
④ "무거운 물건을 들지 말아야 합니다."
⑤ "수술한 쪽의 팔은 심장보다 높게 유지합니다."

29 수혈 중인 환자에서 혈뇨, 저혈압, 발열, 호흡곤란, 오한이 나타나는 경우 가장 먼저 의심해 봐야 하는 것은?

① 신경성 쇼크   ② 수분중독증
③ 폐수종   ④ 용혈반응
⑤ 수신증

30 다음 중 파킨슨병 환자에게 레보도파(Levodopa)를 투여할 때 올바른 교육내용은?

① 오심이 있으면 음식과 같이 복용한다.
② 소변 색이 짙어지면 복용을 중단한다.
③ 피리독신(비타민 B$_6$)과 같이 복용한다.
④ 단백질 제제와 같이 복용한다.
⑤ 저섬유소 식이를 섭취한다.

합격의공식
SD
에듀

www.sdedu.co.kr

제2회 삼성병원 간호사 GSAT

〈문항 및 시험시간〉

평가영역	문항 수	시험시간	비고	도서 동형 온라인 실전연습 서비스 쿠폰번호
수리논리	20문항	30분	객관식 5지선다형	AOGP-00000-B41A8
추리	30문항	30분		
직무상식	30문항	30분		

제2회 모의고사

제 **1**영역 수리논리

01 백현이가 강물의 속력이 10km/h인 강에서 배로 7km 떨어진 B지점으로 출발했다. B지점으로 가려면 강을 거슬러 올라갔다가 내려가야 한다. 배로 강을 거슬러 올라갈 때는 20km/h의 속력으로, 내려갈 때는 5km/h의 속력으로 이동했더니 총 40분이 걸렸다. 이때 백현이가 배를 타고 거슬러 올라간 거리는 얼마인가?

① 1km
② 3km
③ 4km
④ 6km
⑤ 8km

02 주머니에 1 ~ 10까지의 숫자가 적힌 각각의 카드가 들어있다. 재영이가 주머니에서 카드를 3번 뽑는다고 할 때, 1 ~ 3의 숫자가 적힌 카드 중 하나 이상을 뽑을 확률은?(단, 꺼낸 카드는 다시 넣지 않는다)

① $\dfrac{5}{8}$
② $\dfrac{17}{24}$
③ $\dfrac{19}{24}$
④ $\dfrac{7}{8}$
⑤ $\dfrac{23}{24}$

03 다음은 국민연금 급여수급자 연도별 현황에 관한 자료이다. 이에 대한 설명으로 적절하지 않은 것은?

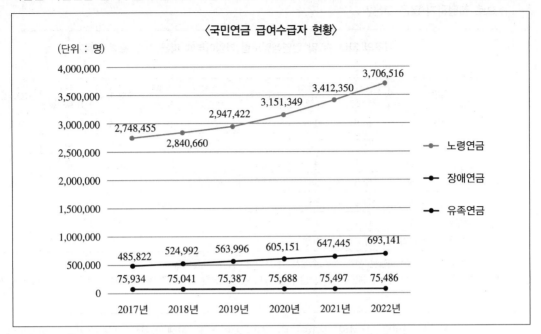

① 2017 ~ 2022년 동안 유족연금 수급자 수는 매년 증가했다.
② 2019년 노령연금 수급자 대비 유족연금 수급자 비율은 20% 미만이다.
③ 2018 ~ 2022년 동안 장애연금 수급자 수가 전년 대비 가장 많이 증가한 해는 2019년이다.
④ 2017 ~ 2022년 동안 장애연금 수급자 수와 노령연금 수급자 수의 차이가 가장 큰 해는 2022년이다.
⑤ 노령연금 수급자 대비 유족연금 수급자 비율은 2019년보다 2017년이 높다.

04 다음은 가구의 자녀 수 및 민영생명보험 가입여부에 따른 가입 보험 비율에 대한 자료이다. 이에 대한 설명으로 적절하지 않은 것은?

〈가구의 자녀 수 및 민영생명보험 가입여부에 따른 가입 보험 비율〉

(단위 : %)

구분		상·재해 보장보험	질병보장 보험	연금보험	저축성 보험	사망보장 보험	변액 보험	실손 의료보험	기타보험
전체		46.6	81.8	24.3	8.6	19.8	8.4	56.8	4.8
자녀 수	0명	37.7	77.9	16.7	4.1	12.2	4.8	49.2	3.3
	1명	52.1	84.8	27.9	7.8	18.5	9.5	56.5	5.8
	2명	49.6	83	28.9	12.2	27.2	10.9	62.1	4.8
	3명 이상	64.2	86	24.7	20.6	26.1	10.1	80.3	11.9
민영생보 가입여부	가입	47.4	82.7	24.8	8.8	20.5	8.8	58.2	4.8
	비가입	27.5	60.2	13.1	3.6	3.6	0	24.7	4.5

※ '전체'에 해당하는 비율은 전체 가구 수에서 각 보험에 가입한 비율이다.
※ 민영생명보험가입 여부에 해당하는 비율은 민영생명보험에 가입한 가구들 중 해당 보험에 가입한 가구 수의 비율이다 (비가입 비율도 동일하다).

① 전체 가구 중 질병보장보험에 가입한 가구 수는 사망보장보험에 가입한 가구 수의 4배 이상이다.

② 자녀 수가 1명인 가구 중에는 3개 이상의 보험에 중복 가입한 가구가 있다.

③ 민영생명보험에 가입한 가구 중 실손의료보험에 가입한 비율은 민영생명보험에 가입하지 않은 가구 중 실손의료보험에 가입한 가구 수 비율의 2배 이상이다.

④ 자녀 수가 2명 이상인 가구 중 변액보험에 가입한 가구의 수는 10.0% 이상이다.

⑤ 자녀가 없는 가구 중 상·재해보장보험에 가입한 가구 수는 자녀가 2명인 가구 중 연금보험에 가입한 가구 수보다 많다.

05 다음은 전자인증서 인증수단 방법 중 선호도를 조사한 자료이다. 다음 자료에 대한 설명으로 적절하지 않은 것은?(단, 평균점수는 소수점 첫째 자리에서 반올림한다)

〈전자인증서 인증 수단별 선호도 현황〉

(단위 : 점)

구분	실용성	보안성	간편성	유효기간
공인인증서 방식	16	( )	14	1년
ID / PW 방식	18	10	16	없음
OTP 방식	15	18	14	1년 6개월
이메일 및 SNS 방식	18	8	10	없음
생체인증 방식	20	19	18	없음
I-pin 방식	16	17	15	2년

※ 선호도는 실용성, 보안성, 간편성 점수를 합한 값이다.
※ 유효기간이 1년 이하인 방식은 보안성 점수에 3점을 가산한다.

① 생체인증 방식의 선호도는 OTP 방식과 I-pin 방식 합보다 38점 낮다.
② 실용성 전체 평균점수보다 높은 방식은 총 4가지이다.
③ 유효기간이 '없음'인 인증수단 방식의 간편성 평균점수는 15점이다.
④ 공인인증서 방식의 선호도가 51점일 때, 빈칸에 들어갈 값은 18점이다.
⑤ 유효기간이 '없음'인 인증수단 방식의 실용성 점수는 모두 18점 이상이다.

06 다음은 우체국 수 연도별 분포 현황에 관한 자료이다. 이에 대한 설명으로 가장 적절한 것은?

〈우체국 수 연도별 분포현황〉

(단위 : 개)

우체국 종류	2017년	2018년	2019년	2020년	2021년	2022년
지방우정청	9	9	9	9	9	9
4급국(서기관국)	121	121	120	138	138	139
5급국(사무관국)	133	135	138	180	171	169
6급국(주사국)	1,673	1,678	1,567	1,493	1,501	1,501
7급국(분국)	50	47	28	22	16	17
군우국	21	21	21	21	21	21
출장소	112	112	104	104	100	101
별정국	757	755	754	750	745	737
취급국	774	762	810	810	805	782
합계	3,650	3,640	3,551	3,527	3,506	3,476

① 5급국의 수와 6급국의 수는 2018년부터 2022년까지 전년 대비 증감 추이가 동일하다.

② 4급국의 수는 2020년에 전년 대비 20% 이상 증가하였다.

③ 2019년 취급국의 수는 별정국의 수보다 15% 이상 많다.

④ 2021년 출장소 수 대비 군우국 수의 비율은 전년 대비 감소하였다.

⑤ 7급국이 전체 우체국 중 차지하는 비율은 2018년에 비해 2021년에 감소하였다.

07 다음은 도로별 하루평균 교통량에 대한 자료이다. 이에 대한 설명으로 적절하지 않은 것은?

〈고속국도의 하루평균 교통량〉

(단위 : 대)

구분	2018년	2019년	2020년	2021년	2022년
승용차	28,864	31,640	32,593	33,605	35,312
버스	1,683	1,687	1,586	1,594	1,575
화물차	13,142	11,909	12,224	13,306	13,211
합계	43,689	45,236	46,403	48,505	50,098

〈일반국도의 하루평균 교통량〉

(단위 : 대)

구분	2018년	2019년	2020년	2021년	2022년
승용차	7,951	8,470	8,660	8,988	9,366
버스	280	278	270	264	256
화물차	2,945	2,723	2,657	2,739	2,757
합계	11,176	11,471	11,587	11,991	12,399

〈국가지원지방도의 하루평균 교통량〉

(단위 : 대)

구분	2018년	2019년	2020년	2021년	2022년
승용차	5,169	5,225	5,214	5,421	5,803
버스	230	219	226	231	240
화물차	2,054	2,126	2,059	2,176	2,306
합계	7,453	7,570	7,499	7,828	8,349

① 조사기간 중 고속국도와 일반국도의 하루평균 버스 교통량의 증감 추이는 같다.

② 일반국도의 하루평균 화물차 교통량은 2020년까지 감소하다가 2021년부터 다시 증가하고 있다.

③ 2020 ~ 2022년 중 국가지원지방도의 하루평균 버스 교통량 중 전년 대비 증감률이 가장 큰 연도는 2022년이다.

④ 조사기간 중 고속국도의 하루평균 승용차 교통량은 일반국도와 국가지원지방도의 하루평균 승용차 교통량의 합보다 항상 많았다.

⑤ 2022년 고속국도의 하루평균 화물차 교통량은 2022년 일반국도와 국가지원지방도의 하루평균 화물차 교통량의 합의 2.5배 이상이다.

08 S기업의 지방이전에 대한 만족도 설문조사를 직원 1,600명에게 실시한 결과 다음과 같은 결과를 얻었다. 이에 대한 설명으로 적절하지 않은 것은?(단, 질문의 대답은 한 개만 선택한다)

〈S기업 지방이전 만족도 통계〉

(단위 : %)

구분	매우 그렇다	그렇다	보통	그렇지 않다	매우 그렇지 않다
1. 지방이전 후 주변 환경에 대해 만족합니까?	15	10	30	25	20
2. 이전한 사무실 시설에 만족합니까?	21	18	35	15	11
3. 지방이전 후 출·퇴근 교통에 만족합니까?	12	7	11	39	31
4. 새로운 환경에서 그 전보다 업무집중이 더 잘 됩니까?	16	17	37	14	16
5. 지방이전 후 새로운 환경에 잘 적응하고 있습니까?	13	26	33	9	19

① 전체 질문 중 '보통이다' 비율이 가장 높은 질문은 '매우 그렇다'도 가장 높다.
② 사무실 시설 만족에 '매우 그렇다'라고 선택한 직원 수는 '보통이다'로 선택한 직원 수보다 200명 이상 적다.
③ 전체 질문에서 '그렇다'를 선택한 평균 비율보다 '매우 그렇지 않다' 평균 비율이 10%p 미만 높다.
④ 마지막 질문에서 '그렇지 않다'를 택한 직원 수는 '매우 그렇지 않다'를 택한 직원 수보다 55% 미만 적다.
⑤ 지방이전 후 직원들의 가장 큰 불만은 출·퇴근 교통편이다.

09 L카드사는 카드 이용 시 제공되는 할인 서비스에 대한 기존 고객의 선호도를 조사하여 신규 상품에 적용하고자 한다. L카드사 이용 고객 2,000명을 대상으로 실시한 선호도 조사 결과가 다음과 같을 때, 이에 대한 설명으로 적절한 것을 〈보기〉에서 모두 고르면?

〈할인 서비스 선호도 조사 결과〉

(단위 : %)

할인 서비스	남성	여성	전체
주유	18	22	20
온라인 쇼핑	10	18	14
영화관	24	23	23.5
카페	8	13	10.5
제과점	22	17	19.5
편의점	18	7	12.5

※ 응답자들은 가장 선호하는 할인 서비스 항목 1개를 선택하였다.

〈보기〉

ㄱ. 선호도 조사 응답자 2,000명의 남녀 비율은 동일하다.
ㄴ. 편의점 할인 서비스는 남성보다 여성 응답자가 더 선호한다.
ㄷ. 온라인 쇼핑 할인 서비스를 선택한 남성은 모두 130명이다.
ㄹ. 남성과 여성 응답자는 모두 영화관 할인 서비스를 가장 선호한다.

① ㄱ, ㄴ ② ㄱ, ㄹ
③ ㄴ, ㄷ ④ ㄴ, ㄹ
⑤ ㄷ, ㄹ

10 다음 그래프는 S사의 청렴도 측정결과 추이를 나타낸 것이다. 자료를 이해한 내용으로 적절하지 않은 것은?(단, 소수점 둘째 자리에서 반올림한다)

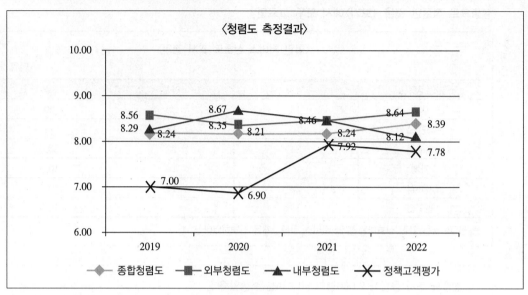

① 4년간 내부청렴도의 평균은 외부청렴도 평균보다 낮다.

② 2020 ~ 2022년 외부청렴도와 종합청렴도의 증감 추이는 같다.

③ 정책고객평가가 전년 대비 가장 큰 비율의 변화가 있었던 해는 2021년이다.

④ 내부청렴도와 정책고객평가는 2022년에 하락하였다.

⑤ 전년 대비 가장 크게 하락한 항목은 2021년의 내부청렴도이다.

11 다음은 음악 산업 수출·수입액 현황에 관한 자료이다. 이에 대한 설명으로 적절하지 않은 것은?

〈음악 산업 수출액 현황〉

(단위 : 천 달러, %)

구분	2020년	2021년	2022년	전년 대비 증감률
중국	10,186	52,798	89,761	70.0
일본	221,739	235,481	242,370	2.9
동남아	38,166	39,548	40,557	2.6
북미	1,024	1,058	1,085	2.6
유럽	4,827	4,778	4,976	4.1
기타	1,386	1,987	2,274	14.4
합계	277,328	335,650	381,023	13.5

〈음악 산업 수입액 현황〉

(단위 : 천 달러, %)

구분	2020년	2021년	2022년	전년 대비 증감률
중국	103	112	129	15.2
일본	2,650	2,598	2,761	6.3
동남아	63	65	67	3.1
북미	2,619	2,604	2,786	7.0
유럽	7,201	7,211	7,316	1.5
기타	325	306	338	10.5
합계	12,961	12,896	13,397	3.9

※ 전년 대비 증감률은 2021년 대비 2022년의 증감률을 의미한다.

① 중국의 2021년 대비 2022년의 음악 산업 수출액의 증감률은 다른 지역보다 높았으며, 수입액의 증감률 또한 다른 지역보다 높았다.

② 2021년에는 기타를 포함한 세 개의 지역의 수입액이 전년보다 감소했으며, 전체 수입액 또한 전년보다 감소하였다.

③ 일본의 2020년 대비 2022년 음악 산업 수출액의 증가율은 수입액의 증가율보다 작다.

④ 조사기간 중 매해 동남아의 음악 산업의 수출액은 수입액의 600배를 넘었다.

⑤ 2022년 전체 음악 산업 수입액 중 북미와 유럽의 음악 산업 수입액이 차지하는 비중은 70% 이상이다.

12 다음은 2013 ~ 2022년 범죄별 발생건수에 대한 자료이다. 이에 대한 설명으로 가장 적절한 것은?

〈2013 ~ 2022년 범죄별 발생건수〉

(단위 : 천 건)

구분	2013년	2014년	2015년	2016년	2017년	2018년	2019년	2020년	2021년	2022년
사기	282	272	270	266	242	235	231	234	241	239
절도	366	356	371	354	345	319	322	328	348	359
폭행	139	144	148	149	150	155	161	158	155	156
방화	5	4	2	1	2	5	2	4	5	3
살인	3	11	12	13	13	15	16	12	11	14

① 2013 ~ 2022년 동안 범죄별 발생건수의 순위는 매년 동일하다.

② 2013 ~ 2022년 동안 발생한 방화의 총 발생건수는 3만 건 미만이다.

③ 2014 ~ 2022년까지 전년 대비 사기 범죄건수 증감추이는 폭행의 경우와 반대이다.

④ 2015년 전체 범죄발생건수 중 절도가 차지하는 비율은 50% 이상이다.

⑤ 2013년 대비 2022년 전체 범죄발생건수 감소율은 5% 이상이다.

※ 다음은 20,000명을 대상으로 연도별 운전면허 보유현황을 나타낸 자료이다. 자료를 보고 이어지는 질문에 답하시오. [13~14]

〈연령대별 운전면허 소지현황〉

구분		20대	30대	40대	50대	60대	70대
남성	소지비율	38%	55%	75%	68%	42%	25%
	조사인원	1,800명	2,500명	2,000명	1,500명	1,500명	1,200명
여성	소지비율	22%	35%	54%	42%	24%	12%
	조사인원	2,000명	1,400명	1,600명	1,500명	2,000명	1,000명

13 다음 중 자료에 대한 설명으로 적절하지 않은 것은?

① 운전면허 소지현황 비율이 가장 높은 연령대는 남성과 여성이 동일하다.
② 70대 여성의 운전면허 소지비율은 남성의 절반 이하이다.
③ 전체 조사자 중 20·30대가 차지하는 비율은 40% 이상이다.
④ 50대 운전면허 소지자는 1,500명 이상이다.
⑤ 70대 여성 운전면허 소지자는 60대 여성 운전면허 소지자의 25%이다.

14 다음 중 자료에 대한 설명으로 가장 적절한 것은?

① 조사에 참여한 60·70대는 남성이 여성보다 많다.
② 40대 여성의 운전면허소지자는 40대 남성의 운전면허소지자의 55% 이하이다.
③ 20대 남성의 운전면허소지자는 70대 남성의 2.5배 이상이다.
④ 20·30대 여성의 운전면허소지자는 전체 조사자의 5% 미만이다.
⑤ 모든 연령에서 여성 조사자는 남성 조사자보다 적다.

※ 다음은 2020 ~ 2022년 정육 및 난류의 가격에 대한 자료이다. 자료를 보고 이어지는 질문에 답하시오. **[15~16]**

〈2020 ~ 2022년 정육 및 난류 가격〉

(단위 : 원)

구분		2020년	2021년	2022년
쇠고기 (불고기용 100g)	최고가	5,500	6,200	6,400
	최저가	3,500	3,800	4,000
	평균	4,500	5,200	5,500
쇠고기 (등심 100g)	최고가	16,500	17,200	18,800
	최저가	12,000	13,500	14,200
	평균	14,500	15,200	16,400
돼지고기 (100g)	최고가	3,500	3,800	4,200
	최저가	1,600	2,100	2,400
	평균	2,500	2,800	3,600
닭고기 (1kg)	최고가	11,500	12,400	13,800
	최저가	6,500	6,900	7,700
	평균	7,800	8,400	10,800
계란 (15구)	최고가	7,800	8,200	9,200
	최저가	3,600	4,000	4,800
	평균	5,800	6,400	7,200

15 다음 중 자료에 대한 설명으로 가장 적절한 것은?

① 2020년 대비 2022년의 평균가가 가장 많이 오른 것은 쇠고기(등심)이다.
② 2021년의 돼지고기의 전년 대비 최저가 증가율은 30% 이하이다.
③ 동일한 규격의 2022년 닭고기 최저가는 돼지고기 최저가 가격보다 높다.
④ 2022년 쇠고기(등심)의 평균가격은 최고가·최저가 평균값보다 낮다.
⑤ 계란의 최고가와 최저가의 차이가 가장 큰 연도는 2021년이다.

16 다음 중 자료에 대한 설명으로 적절하지 않은 것은?

① 2020년 돼지고기의 최고가는 최저가의 2배보다 크다.
② 2022년 계란 최저가는 2021년 대비 20% 증가하였다.
③ 2022년 쇠고기(불고기용)의 최저가는 최고가의 60% 미만이다
④ 쇠고기(불고기용)의 2022년 각 항목별 전년 대비 증가액은 500원 미만이다.
⑤ 2020년 같은 양의 닭고기와 소고기(등심) 평균가격은 15배 이상 차이가 난다.

※ 다음은 연도별 방송사 평균시청률을 조사한 자료이다. 자료를 보고 이어지는 질문에 답하시오. **[17~18]**

〈연도별 방송사 평균시청률〉

(단위 : %)

구분		2018년	2019년	2020년	2021년	2022년
K사	예능	12.4	11.7	11.4	10.8	10.1
	드라마	8.5	9.9	11.5	11.2	12.8
	다큐멘터리	5.1	5.3	5.4	5.2	5.1
	교육	3.2	2.8	3.0	3.4	3.1
S사	예능	7.4	7.8	9.2	11.4	13.1
	드라마	10.2	10.8	11.5	12.4	13.0
	다큐멘터리	2.4	2.8	3.1	2.7	2.6
	교육	2.2	1.8	1.9	2.0	2.1
M사	예능	11.8	11.3	9.4	9.8	10.2
	드라마	9.4	10.5	13.2	12.9	11.7
	다큐멘터리	2.4	2.2	2.3	2.4	2.1
	교육	1.8	2.1	2.0	2.2	2.3

17 다음 중 자료에 대한 설명으로 적절하지 않은 것은?

① 2019년부터 2022년까지 S사의 예능 평균시청률은 전년 대비 증가하고 있다.
② M사의 예능과 드라마 평균시청률 증감 추이는 서로 반대이다.
③ 2020년부터 2022년까지 매년 S사 드라마의 평균시청률은 M사 드라마보다 높다.
④ 2022년 K사, S사, M사 드라마 평균시청률에서 M사 드라마가 차지하는 비율은 30% 이상이다.
⑤ 2018년부터 2022년까지 K사의 교육프로그램 평균시청률은 4% 미만이다.

18 다음 중 자료에 대한 설명으로 가장 적절한 것은?

① 2018년부터 2020년까지의 예능 평균시청률 1위는 K사이다.
② 모든 방송사에서 교육프로그램의 평균시청률은 해당방송사의 다른 장르보다 낮다.
③ 2020년 S사의 예능프로그램 평균시청률은 드라마 평균시청률의 85%에 해당된다.
④ K사의 다큐멘터리 시청률은 매년 S사와 M사의 다큐멘터리 시청률을 합한 값보다 높다.
⑤ 2019년까지는 3사 중 S사의 드라마 시청률이 1위였지만, 2020년부터는 M사의 드라마 시청률이 1위이다.

19 다음은 연도별 해외 전체 스마트폰 평균 스크린 대 바디 비율에 관한 자료이다. 이를 바르게 나타낸 그래프는?

〈전체 스마트폰 평균 스크린 대 바디 비율〉

(단위 : %)

구분	평균	최고 비율
2013년	33.1	52.0
2014년	35.6	56.9
2015년	43.0	55.2
2016년	47.5	60.3
2017년	53.0	67.6
2018년	58.2	72.4
2019년	63.4	78.5
2020년	60.2	78.0
2021년	64.1	83.6
2022년	65.0	82.2

※ 스크린 대 바디 비율은 전체 바디에서 스크린이 차지하는 비율이다.

①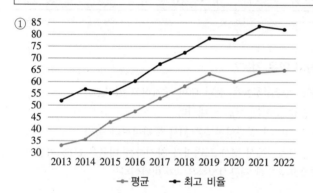

②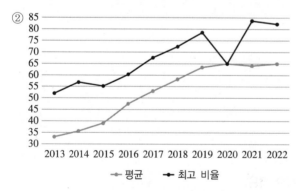

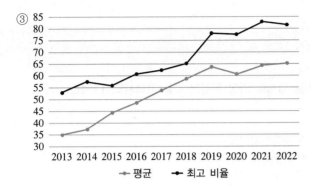

③

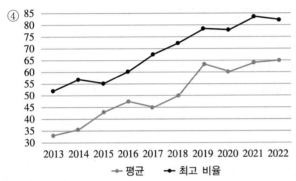

④

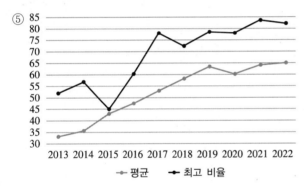

⑤

20 A물고기는 한 달 만에 성체가 되어 번식을 한다. 다음과 같이 번식을 하고 있다면 12월의 물고기 수는 총 몇 마리인가?

(단위 : 마리)

구분	1월	2월	3월	4월	5월
개체 수	1	1	2	3	5

① 72마리   ② 86마리

③ 100마리   ④ 124마리

⑤ 144마리

※ 제시된 명제가 모두 참일 때, 빈칸에 들어갈 명제로 가장 적절한 것을 고르시오. **[1~3]**

01

> 전제1. 하루에 두 끼를 먹는 어떤 사람도 뚱뚱하지 않다.
> 전제2. 아침을 먹는 모든 사람은 하루에 두 끼를 먹는다.
> 결론. _____

① 하루에 세 끼를 먹는 사람이 있다.

② 아침을 먹는 모든 사람은 뚱뚱하지 않다.

③ 뚱뚱하지 않은 사람은 하루에 두 끼를 먹는다.

④ 하루에 한 끼를 먹는 사람은 뚱뚱하지 않다.

⑤ 아침을 먹는 어떤 사람은 뚱뚱하다.

02

> 전제1. A세포가 있는 동물은 물체의 상을 감지할 수 없다.
> 전제2. B세포가 없는 동물은 물체의 상을 감지할 수 있다.
> 전제3. _____
> 결론. A세포가 있는 동물은 빛의 유무를 감지할 수 있다.

① 빛의 유무를 감지할 수 있는 동물은 B세포가 있다.

② B세포가 없는 동물은 빛의 유무를 감지할 수 없다.

③ B세포가 있는 동물은 빛의 유무를 감지할 수 있다.

④ 물체의 상을 감지할 수 있는 동물은 빛의 유무를 감지할 수 있다.

⑤ 빛의 유무를 감지할 수 없는 동물은 물체의 상을 감지할 수 없다.

03

> 전제1. 어떤 키가 작은 사람은 농구를 잘한다.
> 전제2. _____
> 결론. 어떤 순발력이 좋은 사람은 농구를 잘한다.

① 어떤 키가 작은 사람은 순발력이 좋다.
② 농구를 잘하는 어떤 사람은 키가 작다.
③ 순발력이 좋은 사람은 모두 키가 작다.
④ 키가 작은 사람은 모두 순발력이 좋다.
⑤ 어떤 키가 작은 사람은 농구를 잘하지 못한다.

04 S사 직원 A, B, C, D, E, F 6명은 설문조사차 2인 1조로 나누어 외근을 나가려고 한다. 다음 〈조건〉에 따라 조를 구성한다면, 한 조가 될 수 있는 두 사람은 누구인가?

> ─────〈조건〉─────
> • A는 C나 D와 함께 갈 수 없다.
> • B는 반드시 D 아니면 F와 함께 가야 한다.
> • C는 반드시 E 아니면 F와 함께 가야 한다.
> • A가 C와 함께 갈 수 없다면, A는 반드시 F와 함께 가야 한다.

① A, E   ② B, D
③ B, F   ④ C, D
⑤ C, F

05 다음과 같은 관계에 있는 서로 다른 무게의 공 5개가 있다. 무거운 순서대로 나열한 것은?

> • 파란공은 가장 무겁지도 않고, 세 번째로 무겁지도 않다.
> • 빨간공은 가장 무겁지도 않고, 두 번째로 무겁지도 않다.
> • 흰공은 세 번째로 무겁지도 않고, 네 번째로 무겁지도 않다.
> • 검은공은 파란공과 빨간공보다는 가볍다.
> • 노란공은 파란공보다 무겁고, 흰공보다는 가볍다.

① 흰공 – 빨간공 – 노란공 – 파란공 – 검은공
② 흰공 – 노란공 – 빨간공 – 검은공 – 파란공
③ 흰공 – 노란공 – 검은공 – 빨간공 – 파란공
④ 흰공 – 노란공 – 빨간공 – 파란공 – 검은공
⑤ 흰공 – 빨간공 – 노란공 – 검은공 – 파란공

06 네 개의 상자 A, B, C, D 중 어느 하나에 두 개의 진짜 열쇠가 들어 있고, 다른 어느 한 상자에 두 개의 가짜 열쇠가 들어 있다. 또한 각 상자에는 다음과 같이 두 개의 안내문이 쓰여 있는데, 각 상자의 안내문 중 하나는 참이고 다른 하나는 거짓이다. 다음 중 항상 옳은 것은?

〈조건〉
- A상자 – 어떤 진짜 열쇠도 순금으로 되어 있지 않다.
  - C상자에 진짜 열쇠가 들어 있다.
- B상자 – 가짜 열쇠는 이 상자에 들어 있지 않다.
  - A상자에는 진짜 열쇠가 들어 있다.
- C상자 – 이 상자에 진짜 열쇠가 들어 있다.
  - 어떤 가짜 열쇠도 구리로 되어 있지 않다.
- D상자 – 이 상자에 진짜 열쇠가 들어 있다.
  - 가짜 열쇠 중 어떤 것은 구리로 되어 있다.

① B상자에 가짜 열쇠가 들어 있지 않다.
② C상자에 진짜 열쇠가 들어 있지 않다.
③ D상자의 첫 번째 안내문은 거짓이다.
④ 모든 가짜 열쇠는 구리로 되어 있다.
⑤ 어떤 진짜 열쇠는 순금으로 되어 있다.

07 S병원의 재활의학과 간호사 A∼H가 원탁에 앉아서 회의를 하려고 한다. 다음 중 항상 참인 것은?(단, 서로 이웃해 있는 직원 간의 사이는 모두 동일하다)

- A와 C는 가장 멀리 떨어져 있다.
- A 옆에는 G가 앉는다.
- B와 F는 서로 마주보고 있다.
- D는 E 옆에 앉는다.
- H는 B 옆에 앉지 않는다.

① 총 경우의 수는 네 가지이다.
② A와 B 사이에는 항상 누군가 앉아 있다.
③ C 옆에는 항상 E가 있다.
④ E와 G는 항상 마주 본다.
⑤ G의 오른쪽 옆에는 항상 H가 있다.

08 S병원에서 열리는 강연회에서 김부장, 박차장, 이과장, 유대리, 이사원, 김사원이 참석하여 자리에 앉으려고 한다. 다음 〈조건〉을 만족할 때, 박차장 뒤에는 누가 앉을 수 있는가?(단, 사원, 대리, 과장, 차장, 부장 순서로 한 직급씩 차이가 난다)

〈조건〉
- 좌석은 2행 3열이다.
- 양옆으로 앉은 사람은 가운데 앉은 사람과 한 직급 차이가 난다.
- 앞자리에 앉은 사람은 그 뒤에 하급자를 앉혀 보좌를 받는다.
---

① 김부장   ② 이사원
③ 유대리   ④ 김사원
⑤ 이과장

09 S기업의 홍보팀에서 근무하고 있는 김대리, 이사원, 박사원, 유사원, 강대리 중 1명은 이번 회사 워크숍에 참석하지 않았다. 이들 중 2명만 거짓말을 한다고 할 때, 다음 중 워크숍에 참석하지 않은 사람은 누구인가?(단, 모든 사람은 진실 혹은 거짓만 말한다)

- 강대리 : 나와 김대리는 워크숍에 참석했다. 나는 누가 워크숍에 참석하지 않았는지 알지 못한다.
- 박사원 : 유사원은 이번 워크숍에 참석하였다. 강대리님의 말은 모두 사실이다.
- 유사원 : 워크숍 불참자의 불참 사유를 세 사람이 들었다. 이사원은 워크숍에 참석했다.
- 김대리 : 나와 강대리만 워크숍 불참자의 불참 사유를 들었다. 이사원의 말은 모두 사실이다.
- 이사원 : 워크숍에 참석하지 않은 사람은 유사원이다. 유사원이 개인 사정으로 인해 워크숍에 참석하지 못한다고 강대리님에게 전했다.
---

① 강대리   ② 박사원
③ 유사원   ④ 김대리
⑤ 이사원

10 S전자는 신제품으로 총 4대의 가정용 AI 로봇을 선보였다. 각각의 로봇은 전시장에 일렬로 전시되어 있는데, 한국어, 중국어, 일본어, 영어 중 한 가지만을 사용할 수 있다. 다음 〈조건〉을 만족할 때 옳은 것은?

─〈조건〉─

- 1번 로봇은 2번 로봇의 바로 옆에 위치해 있다.
- 4번 로봇은 3번 로봇보다 오른쪽에 있지만, 바로 옆은 아니다.
- 영어를 사용하는 로봇은 중국어를 사용하는 로봇의 바로 오른쪽에 있다.
- 한국어를 사용하는 로봇은 중국어를 사용하는 로봇의 옆이 아니다.
- 일본어를 사용하는 로봇은 가장자리에 있다.
- 3번 로봇은 일본어를 사용하지 않으며, 2번 로봇은 한국어를 사용하지 않는다.

① 1번 로봇은 영어를 사용한다.
② 3번 로봇이 가장 왼쪽에 위치해 있다.
③ 4번 로봇은 한국어를 사용한다.
④ 중국어를 사용하는 로봇은 일본어를 사용하는 로봇의 옆에 위치해 있다.
⑤ 중국어를 사용하는 로봇의 양 옆에 모두 다른 로봇이 있다.

11 다음 중 신입사원 A, B, C, D, E가 낸 것을 순서대로 바르게 짝지은 것은?

- S회사의 신입사원 A, B, C, D, E는 점심 메뉴를 고르기 위해 토너먼트로 가위바위보 게임을 네 번 했다.
- 첫 번째 A와 B의 게임에서 A는 주먹을 낸 B에게 패했다.
- 두 번째로 C와 D의 게임에서는 C가 B와 같은 것을 내서 D에게 승리했다.
- 다음으로 B와 C의 게임에서 가위를 제외한 두 가지가 나왔고, B가 승리했다.
- 마지막으로 B와 E의 게임에서는 B가 가위로 패했다.

① A - 보
② B - 주먹, 주먹, 가위
③ C - 가위, 주먹
④ D - 보
⑤ E - 주먹

12 S회사에서는 근무 연수가 1년씩 높아질수록 사용할 수 있는 여름 휴가 일수가 하루씩 늘어난다. S회사에 근무하는 A~E사원은 각각 서로 다른 해에 입사하였고, 최대 근무 연수가 4년을 넘지 않는다고 할 때, 다음 내용을 바탕으로 바르게 추론한 것은?

> • 올해로 3년 차인 A사원은 여름 휴가일로 최대 4일을 사용할 수 있다.
> • B사원은 올해 여름휴가로 5일을 모두 사용하였다.
> • C사원이 사용할 수 있는 여름 휴가 일수는 A사원의 휴가 일수보다 짧다.
> • 올해 입사한 D사원은 1일을 여름 휴가일로 사용할 수 있다.
> • E사원의 여름 휴가 일수는 D사원보다 길다.

① E사원은 C사원보다 늦게 입사하였다.
② 근무한 지 1년이 채 되지 않으면 여름휴가를 사용할 수 없다.
③ C사원의 올해 근무 연수는 2년이다.
④ B사원의 올해 근무 연수는 4년이다.
⑤ 근무 연수가 높은 순서대로 나열하면 'B−A−C−E−D'이다.

13 A, B, C, D, E, F 여섯 명이 일렬로 된 6개의 좌석에 앉아 있다. 좌석은 왼쪽부터 1번으로 시작하는 번호가 매겨져 있다. 그들이 앉은 자리는 다음과 같다고 한다. C가 4번에 앉았을 때 항상 옳은 것은?

> • D와 E는 사이에 세 명을 두고 있다.
> • A와 F는 인접할 수 없다.
> • D는 F보다 왼쪽에 있다.
> • F는 C보다 왼쪽에 있다.

① A는 C보다 오른쪽에 앉아 있다.
② F는 3번에 앉아 있다.
③ E는 A보다 왼쪽에 앉아 있다.
④ D는 B보다 왼쪽에 앉아 있다.
⑤ E는 C보다 오른쪽에 앉아 있다.

14 마케팅1·2·3팀과 영업1·2·3팀, 총무팀, 개발팀 총 8팀의 사무실을 다음 조건에 따라 배치하려고 한다. 다음 중 항상 옳은 것이 아닌 것은?

─〈조건〉─

- 1층과 2층에 각각 5개의 사무실이 일렬로 위치해 있으며, 사무실 크기는 모두 같다.
- 1개의 사무실에 1개의 팀이 들어간다.
- 영업2팀은 총무팀의 바로 왼쪽에 있다.
- 개발팀은 1층이며, 한쪽 옆은 빈 사무실이다.
- 마케팅3팀과 영업1팀은 위·아래로 인접해 있다.
- 영업3팀의 양 옆에 사무실이 있으며, 모두 비어있지 않다.
- 영업팀은 모두 같은 층에 위치해 있다.
- 마케팅2팀 양 옆 중 한쪽은 벽이고, 다른 한쪽은 비어있다.
- 마케팅1팀의 양 옆 중 어느 쪽도 벽이 아니다.

① 총무팀과 영업3팀은 서로 인접한다.
② 모든 영업팀은 2층이다.
③ 개발팀은 마케팅1팀과 서로 인접한다.
④ 1층과 2층에 사무실이 각각 1개씩 비어있다.
⑤ 마케팅3팀의 양 옆 중 한쪽은 벽이다.

15 A, B, C, D, E 5명을 포함한 8명이 달리기 경기를 하였다. 이에 대한 정보가 다음과 같을 때, 항상 옳은 것은?

- A와 D는 연속으로 들어왔으나, C와 D는 연속으로 들어오지 않았다.
- A와 B 사이에 3명이 있다.
- B는 일등도, 꼴찌도 아니다.
- E는 4등 또는 5등이고, D는 7등이다.
- 5명을 제외한 3명 중에 꼴찌는 없다.

① C가 3등이다.
② A가 C보다 늦게 들어왔다.
③ E가 C보다 일찍 들어왔다.
④ B가 E보다 늦게 들어왔다.
⑤ D가 E보다 일찍 들어왔다.

16 다음 제시된 단어의 대응 관계가 동일하도록 괄호 안에 들어갈 가장 적절한 단어는?

참신 : 진부 = 신중 : (   )

① 세심   ② 경솔
③ 활발   ④ 해박
⑤ 박식

17 다음 단어의 대응 관계가 나머지와 다른 하나는?

① 비행기 – 자동차 – 자전거   ② 탁구공 – 야구공 – 농구공
③ 모래 – 자갈 – 바위   ④ 안개꽃 – 장미꽃 – 해바라기
⑤ 귤 – 사과 – 파인애플

18

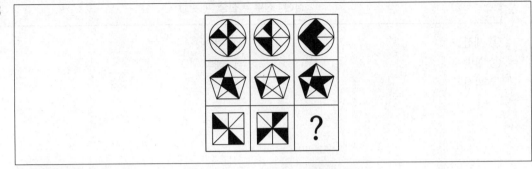

①

②

③

④

⑤

19

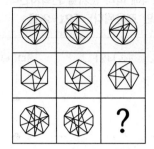

①   ②

③   ④

⑤

20

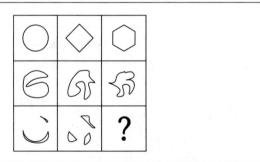

①   ②

③   ④

⑤

※ 다음 도식에서 기호들은 일정한 규칙에 따라 문자를 변화시킨다. ?에 들어갈 적절한 문자를 고르시오(단, 규칙은 가로와 세로 중 한 방향으로만 적용된다). **[21~24]**

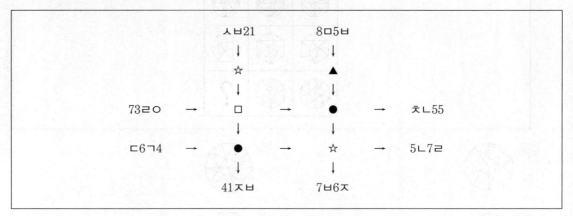

21

89ㅂㄱ → □ → ● → ☆ → ?

① 72ㄹㅁ
② ㅂㄷ61
③ 2ㄹ7ㅁ
④ 61ㅂㄷ
⑤ ㄹㅁ27

22

E7H6 → ▲ → □ → ?

① 5J9K
② K95J
③ 6H3I
④ 3I6H
⑤ H63I

23

KㅂㄹH → ● → ☆ → ?

① IㅁㅅL
② JㄴㅇI
③ IㅇㄴJ
④ ㅁㅅIL
⑤ FㅂㄹM

24

$$75J1 \rightarrow \square \rightarrow \☆ \rightarrow \▲ \rightarrow ?$$

① KJ6D
② CI8G
③ GI8C
④ FH9D
⑤ D9HF

※ 다음 글의 내용이 참일 때 항상 거짓인 것을 고르시오. [25~26]

25

대폭발 우주론에서는 우주가 약 137억 년 전 밀도와 온도가 매우 높은 상태의 대폭발로부터 시작하였다고 본다. 대폭발 초기 3분 동안 광자, 전자, 양성자(수소 원자핵) 및 헬륨 원자핵이 만들어졌다. 양(+)의 전하를 가지고 있는 양성자 및 헬륨 원자핵은 음(−)의 전하를 가지고 있는 전자와 결합하여 수소 원자와 헬륨 원자를 만들려고 하지만 온도가 높은 상태에서는 전자가 매우 빠른 속도로 움직이기 때문에 원자핵에 쉽게 붙들리지 않는다. 따라서 우주 탄생 초기에는 전자가 양성자에 붙들리지 않은 채 자유롭게 우주 공간을 움직여 다닐 수 있었다. 이후에 우주의 온도가 3,000K 아래로 내려가 자유 전자가 양성자 및 헬륨 원자핵에 붙들려 결합되면서 수소 원자와 헬륨 원자가 만들어졌다. 당시의 온도가 3,000K였던 우주는 팽창과 함께 계속 식어서 현재 2.7K까지 내려갔다.

① 우주가 매우 오래전 밀도와 온도가 높은 상태의 대폭발로부터 시작되었다고 보는 것이 대폭발 우주론이다.
② 양성자와 헬륨 원자핵은 양의 전하를 가지고 있다.
③ 수소 원자와 헬륨 원자는 양성자와 헬륨 원자핵이 결합하여 만들어진다.
④ 온도가 높아질수록 수소 원자와 헬륨 원자는 만들어지지 않는다.
⑤ 자유 전자는 양성자에 붙들리지 않은 채 자유롭게 우주공간을 움직일 수 있는 전자이다.

26

'저장강박증'은 물건의 사용 여부와 관계없이 버리지 못하고 저장해 두는 강박장애의 일종이다. 미래에 필요할 것이라고 생각해서 물건이나 음식을 버리지 못하고 쌓아 두거나, 어떤 사람은 동물을 지나치게 많이 기르기도 한다. 저장강박증이 있는 사람들은 물건을 버리지 않고 모으지만 애정이 없기 때문에 관리는 하지 않는다. 다만 물건이 모아져 있는 상태에서 일시적인 편안함을 느낄 뿐이다. 그러나 결과적으로는 불안증과 강박증, 폭력성을 더욱 가중하는 결과를 낳게 된다.
저장강박증은 치료가 쉽지 않다. 아직까지 정확하게 밝혀진 원인이 없고, 무엇보다 이 사람들의 대부분은 자가 병식이 없다. 때문에 대부분 치료를 원하지 않거나 가족들의 강요에 의해 병원을 찾는다. 그러나 자연적으로 좋아지기 어려우므로 반드시 초기에 치료를 진행해야 한다.

① 저장강박증은 물건을 버리지 못하는 강박장애이다.
② 저장강박증이 있는 사람은 동물을 지나치게 많이 기르기도 한다.
③ 저장강박증이 있는 사람은 물건의 애착을 느껴서 버리지 못한다.
④ 저장강박증의 정확한 원인은 아직 밝혀지지 않았다.
⑤ 저장강박증이 있는 사람들은 스스로 병에 대한 문제를 느끼지 못한다.

※ 다음 글을 읽고 추론한 것으로 적절하지 않은 것을 고르시오. [27~28]

27

> 20세기 후반 학계에서 자유에 대한 논의를 본격화한 장본인은 바로 벌린이었다. 벌린의 주장은, 지금까지 서양 사상사에서 자유는 간섭과 방해의 부재라는 의미의 '소극적 자유'와 공동체에의 참여를 통한 자아실현이라는 의미의 '적극적 자유', 이 두 가지 개념으로 정의돼 왔는데, 그 중 전자만이 진정한 자유라고 할 수 있다는 것이다. 진정한 자유는 사적인 욕망을 억제하고 이성적 삶을 통해 공동체에 적극적으로 참여함으로써 공동체의 공동 자아와 일치되는 자아를 형성할 때 비로소 가능하다는 주장은, 결국 개인의 사적 자유를 침해하는 전제로 이어질 수밖에 없다는 것이다. 소극적 자유가 침해받을 수 없는 배타적 사적 영역을 확보해야 하는 개인으로서의 인간을 강조하는 근대적 인간관과 관련된 것이라면, 적극적 자유는 공동체의 구성원으로서의 공적 행위와 윤리를 실천해야 하는 공민으로서의 인간을 강조하는 고대적 인간관과 관련이 있다.
>
> 스키너는 간섭의 부재가 곧 자유를 의미하지는 않는다고 주장했다. 예를 들어, 인자한 주인 밑에서 일하는 노예는 간섭 없이 살아갈 수 있지만 자유롭다고는 할 수 없다. 왜냐하면 노예는 주인의 재량에 종속되어 언제라도 그의 자의적 지배를 받을 수 있기 때문이다. 즉, 자유는 간섭의 부재로만 규정되어서는 안 되고, 더 본질적으로는 종속 혹은 지배의 부재로 규정되어야 한다는 것이다. 왕의 대권이 존재하면 그가 국민을 예종(隷從)의 상태로 몰아넣을 수 있기 때문에 왕정 아래에 있는 국민은 자유롭지 못하다.
>
> 자유를 지속적으로 누릴 수 있는지 없는지가 어떤 타인의 자의적 의지에 달려 있다면 현재 사실상 자유를 마음껏 누리고 있다고 해도, 그 사람은 자유인이 아니다. 또한 권리와 자유를 행사할 수 있는 역량이 타인의 의지에 종속되지 않아야 한다. 인간 개개인의 육체가 자신의 의지대로 무엇을 할 수 있거나 혹은 하지 않을 수 있을 때 비로소 자유로운 것처럼, 국민과 국가의 조직체도 그것이 원하는 목표를 실현하기 위해 그 의지에 따라 권력을 행사하는 데 제약받지 않을 때 비로소 자유롭다고 할 수 있다.

① 벌린의 주장에 따르면 전제군주의 통치 아래에서도 그가 신민을 자유롭게 내버려두면 자유가 확보된다고 말할 수 있다.

② 벌린의 주장에 따르면 적극적 자유론은 공동체 안에서의 자아실현이라는 미명 하에 개인에 대한 통제와 억압을 정당화한다.

③ 스키너의 주장에 따르면 자유는 시민이 국가의 입법과 정책결정 과정에 평등하게 참여할 수 있을 때 확보될 수 있다.

④ 스키너의 주장에 따르면 개인의 자유를 최대화하기 위해 공동체가 요구하는 사회적 의무를 간섭으로 생각해서는 안 된다.

⑤ 스키너의 주장에 따르면 개인의 자유와 공동선은 양립 불가능하다.

28 선거 기간 동안 여론 조사 결과의 공표를 금지하는 것이 사회적 쟁점이 되고 있다. 조사 결과의 공표가 유권자 투표 의사에 영향을 미쳐 선거의 공정성을 훼손한다는 주장과, 공표 금지가 선거 정보에 대한 언론의 접근을 제한하여 알 권리를 침해한다는 주장이 맞서고 있기 때문이다.

찬성론자들은 먼저 '밴드왜건 효과'와 '열세자 효과' 등의 이론을 내세워 여론 조사 공표의 부정적인 영향을 부각시킨다. 밴드왜건 효과에 의하면, 선거일 전에 여론 조사 결과가 공표되면 사표(死票) 방지 심리로 인해 표심이 지지도가 높은 후보 쪽으로 이동하게 된다. 이와 반대로 열세자 효과에 따르면, 열세에 있는 후보자에 대한 동정심이 발동하여 표심이 그쪽으로 움직이게 된다.

각각의 이론을 통해 알 수 있듯이, 여론 조사 결과의 공표가 어느 쪽으로든 투표 행위에 영향을 미치게 되고 선거일에 가까워질수록 공표가 갖는 부정적 효과가 극대화되기 때문에 이를 금지해야 한다는 것이다. 이들은 또한 공정한 여론 조사가 진행될 수 있는 제반 여건이 아직은 성숙되지 않았다는 점도 강조한다. 그리고 금권, 관권 부정 선거와 선거 운동의 과열 경쟁으로 인한 폐해가 많았다는 것이 경험적으로도 확인되었다는 사실을 그 이유로 든다.

이와 달리 반대론자들은 무엇보다 표현의 자유를 실현하는 수단으로서 알 권리의 중요성을 강조한다. 알 권리는 국민이 의사를 형성하는 데 전제가 되는 권리인 동시에 국민 주권 실천 과정에 참여하는 데 필요한 정보와 사상 및 의견을 자유롭게 구할 수 있음을 강조하는 권리이다. 그리고 이 권리는 언론 기관이 '공적 위탁 이론'에 근거해 국민들로부터 위임받아 행사하는 것이므로, 정보에 대한 언론의 접근이 보장되어야 충족된다. 후보자의 지지도나 당선 가능성 등에 관한 여론의 동향 등은 이 알 권리의 대상에 포함된다. 따라서 언론이 위임받은 알 권리를 국민의 뜻에 따라 대행하는 것이기 때문에, 여론 조사 결과의 공표를 금지하는 것은 결국 표현의 자유를 침해하여 위헌이라는 논리이다. 또 이들은 조사 결과의 공표가 선거의 공정성을 방해한다는 분명한 증거가 제시되지 않고 있기 때문에 조사 결과의 공표가 선거에 부정적인 영향을 미친다는 점이 확실하게 증명되지 않았음도 강조한다.

우리나라 현행 선거법은 선거일 전 6일부터 선거 당일까지 조사 결과의 공표를 금지하고 있다. 선거 기간 내내 공표를 제한했던 과거와 비교해 보면 금지 기간이 대폭 줄었음을 알 수 있다. 이점은 공표 금지에 대한 찬반 논쟁에 시사하는 바가 크다.

① 공표 금지 기간이 길어질수록 알 권리는 강화된다.
② 알 권리에는 정보 수집의 권리도 포함되어 있다.
③ 알 권리가 제한되면 표현의 자유가 약화된다.
④ 알 권리는 법률에 의해 제한되기도 한다.
⑤ 언론 기관이 알 권리를 대행하기도 한다.

29 다음 주장에 대한 반박으로 가장 적절한 것은?

우리 마을 사람들의 대부분은 산에 있는 밭이나 과수원에서 일한다. 그런데 마을 사람들이 밭이나 과수원에 갈 때 주로 이용하는 도로의 통행을 가로막은 울타리가 설치되었다. 그 도로는 산의 밭이나 과수원까지 차량이 통행할 수 있는 유일한 길이었다. 이러한 도로가 사유지 보호라는 명목으로 막혀서 땅 주인과 마을 사람들 간의 갈등이 심해지고 있다.

마을 사람들의 항의에 대해서 땅 주인은 자신의 사유 재산이 더 이상 훼손되는 것을 간과할 수 없어 통행을 막았다고 주장한다. 그 도로가 사유 재산이므로 독점적이고 배타적인 사용 권리가 있어서 도로 통행을 막은 것이 정당하다는 것이다.

마을 사람들은 그 도로가 10년 가까이 공공으로 사용되어 왔는데 사유 재산이라는 이유로 갑자기 통행을 금지하는 것은 부당하다고 주장하고 있다. 도로가 막히면 밭이나 과수원에서 농사를 짓는 데 불편함이 크고 수확물을 차에 싣고 내려올 수도 없는 등의 피해를 입게 되는데, 개인의 권리 행사 때문에 이러한 피해를 입는 것은 부당하다는 것이다.

사유 재산에 대한 개인의 권리가 보장받는 것도 중요하지만, 그로 인해 다수가 피해를 입게 된다면 사익보다 공익을 우선시하여 개인의 권리가 제한되어야 한다고 생각한다. 만일 개인의 권리가 공익을 위해 제한되지 않으면 이번 일처럼 개인과 다수 간의 갈등이 발생할 수밖에 없다.

땅 주인은 사유 재산의 독점적이고 배타적인 사용을 주장하기에 앞서 마을 사람들이 생업의 곤란으로 겪는 어려움을 염두에 두어야 한다. 공익을 우선시하는 태도로 조속히 문제 해결을 위해 노력해야 할 것이다.

① 땅 주인은 개인의 권리 추구에 앞서 마을 사람들과 함께 더불어 살아가는 법을 배워야 한다.
② 마을 사람들과 땅 주인의 갈등은 민주주의의 다수결의 원칙에 따라 해결해야 한다.
③ 공익으로 인해 침해된 땅 주인의 사익은 적절한 보상을 통해 해결될 수 있다.
④ 땅 주인의 권리 행사로 발생하는 피해가 법적으로 증명되어야만 땅 주인의 권리를 제한할 수 있다.
⑤ 해당 도로는 10년 가까이 공공으로 사용되었기 때문에 사유 재산으로 인정받을 수 없다.

30 다음 지문을 토대로 〈보기〉를 해석한 것으로 적절하지 않은 것은?

자기 조절은 목표 달성을 위해 자신의 사고, 감정, 욕구, 행동 등을 바꾸려는 시도인데, 목표를 달성한 경우는 자기 조절의 성공을, 반대의 경우는 자기 조절의 실패를 의미한다. 이에 대한 대표적인 이론으로는 앨버트 밴두라의 '사회 인지 이론'과 로이 바우마이스터의 '자기 통제 힘 이론'이 있다.

밴두라의 사회 인지 이론에서는 인간이 자기 조절 능력을 선천적으로 가지고 있다고 본다. 이런 특징을 가진 인간은 가치 있는 것을 획득하기 위해 행동하거나 두려워하는 것을 피하기 위해 행동한다. 밴두라에 따르면, 자기 조절은 세 가지의 하위 기능인 자기 검열, 자기 판단, 자기 반응의 과정을 통해 작동한다. 자기 검열은 자기 조절의 첫 단계로, 선입견이나 감정을 배제하고 자신이 지향하는 목표와 관련하여 자신이 놓여 있는 상황과 현재 자신의 행동을 감독, 관찰하는 것을 말한다. 자기 판단은 목표 성취와 관련된 개인의 내적 기준인 개인적 표준, 현재 자신이 처한 상황, 그리고 자신이 하게 될 행동 이후 느끼게 될 정서 등을 고려하여 자신이 하고자 하는 행동을 결정하는 것을 말한다. 그리고 자기 반응은 자신이 한 행동 이후에 자신에게 부여하는 정서적 현상을 의미하는데, 자신이 지향하는 목표와 관련된 개인적 표준에 부합하는 행동은 만족감이나 긍지라는 자기 반응을 만들어 내고 그렇지 않은 행동은 죄책감이나 수치심이라는 자기 반응을 만들어 낸다.

한편 바우마이스터의 자기 통제 힘 이론은, 사회 인지 이론의 기본적인 틀을 유지하면서 인간의 심리적 현상에 대해 자연과학적 근거를 찾으려는 경향이 대두되면서 등장하였다. 이 이론에서 말하는 자기 조절은 개인의 목표 성취와 관련된 개인적 표준, 자신의 행동을 관찰하는 모니터링, 개인적 표준에 도달할 수 있게 하는 동기, 자기 조절에 들이는 에너지로 구성된다. 바우마이스터는 그중 에너지의 양이 목표 성취의 여부에 결정적인 영향을 준다고 보기 때문에 자기 조절에서 특히 에너지의 양적인 측면을 중시한다. 바우마이스터에 따르면, 다양한 자기 조절 과업에서 개인은 자신이 가지고 있는 에너지를 사용하는데 그 양은 제한되어 있어서 지속적으로 자기 조절에 성공하기 위해서는 에너지를 효율적으로 사용해야 한다. 그런데 에너지를 많이 사용한다 하더라도 에너지가 완전히 고갈되는 상황은 벌어지지 않는다. 그 이유는 인간이 긴박한 욕구나 예외적인 상황을 대비하여 에너지의 일부를 남겨 두기 때문이다.

─────〈보기〉─────

L씨는 건강관리를 자기 삶의 가장 중요한 목표로 삼았다. 우선 그녀는 퇴근하는 시간이 규칙적인 자신의 근무 환경을, 그리고 과식을 하고 운동을 하지 않는 자신을 관찰하였다. 그래서 퇴근 후의 시간을 활용하여 일주일에 3번 필라테스를 하고, 균형 잡힌 식단에 따라 식사를 하겠다고 다짐하였다. 한 달 후 L씨는 다짐한 대로 운동을 해서 만족감을 느꼈다. 그러나 균형 잡힌 식단에 따라 식사를 하지는 못했다.

① 밴두라에 따르면 L씨는 선천적인 자기 조절 능력을 통한 자기 검열, 자기 판단, 자기 반응의 자기 조절 과정을 거쳤다.
② 밴두라에 따르면 L씨는 식단 조절에 실패함으로써 죄책감이나 수치심을 느꼈을 것이다.
③ 밴두라에 따르면 L씨는 건강관리를 가치 있는 것으로 생각하고 이를 획득하기 위해 운동을 시작하였다.
④ 바우마이스터에 따르면 L씨는 건강관리라는 개인적 표준에 도달하기 위해 자신의 근무환경과 행동을 모니터링하였다.
⑤ 바우마이스터에 따르면 L씨는 운동하는 데 모든 에너지를 사용하여 에너지가 고갈됨으로써 식단 조절에 실패하였다.

01 다음 중 재활간호에서 구축 예방과 합병증 예방을 위한 체위 간호로 적절한 것을 모두 고르면?

ㄱ 똑바로 누운 체위에서 하지는 신전시키고 슬와부 밑을 지지한다.
ㄴ 엎드려 누운 자세에서 자연스러운 자세로 있게 한다.
ㄷ 똑바로 눕히고 대퇴관절 대전자부 옆에 담요를 접어서 대어준다.
ㄹ 똑바로 누운 자세에서 팔꿈치를 신전시키고 주먹을 쥐게 한다.

---

① ㄱ, ㄴ, ㄷ
② ㄱ, ㄷ
③ ㄴ, ㄹ
④ ㄹ
⑤ ㄱ, ㄴ, ㄷ, ㄹ

02 계단 목발보행으로 옳은 것은?

① 목발을 겨드랑이에 붙여 체중을 싣는다.
② 계단을 오를 때는 다친 하지를 먼저 올린다.
③ 계단을 내릴 때는 정상 하지를 먼저 내린다.
④ 대상자를 도와줄 때는 다친 부위에서 서서 돕는다.
⑤ 팔꿈치는 쭉 편 상태에서 손목에 힘을 준다.

03 정맥류가 심한 대상자에게 흔히 오는 증상과 징후에 대한 설명으로 적절하지 않은 것은?

① 피하지방 괴사
② 검고 구불거리며 튀어나온 혈관
③ 하지부종과 거친 피부
④ 호만 징후
⑤ 습진성 피부염과 피부궤양

04 말초혈관 질환자의 순환증진을 위한 간호중재로 적절하지 않은 것은?

① 따뜻한 옷으로 보온하도록 한다.
② 버거알렌 운동을 권장한다.
③ 상처나지 않도록 반드시 신발을 신는다.
④ 꼭 끼는 옷이나 거들 사용을 금한다.
⑤ 혈관수축제를 투여한다.

05 다음 중 기획이 필요한 이유로 적절한 것을 모두 고르면?

ⓐ 간호위기 상황에 대처할 수 있도록 도와주기 때문이다.
ⓑ 간호부서의 목표를 구체적으로 실현하기 위한 출발점을 제공하기 때문이다.
ⓒ 간호직원의 분화된 업무를 통일된 목적하에 달성하기 위해서이다.
ⓓ 현재와 미래에 기반을 두고 변화하는 요소들을 감소시켜 주기 때문이다.

① ⓐ, ⓑ, ⓒ
② ⓐ, ⓒ
③ ⓑ, ⓓ
④ ⓓ
⑤ ⓐ, ⓑ, ⓒ, ⓓ

06 다음 중 경구투약시 간호사가 지켜야 할 임상적 지침으로 옳은 것을 모두 고르면?

ⓐ 마약과 수면제는 이중잠금장치가 된 약장에 보관한다.
ⓑ 경구투약 전 대상자의 의식수준, 연하반사 유무 사정을 한다.
ⓒ 투약하지 못한 경우에는 그 이유와 사실을 기록한다.
ⓓ 액성 약물이 변질된 경우 쓰레기통에 버린다.

① ⓐ, ⓑ, ⓒ
② ⓐ, ⓒ
③ ⓑ, ⓓ
④ ⓓ
⑤ ⓐ, ⓑ, ⓒ, ⓓ

07 다음 중 정관절제술 후 음낭부종으로 불편함을 호소시 수술 24시간 내의 간호중재로 옳은 것을 모두 고르면?

> ㉠ 음낭 부위에 찬 물주머니를 대준다.
> ㉡ 음낭 부위에 더운 물주머니를 대준다.
> ㉢ 음낭 부위에 지지대를 대준다.
> ㉣ 절대안정을 시킨다.

① ㉠, ㉡, ㉢ 　　　　　　　　　② ㉠, ㉢
③ ㉡, ㉣ 　　　　　　　　　　　④ ㉣
⑤ ㉠, ㉡, ㉢, ㉣

08 전신성 홍반성 낭창(SLE)을 앓고 있는 환자에 대한 교육내용으로 가장 적절한 것은?

① 신장에 무리가 가지 않도록 지방과 염분을 충분히 섭취한다.
② 감기나 다른 바이러스성 질환에 감염되지 않는다.
③ 화장품을 자유롭게 사용할 수 있다.
④ 태양 과다노출로 증상이 더 심해질 수 있으므로, 자외선 차단제를 사용한다.
⑤ 스트레스가 심하면 증상이 악화될 수 있으므로, 비타민 B군의 섭취를 제한한다.

09 다음 중 복부 초음파 검진 준비 시 옳은 내용을 모두 고르면?

> ㉠ 검사 전에 내진을 실시한다.
> ㉡ 검사 전에 금식을 한다.
> ㉢ 검사 전에 충분히 물을 마시고 소변을 본다.
> ㉣ 검사 전에 방광을 채운다.

① ㉠, ㉡, ㉢ 　　　　　　　　　② ㉠, ㉢
③ ㉡, ㉣ 　　　　　　　　　　　④ ㉣
⑤ ㉠, ㉡, ㉢, ㉣

10 다음 중 수두 환아의 소양감 완화를 위한 간호로 옳은 것을 모두 고르면?

> ㉠ 전분목욕을 시킨다.
> ㉡ 면으로 만든 벙어리장갑을 손에 끼워준다.
> ㉢ 칼라민 로션을 바른다.
> ㉣ 따뜻한 물로 비누 목욕시킨다.

① ㉠, ㉡, ㉢   ② ㉠, ㉢
③ ㉡, ㉣   ④ ㉣
⑤ ㉠, ㉡, ㉢, ㉣

11 다음 중 T_1, N_0, M_0일 때 맞는 설명은?

① 림프 전이   ② 장측흉막 침범
③ 폐의 림프절 침범   ④ 종양 전이 없음
⑤ 원위부 전이

12 다음 중 중년기 대상자의 성(Sex)에 관한 설명으로 가장 적절한 것은?

① 성적 충동이 현저히 감소한다.
② 여성의 경우 질 감염의 빈도가 감소한다.
③ 에스트로겐의 분비가 급격히 증가한다.
④ 월경이 중단된 뒤 6개월부터는 출산조절을 하지 않아도 된다.
⑤ 난소의 기능은 점점 약화되고, 질의 벽이 두꺼워진다.

13 다음 중 대사성 산증을 초래하는 경우에 해당하는 것을 모두 고르면?

> ㉠ 신부전   ㉡ 고알도스테론증
> ㉢ 당뇨성 케톤산증   ㉣ 지속되는 구토

① ㉠, ㉡, ㉢   ② ㉠, ㉢
③ ㉡, ㉣   ④ ㉣
⑤ ㉠, ㉡, ㉢, ㉣

14 수분 섭취량 증가와 가습기 사용이 호흡기계에 미치는 영향으로 옳은 것은?

① 성문운동을 억제한다.
② 기침반사를 억제한다.
③ 기관지를 확장시킨다.
④ 호흡기계의 분비물 양을 감소시킨다.
⑤ 호흡기계의 분비물을 액화시킨다.

15 간호사가 기관절개술을 한 아동의 기도에서 분비물을 흡인하기 전에 소독된 생리식염수를 몇 방울 정도 내관 안으로 떨어뜨려 넣었다. 이 시술에 관한 설명으로 가장 적절한 것은?

① 옳지 못한 시술이다.
② 내관을 닦아내기 위한 시술이다.
③ 분비물을 묽게 하고 기침반사의 효과를 높이기 위한 시술이다.
④ 흡인관의 삽입을 원활하게 하기 위한 시술이다.
⑤ 내관 소독의 한 방법이다.

16 다음 중 항정신병 약물의 부작용으로 옳은 것을 모두 고르면?

> ㉠ 시력 장애 및 근긴장 이상이 나타난다.
> ㉡ 햇볕에 감수성이 증가한다.
> ㉢ 심장계의 기립성 저혈압이 나타난다.
> ㉣ 파킨슨병이 나타난다.

① ㉠, ㉡, ㉢　　　　　　　　　　　② ㉠, ㉢
③ ㉡, ㉣　　　　　　　　　　　　　④ ㉣
⑤ ㉠, ㉡, ㉢, ㉣

17 늑막천자를 받는 급성늑막염 환자에게 제공되는 간호로 옳지 않은 것은?

① 검사과정은 무균적으로 한다.
② 검사 후 천자부위가 위로 향한 측와위를 취하게 한다.
③ 검사 후 호흡곤란, 청색증, 기흉 등이 있는지 관찰한다.
④ 삼출액은 가능한 빨리 흡인해야 한다.
⑤ 검사 후 출혈이 과도한지 드레싱을 자주 관찰한다.

18 울혈성 심부전 환자 조직의 산소 요구량을 줄여 심장부담을 덜어주기 위해 제공되는 간호중재로 옳은 것은?

① 강심제 투여 ② 이뇨제 투여
③ 산소공급 ④ 안정
⑤ 수분제한

19 요로전환수술 후 나타나는 정상적인 증상은?

① 소변 배설량이 섭취량보다 적다.
② 산재성 통증이 있고 수술 4일 후에는 장음이 없다.
③ 누공이 피부 높이보다 아래로 당겨져 있다.
④ 누공 색깔이 창백하다.
⑤ 수술 후 이틀 동안 부종이 있다.

20 신결석의 재발을 예방하기 위한 환자에 대한 교육내용으로 가장 적절한 것은?

① 다량의 수분 섭취는 권장하지 않는다.
② 하루 칼슘의 섭취량은 400mg 이하로 제한한다.
③ 우유 및 유제품의 섭취를 권장한다.
④ 침상에서 안정을 취하도록 한다.
⑤ 비타민 A, C, D는 가능한 많이 섭취한다.

21 지역주민의 정신질환 발병을 방지하는 데 중점을 두는 1차 예방사업이 아닌 것은?

① 대중매체를 통하여 쾌적한 공간, 건강식이에 대하여 교육한다.
② 잠재적인 불건전한 사회적인 여건을 개선한다.
③ 정신질환자를 빨리 발견하여 조기치료하는 것을 돕는다.
④ 개인과 사회의 안녕과 질서를 유지하여 정신질환 발생률을 감소시킨다.
⑤ 가족 및 타인과의 심리적인 상호관계를 증진시키기 위해서 효율적인 인간관계방법을 교육한다.

22 일차보건의료 사업을 성공적으로 이루기 위해서 제도적인 개선을 한다면 다음 중 어떤 것이 우선적으로 필요한가?

① 일차 진료기관인 의원급 의료기관을 증설한다.
② 지역주민의 건강요구에 적합한 보건의료 전달체계를 확립한다.
③ 의료인을 최대한 많이 배치한다.
④ 일차진료기관에 최신 의료장비를 보강한다.
⑤ 보건복지부가 일원화된 보건사업계획을 수립, 즉시 일선에 하달한다.

23 근치유방절제술 후 피부이식을 하는 경우 압박 드레싱을 적용하는 이유는?

① 수술 부위 혈액량을 감소시킨다.
② 이식한 피부가 원래 피부조직에 잘 부착되도록 한다.
③ 절제 부위의 치유과정 중 발생하는 동통과 소양증을 감소시킨다.
④ 이식 피부 밑에 꽂은 배액관을 고정시킨다.
⑤ 수술 후 팔 운동하기에 용이하다.

24 다음 중 실어증 환자의 간호중재로 적절한 것을 모두 고르면?

> ㉠ 짧은 문장으로 말한다.
> ㉡ 천천히 말하며 적절한 언어를 사용한다.
> ㉢ 얼굴을 보고 얘기하고 제스처를 사용한다.
> ㉣ 요구를 말하도록 지속적으로 자극을 준다.

① ㉠, ㉡, ㉢　　　　　　　　　　　　② ㉠, ㉢
③ ㉡, ㉣　　　　　　　　　　　　　　④ ㉣
⑤ ㉠, ㉡, ㉢, ㉣

25 총비경구 영양법을 받고 있는 대상자의 두통, 구토 등의 이상 반응 시 가장 먼저 간호해야 할 내용으로 옳은 것은?

① 활력징후를 측정한다.
② 수액의 속도를 확인하고 조절한다.
③ 드레싱 부위에 화농성 분비물이 있는지 확인한다.
④ 섭취량과 배설량을 점검한다.
⑤ 카테터가 꼬였는지 관찰한다.

26 2년 전 초경을 시작한 14세 여성이 최근 심한 월경통을 호소하여 시행한 검진한 결과 골반에 기질적인 병변은 없었다. 증상 완화를 위한 적절한 약물은?

① 응급피임약

② 이뇨제

③ 비스테로이드소염제

④ 경구피임약

⑤ 메트로니다졸

27 건강한 9세 아동이 최근에 저녁이 되면 양쪽 다리를 아파하며, 아파서 자다가 깨기도 하는데 다음 날 아침에는 증상이 모두 사라진다고 한다. 통증이 나타날 때 집에서 적용할 수 있는 중재는?

① 응급실에 데리고 간다.

② 항생제를 먹인다.

③ 수면제를 먹인다.

④ 종아리를 탄력붕대로 감싼다.

⑤ 아픈 다리를 마사지해 준다.

28 지역사회 고혈압 관리사업을 시행한다고 가정했을 때 다음 중 1차 예방에 해당하는 것은?

① 고혈압, 당뇨병 등록관리사업

② 고혈압 치료사업

③ 뇌졸중 환자 대상 재활사업

④ 고혈압 환자의 주기적인 혈압 측정

⑤ 주민 대상 건강생활습관 교육

29 현재 퇴원을 계획 중인 조현병(Schizophrenia) 환자가 인지 기능이 손상되어 일상생활에 도움이 필요하다. 환자를 24시간 동안 관리, 감독하며 사회기술 훈련을 시키기에 적절한 주거서비스는 다음 중 무엇인가?

① 위탁가정(Foster House)

② 집단가정(Group Home)

③ 중간치료소(Halfway House)

④ 공동거주센터(Board and Care House)

⑤ 지정아파트(Satellite Apartment)

30 사망 환자의 사후 처치 간호중재로 올바른 것은?

① 둔부 밑에 패드를 대 준다.

② 부검이 예정된 경우 삽입된 관을 제거한다.

③ 팔에 부착한 이름표를 제거한다.

④ 머리보다 다리를 높여 준다.

⑤ 사망진단서에 서명한다.

합격의공식
SD
에듀

www.sdedu.co.kr

제3회
삼성병원 간호사
GSAT

www.sdedu.co.kr

〈문항 및 시험시간〉

평가영역	문항 수	시험시간	비고	도서 동형 온라인 실전연습 서비스 쿠폰번호
수리논리	20문항	30분		
추리	30문항	30분	객관식 5지선다형	AOGQ–00000–7219D
직무상식	30문항	30분		

제1영역 수리논리

01 서주임과 김대리는 공동으로 프로젝트를 끝내고 보고서를 제출하려 한다. 이 프로젝트를 혼자 할 경우 서주임은 24일이 걸리고, 김대리는 16일이 걸린다. 처음 이틀은 같이 하고, 이후엔 김대리 혼자 프로젝트를 하다가 보고서 제출 하루 전부터 같이 하였다. 보고서를 제출할 때까지 총 며칠이 걸렸는가?

① 11일   ② 12일
③ 13일   ④ 14일
⑤ 15일

02 서울시의 고등학교를 대상으로 축구 대항전이 진행된다. 총 80개의 학교가 참가했으며 5팀이 한 리그에 속해 리그전을 진행하고 각 리그의 우승팀만 토너먼트에 진출한다. 최종 우승팀에는 전체 경기 수에 2,000원을 곱한 금액을 상금으로 주고, 준우승팀에는 전체 경기 횟수에 1,000원을 곱한 금액을 상금으로 준다고 할 때, 상금의 총 금액은 얼마인가?(단, 리그전은 대회에 참가한 모든 팀과 서로 한 번씩 겨루는 방식이고, 부전승은 주최 측에서 임의로 선정한다)

① 520,000원   ② 525,000원
③ 530,000원   ④ 535,000원
⑤ 540,000원

03 다음은 2018년부터 2022년까지 국내 시설별 전체의료진 수를 나타낸 자료이다. 이에 대한 설명으로 적절하지 않은 것은?(단, 소수점 둘째 자리에서 반올림한다)

〈2018 ~ 2022년 시설별 의료진 수〉

(단위 : 명)

구분	2018년	2019년	2020년	2021년	2022년
아동복지시설	45,088	48,212	49,988	50,218	52,454
여성복지시설	1,842	2,112	2,329	2,455	2,598
노인복지시설	2,584	2,924	3,332	3,868	4,102
장애인복지시설	1,949	2,332	2,586	2,981	3,355
노숙인복지시설	452	488	552	688	728
정신요양시설	885	920	1,110	1,328	1,559
전체	52,800	56,988	59,897	61,538	64,796

① 2019년부터 2022년까지 전년 대비 의료진 수 증가율이 가장 큰 해는 2019년이다.
② 매년 의료진 수가 많은 시설의 순위는 동일하다.
③ 아동복지시설과 여성복지시설의 의료진 수의 차이는 매년 감소하고 있다.
④ 장애인복지시설의 의료진 수는 노인복지시설 의료진 수의 80% 미만이었다가 2022년에 처음으로 80%를 넘어섰다.
⑤ 2020년 아동복지시설의 의료진 수는 아동복지시설 외의 의료진 수의 약 5배이다.

04 다음은 A시즌 K리그 주요 구단의 공격력을 분석한 자료이다. 이에 대한 설명으로 가장 적절한 것은?(단, 소수점 둘째 자리에서 반올림한다)

〈A시즌 K리그 주요 구단 공격력 통계〉

(단위 : 개)

구단	경기	슈팅	유효슈팅	골	경기당 평균 슈팅	경기당 평균 유효슈팅
울산	6	85	48	16	14.2	8.0
전북	6	112	69	18	18.7	11.5
상주	6	79	32	11	13.2	5.3
포항	9	76	33	9	8.4	3.7
대구	9	88	39	13	9.8	4.3
서울	9	61	27	5	6.8	3.0
성남	9	69	31	6	7.7	3.4

① 슈팅, 유효슈팅, 골 개수의 상위 3개 구단은 가각 모두 다르다.
② 경기당 평균 슈팅 개수가 가장 많은 구단과 가장 적은 구단의 차이는 경기당 평균 유효슈팅 개수가 가장 많은 구단과 가장 적은 구단의 차이보다 작다.
③ 골의 개수가 적은 하위 두 팀의 골 개수의 합은 전체 골 개수의 15%를 초과한다.
④ 유효슈팅 대비 골의 비율이 가장 높은 구단은 상주이다.
⑤ 전북과 성남의 슈팅 대비 골의 비율의 차이는 10%p 이상이다.

05 다음은 초콜릿 수·출입 추이와 2022년 5개국 수·출입 추이에 관한 자료이다. 이에 대한 설명으로 적절하지 않은 것은?

〈초콜릿 수·출입 추이〉

(단위 : 천 달러, 톤)

구분	수출금액	수입금액	수출중량	수입중량
2019년	24,351	212,579	2,853	30,669
2020년	22,684	211,438	2,702	31,067
2021년	22,576	220,479	3,223	32,973
2022년	18,244	218,401	2,513	32,649

〈2022년 5개국 초콜릿 수·출입 추이〉

(단위 : 천 달러, 톤)

구분	수출금액	수입금액	수출중량	수입중량
미국	518	39,090	89.9	6,008.9
중국	6,049	14,857	907.2	3,624.4
말레이시아	275	25,442	15.3	3,530.4
싱가포르	61	12,852	12.9	3,173.7
독일	1	18,772	0.4	2,497.4

※ (무역수지)＝(수출금액)－(수입금액)

① 2019 ~ 2022년 동안 수출금액은 매년 감소했고, 수출중량 추이는 감소와 증가를 반복했다.
② 2022년 5개국 수입금액 총합은 전체 수입금액의 45% 이상 차지한다.
③ 무역수지는 2020년부터 2022년까지 매년 전년 대비 감소했다.
④ 2022년 5개 국가에서 수입중량이 클수록 수입금액도 높아진다.
⑤ 2022년 5개 국가에서 무역수지가 가장 낮은 국가는 미국이다.

06 다음은 2021년 8월부터 2022년 1월까지의 산업별 월간 국내카드 승인액이다. 다음 자료에 대한 〈보기〉의 설명으로 적절한 것을 모두 고르면?

〈산업별 월간 국내카드 승인액〉

(단위 : 억 원)

산업별	2021년 8월	2021년 9월	2021년 10월	2021년 11월	2021년 12월	2022년 1월
도매 및 소매업	3,116	3,245	3,267	3,261	3,389	3,241
운수업	161	145	165	159	141	161
숙박 및 음식점업	1,107	1,019	1,059	1,031	1,161	1,032
사업시설관리 및 사업지원 서비스업	40	42	43	42	47	48
교육 서비스업	127	104	112	119	145	122
보건 및 사회복지 서비스업	375	337	385	387	403	423
예술, 스포츠 및 여가관련 서비스업	106	113	119	105	89	80
협회 및 단체, 수리 및 기타 개인 서비스업	163	155	168	166	172	163

〈보기〉

ㄱ. 교육 서비스업의 2022년 1월 국내카드 승인액의 전월 대비 감소율은 25% 이상이다.

ㄴ. 2021년 11월 운수업과 숙박 및 음식점업의 국내카드 승인액의 합은 도매 및 소매업의 국내카드 승인액의 40% 미만이다.

ㄷ. 2021년 10월부터 2022년 1월까지 사업시설관리 및 사업지원 서비스업과 예술, 스포츠 및 여가관련 서비스업 국내카드 승인액의 전월 대비 증감 추이는 동일하다.

ㄹ. 2021년 9월 협회 및 단체, 수리 및 기타 개인 서비스업의 국내카드 승인액은 보건업 및 사회복지 서비스업 국내카드 승인액의 35% 이상이다.

① ㄱ, ㄴ
② ㄱ, ㄷ
③ ㄴ, ㄷ
④ ㄴ, ㄹ
⑤ ㄷ, ㄹ

07 다음은 연도별 주요 국가의 커피 수입량을 나타낸 자료이다. 이에 대한 설명으로 적절한 것을 〈보기〉에서 모두 고르면?(단, 소수점 둘째 자리에서 반올림한다)

〈주요 국가별 커피 수입량〉

(단위 : T)

순위	국가	2022년	2017년	2012년	합계
1	유럽	48,510	44,221	40,392	133,123
2	미국	25,482	26,423	26,228	78,133
3	일본	13,288	14,382	13,882	41,552
4	러시아	11,382	10,922	10,541	32,845
5	캐나다	8,842	7,481	7,992	24,315
6	한국	4,982	4,881	4,922	14,785
7	호주	1,350	1,288	1,384	4,022
전체		113,836	109,598	105,341	328,775

〈보기〉

㉠ 2012년에 비해 2022년에 커피 수입량이 증가한 국가 수가 감소한 국가 수보다 많다.
㉡ 커피 수입량이 가장 많은 상위 2개 국가의 커피 수입량의 합계는 항상 전체 수입량의 65% 이하이다.
㉢ 한국의 커피 수입량은 항상 호주의 3.5배 이상이다.
㉣ 2012년 대비 2022년의 커피 수입량의 증가율과 증가량 모두 캐나다가 러시아보다 높다.

① ㉠, ㉢
② ㉡, ㉣
③ ㉠, ㉡, ㉣
④ ㉡, ㉢, ㉣
⑤ ㉠, ㉡, ㉢, ㉣

08 다음은 우리나라의 2022년 거주지역별 주택소유 및 무주택 가구 수 현황이다. 다음 자료에 대한 설명으로 가장 적절한 것은?

〈거주지역별 주택소유 및 무주택 가구 수 현황〉

(단위 : 가구)

구분	총가구 수	주택소유 가구 수	무주택 가구 수
전국	19,673,875	11,000,007	8,673,868
서울특별시	3,813,260	1,875,189	1,938,071
부산광역시	1,354,401	791,489	562,912
대구광역시	948,030	550,374	397,656
인천광역시	1,080,285	630,228	450,057
광주광역시	575,732	328,263	247,469
대전광역시	597,736	320,407	277,329
울산광역시	428,720	271,099	157,621
세종특별자치시	104,325	55,925	48,400
경기도	4,602,950	2,542,649	2,060,301
강원도	620,729	345,955	274,774
충청북도	629,073	362,726	266,347
충청남도	834,986	477,532	357,454
전라북도	728,871	427,522	301,349
전라남도	733,757	435,332	298,425
경상북도	1,087,807	652,416	435,391
경상남도	1,292,998	800,655	492,343
제주특별자치도	240,215	132,246	107,969

① 전국 총가구 중 전라북도와 경상남도의 총가구가 차지하는 비중은 10% 미만이다.

② 인천광역시의 총가구 중 무주택 가구가 차지하는 비중은 40% 이상이다.

③ 총가구 중 주택소유 가구의 비중은 충청북도가 강원도보다 5%p 이상 더 크다.

④ 부산광역시는 무주택 가구가 주택소유 가구의 55% 미만이다.

⑤ 세종특별자치시의 무주택 가구 수는 광주광역시의 무주택 가구 수의 20% 이상이다.

09 다음은 한국과 미국의 소방직 및 경찰직 공무원의 현황을 나타낸 자료이다. 이에 대한 설명으로 적절하지 않은 것은?(단, 비율은 소수점 둘째 자리에서 반올림한다)

〈한국과 미국의 소방직 · 경찰직 공무원 현황〉

(단위 : 명)

국가	구분	2020년	2021년	2022년
한국	전체 공무원	875,559	920,291	955,293
	소방직 공무원	39,582	42,229	45,520
	경찰직 공무원	66,523	72,392	79,882
미국	전체 공무원	1,882,428	2,200,123	2,586,550
	소방직 공무원	220,392	282,329	340,594
	경찰직 공무원	452,482	490,220	531,322

① 한국에서 전년 대비 전체 공무원의 증가인원 수는 2021년이 2022년도보다 많다.
② 한국의 소방직 공무원과 경찰직 공무원의 인원 수 차이는 매년 감소하고 있다.
③ 2020년 대비 2022년 증가인원 수는, 한국은 소방직 공무원이 경찰직보다 적지만, 미국은 그 반대이다.
④ 미국의 소방직 공무원의 전년 대비 증가율은 2021년이 2022년보다 7.0%p 이상 더 높다.
⑤ 미국 경찰직 공무원이 미국 전체 공무원 중 차지하는 비율은 매년 감소하고 있다.

10 다음은 2022년 차종별 1일 평균 주행거리를 정리한 표이다. 표에 대한 해석으로 적절하지 않은 것은?

〈2022년 차종별 1일 평균 주행거리〉

(단위 : km/대)

구분	서울	부산	대구	인천	광주	대전	울산	세종
승용차	31.7	34.7	33.7	39.3	34.5	33.5	32.5	38.1
승합차	54.6	61.2	54.8	53.9	53.2	54.5	62.5	58.4
화물차	55.8	55.8	53.1	51.3	57.0	56.6	48.1	52.1
특수차	60.6	196.6	92.5	125.6	114.2	88.9	138.9	39.9
합계	35.3	40.1	37.1	41.7	38.3	37.3	36.0	40.1

※ 항구도시는 '부산, 인천, 울산'이다.

① 세종을 제외한 지역에서 1일 평균 주행거리의 최댓값과 최솟값의 차이가 승합차의 1일 평균 주행거리보다 긴 지역은 5곳 이상이다.

② 특정지역 차종별 1일 평균 주행거리가 길수록 해당지역 합계 1일 평균 주행거리도 길다.

③ 특수차종의 1일 평균 주행거리는 세종시가 최하위이지만 승합차는 상위 40%이다.

④ 부산은 모든 차종의 1일 평균 주행거리가 상위 50%이다.

⑤ 세종과 모든 항구도시의 차종별 1일 평균 주행거리를 비교했을 때, 평균 주행거리가 세종이 가장 큰 차종은 없다.

11 다음은 한국, 중국, 일본 3개국의 배타적경제수역(EEZ) 내 조업현황을 나타낸 자료이다. 이에 대한 설명으로 가장 적절한 것은?

〈한국, 중국, 일본의 배타적경제수역(EEZ) 내 조업현황〉

(단위 : 척, 일, 톤)

해역	어선 국적	구분	2021년 12월	2022년 11월	2022년 12월
한국 EEZ	일본	입어척수	30	70	57
		조업일수	166	1,061	277
		어획량	338	2,176	1,177
	중국	입어척수	1,556	1,468	1,536
		조업일수	27,070	28,454	27,946
		어획량	18,911	9,445	21,230
중국 EEZ	한국	입어척수	68	58	62
		조업일수	1,211	789	1,122
		어획량	463	64	401
일본 EEZ	한국	입어척수	335	242	368
		조업일수	3,992	1,340	3,236
		어획량	5,949	500	8,233

① 2022년 12월 중국 EEZ 내 한국어선 조업일수는 전월 대비 감소하였다.
② 2022년 11월 한국어선의 일본 EEZ 입어척수는 전년 동월 대비 감소하였다.
③ 2022년 12월 일본 EEZ 내 한국어선의 조업일수는 같은 기간 중국 EEZ 내 한국어선 조업일수의 3배 이상이다.
④ 2022년 12월 일본어선의 한국 EEZ 내 입어척수당 조업일수는 전년 동월 대비 증가하였다.
⑤ 2022년 11월 일본어선과 중국어선의 한국 EEZ 내 어획량 합은 같은 기간 중국 EEZ와 일본 EEZ 내 한국어선 어획량 합의 20배 이상이다.

12 다음은 세종특별시에 거주하는 20 ~ 30대 청년들의 주거 점유형태에 대한 자료이다. 이에 대한 설명으로 가장 적절한 것은?(단, 소수점 둘째 자리에서 반올림한다)

〈20 ~ 30대 청년 주거 점유형태〉

(단위 : 명)

구분	자가	전세	월세	무상	합계
20 ~ 24세	537	1,862	5,722	5,753	13,874
25 ~ 29세	795	2,034	7,853	4,576	15,258
30 ~ 34세	1,836	4,667	13,593	1,287	21,383
35 ~ 39세	2,489	7,021	18,610	1,475	29,595
합계	5,657	15,584	45,778	13,091	80,110

① 20 ~ 24세 전체 인원 중 월세 비중은 38.2%이고, 자가 비중은 2.9%이다.

② 20 ~ 24세를 제외한 20 ~ 30대 청년 중에서 무상이 차지하는 비중이 월세 비중보다 더 높다.

③ 20 ~ 30대 청년 인원 대비 자가 비율보다 20대 청년 중에서 자가가 차지하는 비율이 더 낮다.

④ 연령대가 높아질수록 연령대별로 자가 비중이 높아지고, 월세 비중이 낮아진다.

⑤ 20 ~ 30대 연령대에서 월세에 사는 25 ~ 29세 연령대가 차지하는 비율은 10% 이상이다.

※ 다음은 연령별 어린이집 이용 영유아 현황에 관한 자료이다. 자료를 참고하여 이어지는 질문에 답하시오.
[13~14]

〈연령별 어린이집 이용 영유아 현황〉

(단위 : 명)

구분		국·공립 어린이집	법인 어린이집	민간 어린이집	가정 어린이집	부모협동 어린이집	직장 어린이집	합계
2019년	0~2세	36,530	35,502	229,414	193,412	463	6,517	501,838
	3~4세	56,342	50,497	293,086	13,587	705	7,875	422,092
	5세 이상	30,533	27,895	146,965	3,388	323	2,417	211,521
2020년	0~2세	42,331	38,648	262,728	222,332	540	7,815	574,394
	3~4세	59,947	49,969	290,620	12,091	755	8,518	421,900
	5세 이상	27,378	23,721	122,415	2,420	360	2,461	178,755
2021년	0~2세	47,081	42,445	317,489	269,243	639	9,359	686,256
	3~4세	61,609	48,543	292,599	10,603	881	9,571	423,806
	5세 이상	28,914	23,066	112,929	1,590	378	2,971	169,848
2022년	0~2세	49,892	41,685	337,573	298,470	817	10,895	739,332
	3~4세	64,696	49,527	319,903	8,869	1,046	10,992	455,033
	5세 이상	28,447	21,476	99,847	1,071	423	3,100	154,364

13 다음 중 자료를 판단한 내용으로 적절하지 않은 것은?

① 2019~2022년 0~2세와 3~4세 국·공립 어린이집 이용 영유아 수는 계속 증가하고 있다.
② 2019~2022년 부모협동 어린이집과 직장 어린이집을 이용하는 각 연령별 영유아 수의 증감 추이는 동일하다.
③ 2020~2022년 가정 어린이집을 이용하는 0~2세 영유아 수는 2022년에 전년 대비 가장 크게 증가했다.
④ 법인 어린이집을 이용하는 5세 이상 영유아 수는 매년 감소하고 있다.
⑤ 매년 3~4세 영유아가 가장 많이 이용하는 곳을 순서대로 나열하면 상위 3곳의 순서가 같다.

14 다음 중 2019년과 2022년 전체 어린이집 이용 영유아 수의 차는 몇 명인가?

① 146,829명
② 169,386명
③ 195,298명
④ 213,278명
⑤ 237,536명

※ 다음은 2017년과 2022년의 해수면어업부문 종사 가구 및 성별 인구에 대한 자료이다. 다음 자료를 읽고 이어지는 질문에 답하시오. **[15~16]**

〈해수면어업부문 종사 가구 및 성별 인구 현황〉

(단위 : 가구, 명)

행정구역	2017년				2022년			
	어가 (가구)	어가인구	어가인구 (남자)	어가인구 (여자)	어가 (가구)	어가인구	어가인구 (남자)	어가인구 (여자)
전국	65,775	171,191	85,590	85,601	54,793	128,352	64,443	63,909
서울특별시	7	25	10	15	9	26	15	11
부산광역시	2,469	7,408	3,716	3,692	2,203	5,733	2,875	2,858
대구광역시	8	29	18	11	3	10	5	5
인천광역시	2,678	6,983	3,563	3,420	2,172	5,069	2,552	2,517
광주광역시	12	37	24	13	8	24	14	10
대전광역시	4	17	7	10	-	-	-	-
울산광역시	1,021	2,932	1,445	1,487	905	2,292	1,125	1,167
경기도	844	2,475	1,278	1,197	762	1,843	955	888
강원도	3,039	8,320	4,302	4,018	2,292	5,669	2,961	2,708
충청남도	11,021	27,302	13,238	14,064	8,162	18,076	8,641	9,435
전라북도	2,633	6,771	3,418	3,353	2,908	6,434	3,259	3,175
전라남도	21,809	54,981	27,668	27,313	18,819	43,818	22,434	21,384
경상북도	4,069	10,422	5,245	5,177	3,017	6,865	3,430	3,435
경상남도	10,768	28,916	14,571	14,345	9,417	22,609	11,543	11,066
제주특별자치도	5,393	14,573	7,087	7,486	4,116	9,884	4,634	5,250

15 다음은 2017년과 2022년의 해수면어업부문 종사 가구 및 성별 인구에 대한 설명이다. 다음 설명 중 가장 적절한 것은?

① 2022년에 모든 지역에서 어가인구 중 남자가 여자의 수보다 많았다.

② 부산광역시와 인천광역시는 2022년에 2017년 대비 어가인구가 10% 이상 감소하였다.

③ 강원도의 어가 수는 2017년과 2022년 모두 경기도의 어가 수의 4배 이상이다.

④ 2017년에 어가 수가 두 번째로 많은 지역과 어가인구가 두 번째로 많은 지역은 동일하다.

⑤ 2022년 제주특별자치도의 남자 어가인구 수는 전라북도 남자 어가인구 수보다 50% 더 많다.

16 다음은 해수면어업부문 종사 가구 및 성별 인구 현황을 토대로 작성한 보고서이다. 다음 내용 중 잘못된 내용을 모두 고르면?

> 통계청은 2017년과 2022년의 해수면어업부문에 종사하는 가구 수와 인구에 대한 통계자료를 공개하였다. 자료는 광역자치단체를 기준으로 행정구역별로 구분되어 있다. 자료에 따르면, ㉠ 2017년에 해수면어업에 종사하는 가구가 가장 많은 행정구역은 전라남도였다. ㉡ 반면, 해수면어업 종사 가구 수가 가장 적은 행정구역은 대전광역시로, 가구와 인구 측면에서 모두 최저를 기록하였다. 내륙에 위치한 지리적 특성과 행정도시라는 특성상 어업에 종사하는 가구 및 인구가 적은 것으로 추정된다.
> ㉢ 2022년 해수면어업부문 종사 가구 및 성별 인구 현황을 보면, 2017년 대비 어가 수의 경우 부산광역시, 인천광역시 등 3개 이상의 행정구역에서 감소하였지만, 어가가 소멸한 지역은 없었다. 전반적으로 2017년에 비해 어업 종사 가구와 인구가 줄어드는 것은 지속적인 산업구조 변화에 따른 것으로 해석할 수 있다. ㉣ 서울특별시와 강원도만 2017년 대비 2022년에 어가인구가 증가하였다.

① ㉠, ㉡   ② ㉠, ㉢

③ ㉡, ㉢   ④ ㉡, ㉣

⑤ ㉢, ㉣

※ 다음은 통계청이 발표한 우리나라의 2022년 차종 및 운행연수별 자동차검사현황이다. 다음 자료를 읽고 이어지는 질문에 답하시오. [17~18]

⟨2022년 차종 및 운행연수별 자동차검사 부적합률⟩

(단위 : %)

구분	4년 이하	5 ~ 6년	7 ~ 8년	9 ~ 10년	11 ~ 12년	13 ~ 14년	15년 이상	전체
승용차	5.2	7.2	9.9	13.0	16.4	19.3	23.9	13.8
승합차	6.6	12.2	12.7	15.1	17.1	17.7	20.4	14.0
화물차	6.8	15.3	20.3	21.6	21.6	23.5	22.9	18.2
특수차	8.3	14.0	13.2	13.5	14.0	16.2	18.7	14.3
전체	6.3	9.5	12.5	15.3	17.7	20.5	23.2	15.2

17 2022년 차종 및 운행연수별 자동차검사 부적합률에 대한 ⟨보기⟩의 설명 중 적절하지 않은 것을 모두 고르면?

⟨보기⟩

ㄱ. 운행연수가 4년 이하인 차량 중 부적합률이 가장 높은 차종은 화물차이다.
ㄴ. 승용차의 경우, 운행연수가 11 ~ 12년인 차량의 부적합률은 5 ~ 6년인 차량의 부적합률의 2배 이상이다.
ㄷ. 승합차의 경우, 운행연수가 높을수록 부적합률도 높다.
ㄹ. 운행연수가 13 ~ 14년인 차량 중 화물차의 부적합률 대비 특수차의 부적합률의 비율은 80% 이상이다.

① ㄱ
② ㄴ
③ ㄴ, ㄷ
④ ㄱ, ㄷ, ㄹ
⑤ ㄱ, ㄷ, ㄹ

18 다음은 통계청에서 발표한 2022년 차종 및 운행연수별 자동차검사 부적합률에 기반해 작성한 보고서의 일부이다. 밑줄 친 보고서의 내용 중 잘못된 것을 모두 고르면?

> 통계청은 지난 2022년 차종 및 운행연수별 자동차검사현황을 발표하였다. 발표 항목 중 자동차검사 결과 부적합률을 보면, 대부분의 차량들은 차종과 무관하게 ⊙ 운행연수가 15년 이상인 차량의 부적합률은 운행연수가 4년 이하인 부적합률보다 낮은 경향을 보였다.
> ⓛ 모든 운행연수의 차량을 합한 전체 차량의 부적합률은 15% 이상이었다. 차종별로 보면, 모든 운행연수의 차량을 합한 부적합률이 가장 높은 차종은 화물차였으며, ⓒ 이는 모든 운행연수의 차량을 합한 부적합률이 가장 낮은 차종의 부적합률과 4.2%p의 차이를 보였다. 특수차의 경우, 모든 운행연수의 차량을 합하였을 때 승합차보다 높은 부적합률을 보였다.
> 운행연수별로 보면, 화물차의 경우 '15년 이상'인 차량의 부적합률은 '4년 이하'인 차량의 부적합률의 3배 이상이었다. ② 특수차의 경우 '15년 이상'인 차량의 부적합률은 '4년 이하'인 차량의 부적합률의 2.5배 미만이었다. 운행연수가 '4년 이하'인 차량의 경우에는 승용차가 가장 부적합률이 낮았으나, '15년 이상'인 차량의 경우에는 승용차가 가장 높은 부적합률을 보였다.

① ⊙, ⓛ

② ⊙, ⓒ

③ ⓛ, ⓒ

④ ⓛ, ②

⑤ ⓒ, ②

19 다음은 한국·미국·일본 3국 환율에 관한 자료이다. 다음 자료를 변형했을 때 바르게 나타낸 것은?

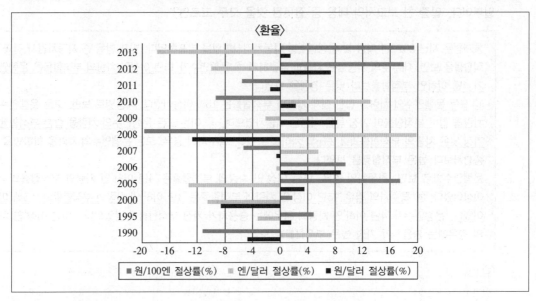

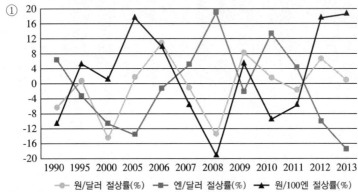

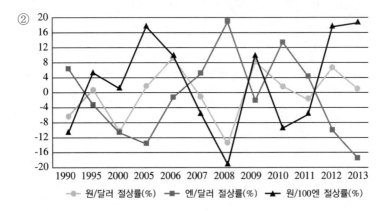

③
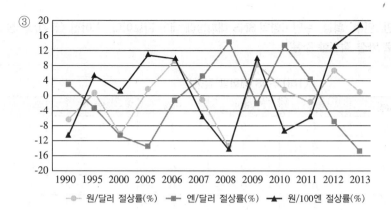

④
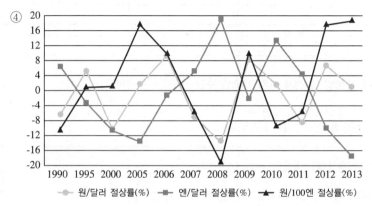

⑤
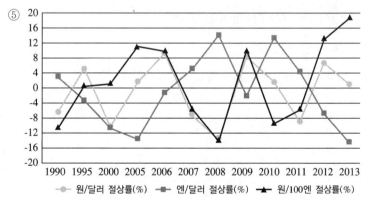

20 다음은 영희, 철수, 동민, 민수, 희경, 수민 6명의 SNS 대화방에 대한 자료이다. 주어진 〈조건〉을 참고할 때, 이에 대한 설명으로 가장 적절한 것은?

〈1대1 SNS 대화방 참여자〉

구분	영희	철수	동민	민수	희경	수민
영희	0	1	0	1	0	0
철수	1	0	1	0	1	1
동민	0	1	0	0	1	0
민수	1	0	0	0	0	1
희경	0	1	1	0	0	0
수민	0	1	0	1	0	0

〈조건〉

- SNS에 참여하는 인원이 N명일 때 전체 1대1 대화방 수는 $\dfrac{N(N-1)}{2}$개이다.

- 1대1 대화방 밀도 $=\dfrac{(N\text{명의 1대1 대화방 수})}{(N\text{명일 때 전체 1대1 대화방 수})}$

① 모두 SNS에 참여할 때 전체 1대1 대화방 수는 14개이다.

② 영희와 수민이가 동민이와 각각 1대1 대화를 추가할 때 밀도는 $\dfrac{2}{5}$이다.

③ 5명이 SNS에 참여할 때 만들어지는 1대1 대화방 수는 10개이다.

④ 6명의 SNS 1대1 대화방 밀도는 $\dfrac{1}{2}$ 이상이다.

⑤ 병준이가 추가되어 동민, 희경이와 1대1 대화를 할 때 밀도는 낮아진다.

※ 제시된 명제가 모두 참일 때, 빈칸에 들어갈 명제로 가장 적절한 것을 고르시오. **[1~3]**

01

전제1. 영화를 좋아하는 사람은 드라마를 싫어한다.
전제2. _____
결론. 음악을 좋아하는 사람은 영화를 싫어한다.

① 드라마를 좋아하는 사람은 영화를 싫어한다.
② 영화를 싫어하는 사람은 드라마를 좋아한다.
③ 드라마를 싫어하는 사람은 음악을 싫어한다.
④ 드라마를 좋아하는 사람은 음악을 싫어한다.
⑤ 음악을 싫어하는 사람은 드라마를 좋아한다.

02

전제1. 허리에 통증이 심하면 나쁜 자세로 공부했다는 것이다.
전제2. 공부를 오래 하면 성적이 올라간다.
전제3. _____
결론. 성적이 올라가지 않았다는 것은 나쁜 자세로 공부했다는 것이다.

① 성적이 올라갔다는 것은 좋은 자세로 공부했다는 것이다.
② 좋은 자세로 공부한다고 해도 허리의 통증은 그대로이다.
③ 성적이 올라가지 않았다는 것은 공부를 별로 하지 않았다는 증거이다.
④ 좋은 자세로 공부한다고 해도 공부를 오래 하긴 힘들다.
⑤ 허리에 통증이 심하지 않으면 공부를 오래 할 수 있다.

03

전제1. 환율이 오르면 어떤 사람은 X주식을 매도한다.
전제2. X주식을 매도한 모든 사람은 Y주식을 매수한다.
결론. _____

① 환율이 오르면 모든 사람은 Y주식을 매수한다.
② 환율이 오르면 어떤 사람은 Y주식을 매수한다.
③ 모든 사람이 X주식을 매도하면 환율이 오른다.
④ 모든 사람이 Y주식을 매수하면 환율이 오른다.
⑤ Y주식을 매도한 모든 사람은 X주식을 매수한다.

04 7층 아파트에 각 층마다 1명씩 거주하며, 현재 5명이 입주해 있다. E가 새로 입주하려 하는데 가능한 층수는?(단, E는 애완동물이 없다)

- 주민 간 합의를 통해 1 ~ 2층은 애완동물을 키우는 사람에게만 입주를 허용하였다.
- A는 개를 키우고 있다.
- B는 A보다 높은 곳에 살고 있고 홀수 층에 산다.
- C는 B 바로 아래층에 살고 애완동물이 없다.
- D는 5층에 산다.

---

① 1층   ② 2층
③ 4층   ④ 6층
⑤ 7층

05 다음 제시문을 바탕으로 추론할 수 있는 것은?

- 달리기를 잘하는 모든 사람은 영어를 잘한다.
- 영어를 잘하는 모든 사람은 부자이다.
- 나는 달리기를 잘한다.

---

① 부자는 반드시 영어를 잘한다.
② 부자는 반드시 달리기를 잘한다.
③ 나는 부자이다.
④ 영어를 잘하는 사람은 반드시 달리기를 잘한다.
⑤ 나는 달리기를 잘하지만 영어는 못한다.

06 다음 〈조건〉에 따라 A, B, C, D 4명이 각각 빨간색, 파란색, 노란색, 초록색의 모자, 티셔츠, 바지를 입고 있을 때, 다음 설명 중 옳은 것은?

〈조건〉
- 한 사람이 입고 있는 모자, 티셔츠, 바지의 색깔은 서로 겹치지 않는다.
- 네 가지 색깔의 의상들은 각각 한 벌씩밖에 없다.
- A는 빨간색을 입지 않았다.
- C는 초록색을 입지 않았다.
- D는 노란색 티셔츠를 입었다.
- C는 빨간색 바지를 입었다.

① A의 티셔츠는 노란색이다.
② B의 바지는 초록색이다.
③ D의 바지는 빨간색이다.
④ B의 모자와 D의 바지의 색상은 서로 같다.
⑤ A의 티셔츠와 C의 모자의 색상은 서로 같다.

07 기획부 직원 A, B, C, D, E 5명이 다음 〈조건〉에 따라 야근을 한다고 할 때, 수요일에 야근하는 사람은?

〈조건〉
- 사장님이 출근할 때는 모든 사람이 야근을 한다.
- A가 야근할 때 C도 반드시 해야 한다.
- 사장님은 월요일과 목요일에 출근을 한다.
- B는 금요일에 야근을 한다.
- E는 화요일에 야근을 한다.
- 수요일에는 한 명만 야근을 한다.
- 월요일부터 금요일까지 한 사람당 3번 야근한다.

① A   ② B
③ C   ④ D
⑤ E

08 자동차회사에 다니는 A, B, C 세 사람은 각각 대전지점, 강릉지점, 군산지점으로 출장을 다녀왔다. A, B, C의 출장지는 서로 다르며 세 사람 중 한 사람만 참을 말할 때, 세 사람이 다녀온 출장지를 순서대로 바르게 나열한 것은?

> • A : 나는 대전지점에 가지 않았다.
> • B : 나는 강릉지점에 가지 않았다.
> • C : 나는 대전지점에 갔다.

	대전지점	강릉지점	군산지점
①	A	B	C
②	A	C	B
③	B	A	C
④	B	C	A
⑤	C	A	B

09 S사에서는 임직원 7명을 대상으로 서비스만족도 조사를 진행했다. 서비스만족도 조사 결과가 다음과 같을 때, 반드시 참인 것은 무엇인가?

> • A대리는 B사원보다 높은 점수를 받았다.
> • B사원은 C과장보다 높은 점수를 받았다.
> • C과장은 D사원보다 높은 점수를 받았다.
> • E부장은 가장 낮은 점수를 받지 않았다.
> • F대리는 B사원과 E부장보다 높은 점수를 받았지만, G사원보다는 낮은 점수를 받았다.

① B사원이 4등이면 G사원은 1등이다.
② 자신의 등수를 확실히 알 수 있는 사람은 2명이다.
③ C과장이 5등이라면 B사원이 4등이다.
④ E부장은 4등 안에 들었다.
⑤ F대리가 3등이면 A대리는 1등이다.

10 S사 직원 A, B, C, D, E가 다음 〈조건〉에 따라 상여금을 받았다고 할 때, 다음 중 옳지 않은 것은?

─────〈조건〉─────

- 지급된 상여금은 25만 원, 50만 원, 75만 원, 100만 원, 125만 원이다.
- A, B, C, D, E는 서로 다른 상여금을 받았다.
- A의 상여금은 다섯 사람 상여금의 평균이다.
- B의 상여금은 C, D보다 적다.
- C의 상여금은 어떤 이 상여금의 두 배이다.
- D의 상여금은 E보다 적다.

① A의 상여금은 A를 제외한 나머지 네 명의 평균과 같다.
② A의 상여금은 반드시 B보다 많다.
③ C의 상여금은 두 번째로 많거나 두 번째로 적다.
④ C의 상여금이 A보다 많다면, B의 상여금은 C의 50%일 것이다.
⑤ C의 상여금이 D보다 적다면, D의 상여금은 E의 80%일 것이다.

11 S사는 사무실 리모델링을 하면서 기획조정 1 ~ 3팀과 미래전략 1 ~ 2팀, 홍보팀, 보안팀, 인사팀의 사무실 위치를 변경하였다. 다음 〈조건〉과 같이 적용되었을 때, 변경된 사무실 위치에 대한 설명으로 옳은 것은?

1실	2실	3실	4실
복도			
5실	6실	7실	8실

─────〈조건〉─────

- 기획조정 1팀과 미래전략 2팀은 홀수실이며, 복도를 사이에 두고 마주보고 있다.
- 홍보팀은 5실이다.
- 미래전략 2팀과 인사팀은 나란히 있다.
- 보안팀은 홀수실이며, 맞은편 라인의 가장 먼 곳에는 인사팀이 있다.
- 기획조정 3팀과 2팀은 한 실을 건너 나란히 있고 2팀이 3팀보다 실 번호가 높다.

① 인사팀은 6실에 위치한다.
② 미래전략 2팀과 기획조정 3팀은 같은 라인에 위치한다.
③ 기획조정 1팀은 기획조정 2팀과 3팀 사이에 위치한다.
④ 미래전략 1팀은 7실에 위치한다.
⑤ 홍보팀이 있는 라인에서 가장 높은 번호의 사무실에 위치한 팀은 보안팀이다.

12 A, B, C, D 4명이 다음 〈조건〉에 따라 구두를 샀다고 할 때, A는 주황색 구두를 포함하여 어떤 색의 구두를 샀는가?(단, 빨간색 – 초록색, 주황색 – 파란색, 노란색 – 남색은 보색 관계이다)

〈조건〉

- 세일하는 품목은 빨간색, 주황색, 노란색, 초록색, 파란색, 남색, 보라색으로 각 한 켤레씩 남았다.
- A는 주황색을 포함하여 두 켤레를 샀다.
- C는 빨간색 구두를 샀다.
- B, D는 파란색 구두를 사지 않았다.
- C, D는 같은 수의 구두를 샀다.
- B는 C가 산 구두와 보색 관계인 구두를 샀다.
- D는 B가 산 구두 중 한 켤레가 보색 관계인 구두를 샀다.
- 모두 한 켤레 이상씩 샀으며, 네 사람은 세일품목을 모두 샀다.

---

① 노란색   ② 초록색
③ 파란색   ④ 남색
⑤ 보라색

13 귀하는 부하직원 A, B, C, D, E 5명을 대상으로 마케팅 전략에 대한 찬반 의견을 물었고, 이에 대해 부하직원은 다음 〈조건〉에 따라 찬성과 반대 둘 중 하나의 의견을 제시하였다. 다음 중 항상 옳은 것은?

〈조건〉

- A 또는 D 둘 중 적어도 하나가 반대하면, C는 찬성하고 E는 반대한다.
- B가 반대하면, A는 찬성하고 D는 반대한다.
- D가 반대하면 C도 반대한다.
- E가 반대하면 B도 반대한다.
- 적어도 한 사람은 반대한다.

---

① A는 찬성하고 B는 반대한다.
② A는 찬성하고 E는 반대한다.
③ B와 D는 반대한다.
④ C는 반대하고 D는 찬성한다.
⑤ C와 E는 찬성한다.

14 A, B, C 세 분야에서 연구 중인 8명의 연구원은 2개 팀으로 나누어 팀 프로젝트를 진행하려고 한다. 다음 〈조건〉에 따라 팀을 구성한다고 할 때, 다음 중 항상 옳은 것은?

─〈조건〉─

- 분야별 인원 구성
  - A분야 : a(남자), b(남자), c(여자)
  - B분야 : 가(남자), 나(여자)
  - C분야 : 갑(남자), 을(여자), 병(여자)
- 4명씩 나누어 총 2팀(1팀, 2팀)으로 구성한다.
- 같은 분야의 같은 성별인 사람은 같은 팀으로 구성될 수 없다.
- 각 팀에는 분야별로 적어도 한 명 이상이 포함되어야 한다.
- 한 분야의 모든 사람이 한 팀으로 구성될 수 없다.

① 갑과 을이 한 팀이 된다면, 가와 나도 한 팀이 될 수 있다.
② 4명으로 나뉜 두 팀에는 남녀가 각각 2명씩 구성된다.
③ a가 1팀에 포함된다면, c는 2팀에 포함된다.
④ 가와 나는 한 팀이 될 수 없다.
⑤ c와 갑은 한 팀이 될 수 있다.

15 어느 모임에서 지갑 도난 사건이 일어났다. 여러 가지 증거를 근거로 혐의자는 A, B, C, D, E로 좁혀졌다. A, B, C, D, E 중 한 명이 범인이고, 그들의 진술은 다음과 같다. 각각의 혐의자들이 말한 세 가지 진술 중에 두 가지는 참이지만, 한 가지는 거짓이라고 밝혀졌을 때, 지갑을 훔친 사람은 누구인가?

- A : 나는 훔치지 않았다. C도 훔치지 않았다. D가 훔쳤다.
- B : 나는 훔치지 않았다. D도 훔치지 않았다. E가 진짜 범인을 알고 있다.
- C : 나는 훔치지 않았다. E는 내가 모르는 사람이다. D가 훔쳤다.
- D : 나는 훔치지 않았다. E가 훔쳤다. A가 내가 훔쳤다고 말한 것은 거짓말이다.
- E : 나는 훔치지 않았다. B가 훔쳤다. C와 나는 오랜 친구이다.

① A   ② B
③ C   ④ D
⑤ E

16 다음 제시된 단어의 대응 관계가 동일하도록 괄호 안에 들어갈 가장 적절한 단어는?

> 얌전하다 : 참하다 = (   ) : 아결하다

① 반성하다　　　　　　　　② 고결하다
③ 도도하다　　　　　　　　④ 아름답다
⑤ 결심하다

17 다음 단어의 대응 관계가 나머지와 다른 하나는?

① 먹다 : 먹이다　　　　　　② 죽다 : 죽이다
③ 잡다 : 잡히다　　　　　　④ 입다 : 입히다
⑤ 살다 : 살리다

※ 다음 제시된 도형의 규칙을 보고 ?에 들어갈 적절한 것을 고르시오. **[18~20]**

18

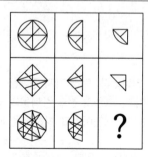

①

②

③

④

⑤

19

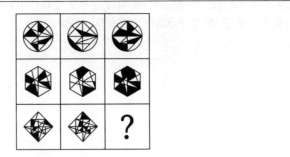

①

②

③

④

⑤

20

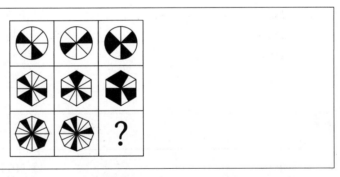

①

②

③

④

⑤

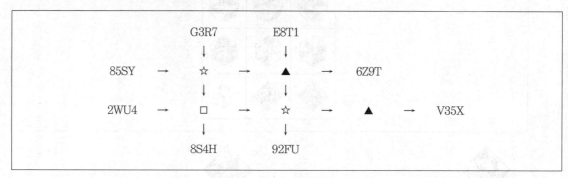

21

$$4HQ1 \rightarrow ☆ \rightarrow ▲ \rightarrow ?$$

① M45S   ② M35P
③ K35P   ④ I25R
⑤ I52R

22

$$6D3R \rightarrow □ \rightarrow ☆ \rightarrow ?$$

① E4P9   ② B3F7
③ R6H8   ④ S4E7
⑤ P94E

23

$$7ET9 \rightarrow ▲ \rightarrow □ \rightarrow ?$$

① T79E   ② E97T
③ 7E9T   ④ T97E
⑤ E79T

24

$$HEDP \rightarrow □ \rightarrow ☆ \rightarrow ▲ \rightarrow ?$$

① DPHE   ② PDEH
③ EIQF   ④ EHPD
⑤ PHED

25 다음 글을 읽고 추론한 것으로 적절하지 않은 것은?

우리말은 오랜 역사 속에서 꿋꿋이 발전해 왔다. 우리말을 적는 우리글, 한글 역시 어려운 역사 속에서 지켜 왔다. 그런데 우리 말글의 역사 가운데 가장 어려웠던 시기를 꼽자면 바로 일제 강점기라 하겠다. 일제 강점기에 일본은 국토를 병합하고 나서 우리 민족을 저들에 통합시키고 문화를 빼앗으려 했고, 그 문화의 알맹이라 할 우리말을 쓰지 못하게 했다. 이러한 상황이니 우리 선조들은 우리 민족을 지키기 위해, 우리 문화를 지키기 위해 우리 말글을 지키려 그 어느 때보다도 더 큰 힘을 쏟았다. 이러한 중심에 조선어학회가 있었다. 지금의 한글학회인 조선어학회는 민족혼을 지키기 위해 우리 말글을 연구할 목적으로 1908년 8월 31일 주시경, 김정진 선생 등이 창립한 국어연구학회를 모체로 한다. 조선어학회 학자들은 일본의 식민 통치 아래 나라와 민족을 되찾고 문화를 되살리기 위한 길은 오로지 우리 말글을 지키는 데 있다는 데에 뜻을 함께했다. 그 일을 펼치고자 한글날을 만들고(1926년), 조선어사전편찬회를 조직해『우리말큰사전』을 편찬하기로 하고 (1928년), 이를 위해 한글맞춤법통일안을 제정하고(1933년), 표준말을 사정하고(1936년), 외래어표기법통일안도 제정했다(1940년).

그러나 침략전쟁에 광분하고 있었던 1940년대의 일본은 조선에 대한 식민 통치를 더욱 강화하면서 민족 말살 정책을 추진했다. 조선인의 이름과 성을 일본식으로 바꾸도록 하고 조선말을 쓰지 못하게 하고 학교에서 조선어 교육을 폐지했다. 이러한 암담한 상황에서 조선어학회 선열들은 핍박과 감시를 받아가며 우리 말글을 지키고 가꾸는 투쟁을 이어갔다.

조선어학회가『우리말큰사전』편찬에 밤낮을 가리지 않던 1942년, 함흥 영생고등여학교 학생 박영옥이 기차 안에서 친구들과 조선말로 대화하다가 경찰에 발각돼 취조를 받게 된 사건이 일어났다. 경찰은 조사 결과 학생들에게 민족혼을 일깨운 이가 조선어학회에서 사전을 편찬하고 있는 정태진 선생이라는 사실을 알았다. 그해 9월 5일에 정태진 선생을 연행, 조사해 조선어학회가 민족주의 단체로서 독립운동을 목적으로 하고 있다고 보고, 10월 1일부터 조선어학회 선열들을 검거하기 시작해, 사전 편찬에 직접 참여했거나 재정적으로 후원한 분을 검거하니 1943년 4월 1일까지 모두 서른세 분에 이르렀다.

① 우리말을 지키고자 한 조선어학회의 투쟁은 말글 투쟁으로 한정된다.
② 자주독립을 향한 한글학자들의 노력을 독립운동으로 기억해야 한다.
③ 우리말은 곧 우리 겨레가 가진 정신적 및 물리적 재산의 총 목록이다.
④ 민족의 독립을 위해 헌신하신 선열들의 높은 뜻을 기리고 보답해야 한다.
⑤ 민족을 지키고자 하면 우리말과 글을 지켜야 한다.

26 다음 글의 내용이 참일 때 항상 거짓인 것은?

현존하는 한국 범종 중에서 신라 범종이 으뜸이다. 신라 범종으로는 상원사 동종, 성덕대왕 신종, 용주사 범종이 있으며 모두 국보로 지정되어 있다. 이 가운데 에밀레종이라 알려진 성덕대왕 신종은 세계의 보배라 여겨진다. 그러나 이러한 평가는 미술이나 종교의 차원에 국한될 뿐, 에밀레종이 갖는 음향공학 차원의 가치는 간과되고 있다.

에밀레종을 포함한 한국 범종은 종신(鐘身)이 작고 종구(鐘口)가 벌어져 있는 서양 종보다 종신이 훨씬 크다는 점에서는 중국 범종과 유사하다. 또한 한국 범종은 높은 종탑에 매다는 서양 종과 달리 높지 않은 종각에 매단다는 점에서도 중국 범종과 비슷하다. 하지만 중국 범종은 종신의 중앙 부분에 비해 종구가 나팔처럼 벌어져 있는 반면, 한국 범종은 종구가 항아리처럼 오므라져 있다. 또한 한국 범종은 중국 범종에 비해 지상에 더 가까이 땅에 닿을 듯이 매단다.

나아가 한국 범종은 종신과 대칭 형태로 바닥에 커다란 반구형의 구덩이를 파두는데, 바로 여기에 에밀레종이나 여타 한국 범종의 숨은 진가가 있다. 한국 범종의 이러한 구조는 종소리의 조음에 영향을 미쳐 독특한 음향을 내게 한다. 이 구덩이는 100헤르츠 미만의 저주파 성분이 땅속으로 스며들게 하고, 커다란 울림통으로 작용하여 소리의 여운을 길게 한다.

땅속으로 음파를 밀어 넣어 주려면 뒤에서 받쳐 주는 지지대가 있어야 하는데, 한국 범종에서는 땅에 닿을 듯이 매달려 있는 거대한 종신이 바로 이 역할을 한다. 이를 음향공학에서는 뒷판이라 한다. 땅을 거쳐 나온 저주파 성분은 종신 꼭대기에 있는 음통관을 거쳐 나온 고주파 성분과 조화를 이루면서 인간이 듣기에 가장 적합한 소리, 곧 장중하고 그윽하며 은은히 울려 퍼지는 여음이 발생하는 것이다.

① 현존하는 한국 범종 중 세 개 이상이 국보로 지정되어 있다.
② 한국 범종과 중국 범종은 종신 중앙 부분의 지름이 종구의 지름보다 크다.
③ 한국 범종의 종신은 저주파 성분을 땅속으로 밀어 넣어주는 뒷판 역할을 한다.
④ 한국 범종의 독특한 소리는 종신과 대칭 형태로 파놓은 반구형의 구덩이와 관련이 있다.
⑤ 성덕대왕 신종의 여음은 음통관을 거쳐 나오는 소리와 땅을 거쳐 나오는 소리가 조화되어 만들어진다.

※ 다음 글을 읽고 추론한 것으로 적절한 것을 〈보기〉에서 모두 고르시오. **[27~28]**

27

우리는 사람의 인상에 대해서 "선하게 생겼다." 또는 "독하게 생겼다."라는 판단을 할 뿐만 아니라 사람의 인상을 중요시한다. 오래 전부터 사람의 얼굴을 보고 그 사람의 길흉을 판단하는 관상의 원리가 있었다. 관상의 원리를 어떻게 받아들여야 할까?

관상의 원리가 받아들일 만하다면, 얼굴이 검붉은 사람은 육체적 고생을 하기 마련이다. 그런데 우리는 주위에서 얼굴이 검붉지만 육체적 고생을 하지 않고 편하게 살아가는 사람을 얼마든지 볼 수 있다. 관상의 원리가 받아들일 만하다면, 우리가 사람의 얼굴에 대해서 갖는 인상이란 한갓 선입견에 불과한 것이 아니다. 사람의 인상이 평생에 걸쳐 고정되어 있다고 할 수 있는 경우에만 관상의 원리는 받아들일 만하다. 또한 관상의 원리가 받아들일 만하지 않다면, 관상의 원리에 대한 과학적 근거를 찾으려는 노력은 헛된 것이다. 실제로 많은 사람들이 관상의 원리가 과학적 근거를 가질 것이라고 기대한다. 그런데 우리는 자주 관상가의 판단이 받아들일 만하다고 느끼고, 그런 느낌 때문에 관상의 원리가 과학적 근거를 가질 것이라고 기대하는 것이다. 관상의 원리가 실제로 과학적 근거를 갖는지의 여부는 논외로 하더라도, 관상의 원리에 대하여 과학적 근거가 있을 것이라고 기대하는 사람은 관상의 원리에 의존하는 것이 우리의 삶에 위안을 주는 필요조건 중의 하나라고 믿는다.

――――――――〈보기〉――――――――

ㄱ. 관상의 원리는 받아들일 만한 것이 아니다.

ㄴ. 우리가 사람의 얼굴에 대해서 갖는 인상이란 선입견에 불과하다.

ㄷ. 관상의 원리에 대한 과학적 근거를 찾으려는 노력은 헛된 것이다.

① ㄱ   ② ㄴ

③ ㄱ, ㄴ   ④ ㄱ, ㄷ

⑤ ㄴ, ㄷ

28

박람회의 목적은 여러 가지가 있다. 박람회를 개최하려는 사람들은 우선 경제적인 효과를 따진다. 박람회는 주최하는 도시뿐 아니라 인접 지역, 크게는 국가적인 차원에서 경제 활성화의 자극이 된다. 박람회에서 전시되는 다양한 최신 제품들은 이러한 기회를 이용하여 소비자들에게 훨씬 가깝게 다가가게 되고, 판매에서도 큰 성장을 이룰 수 있다. 그 밖에도 박람회장 자체가 최신 유형의 건축물과 다양한 오락 시설을 설치하여 거의 이상적이면서 완벽한 모델도시를 보여줌으로써 국가적 우월성을 확보할 수 있다.

그러나 이러한 실질적이고 명목적인 이유들 외에도 박람회가 가지고 있는 사회적인 효과가 있다. 박람회장이 보여주는 이미지는 바로 '다양성'에 있다. 수많은 다양한 볼거리에서 사람들은 마법에 빠져든다. 그러나 보다 자세하게 그 다양성을 살펴보면 그것에는 결코 다양하지 않은 박람회 주최국가와 도시의 지도이념이 숨어 있음을 확인하게 된다. 박람회의 풍성한 진열품, 다양한 세계의 민족과 인종들은 주최국가의 의도를 표현하고 있다. 그런 의미에서 박람회는 그것이 가지고 있는 다양성에도 불구하고 결국은 주최국가와 도시의 인종관, 국가관, 세계관, 진보관이 하나로 뒤섞여서 나타나는 '이데올로기적 통일성'을 표현하는 또 다른 방식이라고 할 수 있다. 여기서 '이데올로기적 통일성'이라고 사용할 때 특히 의식적으로 나타내려는 바는, 한 국가가 국내외에서 자신의 의지를 표현하려고 할 때 구성하는 주요 성분들이다. 이는 '신념, 가치, 근심, 선입관, 반사작용'의 총합으로서 역사적인 시간에 따라 변동한다. 그러나 중요한 것은 당시의 '사회적 인식'을 기초로 해서 당시의 기득권 사회가 이를 그들의 합법적인 위치의 정당성과 권력을 위해 진행하고 있는 투쟁에서 의식적으로 조작된 정치적 무기로서 조직, 설립, 통제를 위한 수단으로 사용하고 있다는 점이다. 19 ~ 20세기의 박람회는 바로 그런 측면을 고스란히 가지고 있는 가장 대표적인 한 공간이었다.

〈보기〉

ㄱ. 글쓴이는 박람회의 경제적 효과뿐만 아니라 사회적 효과에도 주목하고 있다.
ㄴ. 정부는 박람회의 유치 및 운영을 통하여 노동, 이민, 인종 등에서 일어나는 불협화음을 조정하는 '헤게모니의 유지'를 관철시키려 한다.
ㄷ. 박람회는 한 집단의 사회적인 경험에 합법적인 정당성과 소명의식을 확보하기 위한 장치로서의 '상징적 우주(Symbolic Universe)'라고 할 수 있다.
ㄹ. 박람회는 지배계급과 피지배계급 간의 갈등을 다양한 볼거리 속에서 분산시켜, 노동계급에 속하는 사람들을 하나의 개인으로 '타자화(他者化)'하고 정책에 순응하게 하려는 전략의 산물이다.

① ㄱ
② ㄱ, ㄴ, ㄷ
③ ㄱ, ㄴ, ㄹ
④ ㄴ, ㄷ, ㄹ
⑤ ㄱ, ㄴ, ㄷ, ㄹ

29

인포그래픽은 복합적인 정보의 배열이나 정보 간의 관계를 시각적인 형태로 나타낸 것이다. 최근 인포그래픽에 대한 높은 관심은 시대의 변화와 관련이 있다. 정보가 넘쳐나고 정보에 주의를 지속하는 시간이 점차 짧아지면서, 효과적으로 정보를 전달할 수 있는 인포그래픽에 주목하게 된 것이다. 특히 소셜미디어의 등장은 정보 공유가 용이한 인포그래픽의 쓰임을 더욱 확대하였다.

비상구 표시등의 그래픽 기호처럼 시설이나 사물 등을 상징화하여 표시한 픽토그램은 인포그래픽과 유사하다. 그러나 픽토그램은 인포그래픽과 달리 복합적인 정보를 나타내기 어렵다. 예를 들어 컴퓨터를 나타낸 픽토그램은 컴퓨터 자체를 떠올리게 하지만, 인포그래픽으로는 컴퓨터의 작동 원리도 효과적으로 설명할 수 있다.

인포그래픽은 독자의 정보 처리 시간을 절감할 수 있다. 글에 드러난 정보를 파악하기 위해서는 문자 하나하나를 읽어야 하지만, 인포그래픽은 시각 이미지를 통해 한눈에 정보를 파악할 수 있다. 또한 인포그래픽은 독자의 관심을 끌 수 있다. 한 논문에 따르면, 인포그래픽은 독자들이 정보에 주목하는 정도를 높이는 효과가 있다고 한다.

시각적인 형태로 복합적인 정보를 나타냈다고 해서 다 좋은 인포그래픽은 아니다. 정보를 한눈에 파악하게 하는지, 단순한 형태와 색으로 구성됐는지, 최소한의 요소로 정보의 관계를 나타냈는지, 재미와 즐거움을 주는지를 기준으로 좋은 인포그래픽인지를 판단해 봐야 한다. 시각적 재미에만 치중한 인포그래픽은 정보 전달력을 떨어뜨릴 수 있다.

───────────〈보기〉───────────

○○학교 학생을 대상으로 설문 조사를 실시한 결과 학생의 90%가 교내 정보 알림판을 읽어 본 적이 없다고 답하였다. 학생들 대다수는 그 이유에 대하여 '알림판에 관심이 없기 때문'이라고 답했다. 이러한 문제를 해결하기 위해 김교사는 교내 정보 알림판을 인포그래픽으로 만들 것을 건의하였다.

① 김교사는 인포그래픽의 빠른 정보 전달 효과를 고려하였다.
② 김교사는 인포그래픽이 복합적인 정보를 나타낼 수 있다는 점을 고려하였다.
③ 김교사는 학생들의 주의 지속 시간이 짧다는 점을 고려하였다.
④ 김교사는 시각적 재미보다 정보 전달력을 더 고려하였다.
⑤ 김교사는 인포그래픽의 관심 유발 효과를 고려하였다.

30

바이러스는 생명체와 달리 세포가 아니기 때문에 스스로 생장이 불가능하다. 그래서 바이러스는 살아있는 숙주 세포에 기생하고, 그 안에서 증식함으로써 살아간다. 바이러스의 감염 가능 여부는 숙주 세포 수용체의 특성에 따라 결정되며, 우리 몸은 바이러스가 감염되는 다양한 과정을 통해 지속감염이 일어나기도 하고 급성감염이 일어나기도 한다. 급성감염은 일반적으로 짧은 기간 안에 일어나는데, 바이러스는 감염된 숙주 세포를 증식 과정에서 죽이고 바이러스가 또 다른 숙주 세포에서 증식하며 질병을 일으킨다. 시간이 흐르면서 체내의 방어 체계에 의해 바이러스를 제거해 나가면 체내에는 더 이상 바이러스가 남아 있지 않게 된다. 반면 지속감염은 급성감염에 비해 상대적으로 오랜 기간 동안 바이러스가 체내에 잔류한다. 지속감염에서는 바이러스가 장기간 숙주 세포를 파괴하지 않으면서도 체내의 방어 체계를 회피하며 생존한다. 지속감염은 바이러스의 발현 양상에 따라 잠복감염과 만성감염, 지연감염으로 나뉜다. 잠복감염은 초기 감염으로 증상이 나타난 후 한동안 증상이 사라졌다가 특정 조건에서 바이러스가 재활성화되어 증상을 다시 동반한다. 이때 같은 바이러스에 의한 것임에도 첫 번째와 두 번째 질병이 다르게 발현되기도 한다. 잠복감염은 질병이 재발하기까지 바이러스가 감염성을 띠지 않고 잠복하게 되는데, 이러한 상태의 바이러스를 프로바이러스라고 부른다. 만성감염은 감염성 바이러스가 숙주로부터 계속 배출되어 항상 검출되고 다른 사람에게 옮길 수 있는 감염 상태이다. 하지만 사람에 따라서 질병이 발현되거나 되지 않기도 하며 때로는 뒤늦게 발현될 수도 있다는 특성이 있다. 지연감염은 초기 감염 후 특별한 증상이 나타나지 않다가, 장기간에 걸쳐 감염성 바이러스의 수가 점진적으로 증가하여 반드시 특정 질병을 유발하는 특성이 있다.

〈보기〉

C형 간염 바이러스(HCV)에 감염된 환자의 약 80%는 해당 바이러스를 보유하고도 증세가 나타나지 않아 감염 여부를 인지하지 못하다가 나중에 나타난 증세를 통해 알게 되기도 한다. 감염 환자의 약 20%는 간에 염증이 나타나고 이에 따른 합병증이 나타나기도 한다.

① C형 간염 바이러스에 감염된 사람은 간에 염증이 나타나지 않는다면 바이러스가 검출되지 않을 것이다.
② C형 간염 바이러스에 감염된 사람은 증세가 사라지더라도 특정 조건에서 다시 바이러스가 재활성화될 수 있다.
③ C형 간염 바이러스에 감염된 사람은 일정 연령이 되면 반드시 간 염증과 그에 따른 합병증이 나타날 것이다.
④ C형 간염 바이러스에 감염되었으나 간에 염증이 나타나지 않은 사람이라면 C형 간염 프로바이러스를 보유하고 있을 것이다.
⑤ C형 간염 바이러스에 감염된 사람은 합병증이 나타나지 않더라도 다른 사람에게 바이러스를 옮길 수 있을 것이다.

01 수술실 내 멸균상황에 대한 설명으로 가장 적절한 것은?

① 수술 시 사용하지 않은 소독 방포는 멸균포에 싸서 다시 사용한다.

② 수술의사는 손 소독 후 장갑이 찢어져도 무난하다.

③ 수술 중 소독간호사의 팔이 순환간호사의 옷에 닿았더라도 큰 문제는 없다.

④ 손 소독 후에는 손을 팔꿈치보다 높게 든다.

⑤ 멸균통 뚜껑 안쪽이 위로 향하게 들고 멸균 이동감자로 꺼낸다.

02 심장모니터링을 하고 있는 환자에게 심실조기수축이 발견되어 리도카인을 투여하였다. 다음 중 그 목적으로 가장 적절한 것은?

① 심근작용 증진   ② 심박동수 증가

③ 환자의 안정   ④ 심실세동 방지

⑤ 심방성 조기수축 방지

03 다음 중 백혈병의 증상과 징후에 해당하지 않는 것은?

① 피부의 점막 출혈   ② 만성피로감

③ 전신의 림프절 종대   ④ 뼈의 통증

⑤ 정상 백혈구의 증가

04 응급환자 발생시 응급처치로 옳지 않은 것은?

① 환자를 따뜻하게 보온한다.

② 들 것이나 구급차 이동시 세심한 주의를 해야 한다.

③ 출혈에 대한 처치를 한다.

④ 쇼크 의심시 뇌로 가는 혈량을 증가시키기 위해 머리와 가슴을 다리보다 낮게 한다.

⑤ 기도를 확보한다.

05 다음 중 대한민국 정부수립과 함께 1948년에 일어난 일로 옳은 것을 모두 고르면?

㉠ ICN 정회원국 인정 ㉡ 국군 간호장교단 조직
㉢ 간호사업과 설치 ㉣ ICN 최초 한국대표 파견

---

① ㉠, ㉡, ㉢ ② ㉠, ㉢
③ ㉡, ㉣ ④ ㉣
⑤ ㉠, ㉡, ㉢, ㉣

06 다음 중 입원환자의 불안과 공포를 예방하고 경감시키는 방법으로 옳은 것을 모두 고르면?

㉠ 적당한 운동과 오락에 참여한다.
㉡ 실시해야 할 검사 또는 치료방법에 대해 설명해준다.
㉢ 소아인 경우 익숙한 장난감 등을 갖게 하여 낯선 환경에 대한 적응을 돕는다.
㉣ 환자의 사생활 보장을 위해 환자의 가족에게 환자상태에 관한 정보를 비밀로 한다.

---

① ㉠, ㉡, ㉢ ② ㉠, ㉢
③ ㉡, ㉣ ④ ㉣
⑤ ㉠, ㉡, ㉢, ㉣

07 다음 중 3점 보행에 대한 내용으로 적절한 것을 모두 고르면?

㉠ 양측 하지에 체중부하가 가능한 환자에게 적용한다.
㉡ 한쪽 다리에 체중부하를 못하고 다른 쪽 다리에 체중부하가 가능한 환자에게 적용한다.
㉢ 오른쪽 목발과 왼쪽 다리가 나가고 왼쪽 목발, 오른쪽 다리의 순서로 걷는다.
㉣ 양쪽 목발로 허약한 다리를 지지하면서 동시에 나가고 그 뒤로 건강한 다리가 나간다.

---

① ㉠, ㉡, ㉢ ② ㉠, ㉢
③ ㉡, ㉣ ④ ㉣
⑤ ㉠, ㉡, ㉢, ㉣

08 대퇴경부 골절로 내부 고정한 환자의 양다리 사이에 베개를 놓는 이유는?

① 무릎을 굴곡시키기 위해
② 대퇴를 외전시키기 위해
③ 고관절의 내회전을 예방하기 위해
④ 무릎을 과도신전시키기 위해
⑤ 고관절을 굴곡시키기 위해

09 임부의 철분결핍성 빈혈의 기준으로 옳은 것은?

① Hb 5gmE/100cc 이하, Hct 20% 이하
② Hb 5gmE/100cc 이하, Hct 30% 이하
③ Hb 10gmE/100cc 이하, Hct 30% 이하
④ Hb 10gmE/100cc 이하, Hct 40% 이하
⑤ Hb 15gmE/100cc 이하, Hct 40% 이하

10 다음 중 아동이 입원 시 건강력에 포함되지 않는 것은?

① 출생력(산후) – 수유량
② 출생력(산전) – 분만특성
③ 가족력 – 가계성
④ 현재병력 – 발병시기
⑤ 발달력 – 영양, 수면

11 화상환자의 응급처치로 가장 적절한 것은?

① 1도 화상은 모르핀이나 데메롤을 사용하여 통증을 조절한다.
② 중증화상인 경우 즉시 찬물로 세척하거나 냉찜질한다.
③ 화상물집은 빨리 터뜨리고, 청결한 거즈 등을 사용하여 덮는다.
④ 화공약품에 의한 화상일 경우, 장시간(최소 한 시간) 접촉부위 환부를 씻어낸다.
⑤ 안면화상인 경우, 환자가 움직이지 않도록 바른 자세로 눕혀 운반한다.

12 수술 후 정맥혈전증을 예방하는 방법으로 가장 적절한 것은?

① 수술 전과 후에 탄력붕대를 착용한다.
② 부종이 생길 수 있으므로 물을 가능한 적게 섭취한다.
③ 밴드 스타킹이나 코르셋 등을 착용한다.
④ 수술 후 가능한 침상에서 움직이지 않는다.
⑤ 찬 수건을 다리에 대어 준다.

13 무과립세포증 환자의 간호로 가장 적절한 것은?

① 방문객을 제한한다.
② 병실에 꽃이나 화분을 놓는다.
③ 고단백, 고비타민, 저탄수화물 식이를 한다.
④ 변비예방을 위해 관장을 한다.
⑤ 하루에 2,500ml 이상의 수분은 섭취하지 않는다.

14 다음 중 파킨슨병 환자의 간호계획으로 적절한 것을 모두 고르면?

㉠ 약물요법	㉡ 보행훈련
㉢ 일상생활	㉣ 활동제한

① ㉠, ㉡, ㉢   ② ㉠, ㉢
③ ㉡, ㉣   ④ ㉣
⑤ ㉠, ㉡, ㉢, ㉣

15 다음 중 재태기간 35주 체중 1,400g으로 태어난 신생아 분류로 옳은 것을 모두 고르면?

㉠ 극소 저체중아	㉡ 저체중아
㉢ 조산아	㉣ 과숙아

① ㉠, ㉡, ㉢   ② ㉠, ㉢
③ ㉡, ㉣   ④ ㉣
⑤ ㉠, ㉡, ㉢, ㉣

16 생후 2년 된 아기가 유문협착증으로 입원했다. 간호사가 사정할 수 없는 것은?

① 혈변
② 탈수상태
③ 구토의 양
④ 불안정
⑤ 변비

17 다음 중 류마티스성 관절염의 재활간호로 적절한 것을 모두 고르면?

┌───┐
│ ㉠ 염증제거를 위해 관절강 내 스테로이드제 주사   │
│ ㉡ 통증과 염증으로 인한 부종 감소 위해 아스피린 투여   │
│ ㉢ 관절보호를 위하여 손바닥 등 크고 강한 근육의 사용   │
│ ㉣ 급성기에는 절대안정으로 관절 휴식 및 보호   │
└───┘

① ㉠, ㉡, ㉢
② ㉠, ㉢
③ ㉡, ㉣
④ ㉣
⑤ ㉠, ㉡, ㉢, ㉣

18 인공호흡기를 하고 있는 환자의 간호중재에 대한 설명으로 적절하지 않은 것은?

① 흡인 전과 후는 반드시 고농도의 산소를 투여한다.
② 머리를 약간 낮추고, 좌우 측위를 취해주는 것이 좋다.
③ 환자의 인공호흡기의 작동상태를 관찰한다.
④ 기구는 멸균소독하고, 손을 만져 주는 등의 접촉은 피한다.
⑤ 근위축을 방지하기 위해 사지 운동을 한다.

19 구내염 환자의 간호중재에 대한 설명으로 적절하지 않은 것은?

① 여성에게 더 흔하다.
② 감염성이 강하다.
③ 심한 통증이 있다.
④ 바이러스 감염이 원인이 된다.
⑤ 음식물 씹기와 발음이 힘들어진다.

20 신장생검 후 간호로 적절하지 않은 것은?

① 소변 색깔을 관찰하고 24시간 소변 수집을 한다.

② 신장생검 후 15분마다 2회, 30분마다 4회, 1시간마다 6회 활력징후를 측정한다.

③ 생검 후 24시간 동안 옆구리 통증과 발한이 있다.

④ 적어도 2주 동안 무거운 것을 들지 않는다.

⑤ 검사 후 출혈 감소를 위해 복와위로 8시간 이상 안정을 취한다.

21 다음 중 우울상태에 대한 설명으로 적절한 것을 모두 고르면?

㉠ 자신감, 과다행동	㉡ 불안감, 초조감
㉢ 식욕 증진, 현저한 체중 증가	㉣ 죄책감, 자기비하

① ㉠, ㉡, ㉢   ② ㉠, ㉢

③ ㉡, ㉣   ④ ㉣

⑤ ㉠, ㉡, ㉢, ㉣

22 우리나라의 의료보장 범위에 대한 설명으로 적절하지 않은 것은?

① 사회보험 형태의 의료보험을 포함한다.

② 공공 부조 형태의 의료보호를 포함한다.

③ 산업재해에 대한 보상보험을 포함한다.

④ 질병으로 인한 생활비 보장을 포함한다.

⑤ 국가유공자의 원호를 포함한다.

23 신장이식 수술 후 주의해서 관찰해야 할 사항으로 가장 중요한 것은?

① 소변량 감소　　　　　　　　② 소변량 증가
③ 발열　　　　　　　　　　　　④ 혈뇨
⑤ 마비성 장폐색

24 요추간판 파열환자의 특징적 임상증상은?

① 허리 아랫부분에 통증이 오며 이 통증은 하지로 점차 방사되어 나타난다.
② 칼로 베는 듯한 통증이 허리에 오며 호흡에 영향을 미친다.
③ 늑골하부에 동통이 오며 그 동통은 허리 전체와 견갑골 부위에 퍼진다.
④ 전반적으로 두통과 요통이 온다.
⑤ 하지의 강직이 온다.

25 구조적 척추측만증 대상자의 증상으로 옳지 않은 것은?

① 복위를 취하면 측만증이 없어진다.
② 서 있을 때 견갑골 위치가 다르다.
③ 골반의 경사가 비대칭이다.
④ 만곡도가 심한 경우 숨쉬기가 불편하다.
⑤ 허리를 앞으로 구부리면 흉곽의 높이가 비대칭이다.

26 폐경 후 여성에게서 나타날 수 있는 소견은?

① 에스트로겐 증가　　　　　　② 골밀도 증가
③ 프로게스테론 증가　　　　　④ 고밀도지질단백질 감소
⑤ 난포자극호르몬 감소

27 다음 중 부모에게 교육할 올바른 신생아 목욕방법은?

① 하루에 2~3회 씻긴다.
② 생식기를 먼저 씻긴다.
③ 30분 이상 충분히 씻긴다.
④ 피부의 산성막을 보호하기 위해 가능한 물로 씻긴다.
⑤ 신생아용 알칼리 비누로 씻긴다.

28 영아의 대상영속성을 높이는 데 도움이 되는 놀이방법은?

① 고무찰흙으로 다양한 모양을 만들게 한다.
② 모양블록 끼워넣기 놀이를 한다.
③ 소리 나는 장난감을 가지고 놀게 한다.
④ 수건을 사용하여 까꿍놀이를 한다.
⑤ 공을 굴려서 잡는 놀이를 한다.

29 우리나라의 사회보장 형태 중 공공부조에 해당하는 서비스는 무엇인가?

① 장애인복지서비스 ② 노인장기요양보험
③ 연금보험 ④ 산재보험
⑤ 의료급여

30 치료적 관계의 단계 중, 대상자와 간호사 모두 이별로 인한 상실을 극복하는 과정을 학습하며, 이때 부정적인 경험을 한 대상자의 경우 퇴행이 나타날 수 있는 단계는?

① 오리엔테이션 단계 ② 활동단계
③ 종결단계 ④ 초기 단계
⑤ 상호작용 전 단계

제4회
삼성병원 간호사
GSAT

www.sdedu.co.kr

〈문항 및 시험시간〉

평가영역	문항 수	시험시간	비고	도서 동형 온라인 실전연습 서비스 쿠폰번호
수리논리	20문항	30분		
추리	30문항	30분	객관식 5지선다형	AOGR-00000-61CAA
직무상식	30문항	30분		

제4회 모의고사

문항 수 : 80문항	
시험시간 : 90분	

제**1**영역 **수리논리**

01 10% 설탕물 480g에 20% 설탕물 120g을 섞었다. 이 설탕물에서 한 컵의 설탕물을 퍼내고, 퍼낸 설탕물의 양만큼 다시 물을 부었더니 11%의 설탕물 600g이 되었다. 이때 컵으로 퍼낸 설탕물의 양은?

① 30g
② 50g
③ 60g
④ 90g
⑤ 100g

02 A계열사와 B계열사의 제품 생산량의 비율은 3 : 7이고, 각각 불량률은 2%, 3%이다. 신제품 생산을 위해서 부품을 선정하여 불량품이 나왔을 때, 그 불량품이 B계열사의 불량품일 확률은 얼마인가?

① $\dfrac{13}{21}$
② $\dfrac{7}{8}$
③ $\dfrac{7}{9}$
④ $\dfrac{13}{15}$
⑤ $\dfrac{15}{17}$

03 다음은 KTX 여객 수송 동향을 나타낸 자료이다. 이에 대한 설명으로 적절하지 않은 것은?

<KTX 여객 수송 동향>

(단위 : 천 명, %)

구분		2013년	2014년	2015년	2016년	2017년	2018년	2019년	2020년	2021년	2022년
여객 수 합계		36,490	37,284	38,015	37,394	41,303	50,309	52,802	54,829	56,916	60,407
이용률		75	75	73	72	81	95	95	91	98	97
경부선	여객 수	30,191	30,979	31,533	31,010	34,342	39,060	39,896	42,005	43,621	41,601
	이용률	83	82	79	78	87	103	101	96	103	102
호남선	여객 수	6,299	6,305	6,482	6,384	6,842	7,313	6,967	6,873	6,626	8,661
	이용률	52	52	53	52	60	67	68	70	72	78
경전선	여객 수	–	–	–	–	118	3,627	4,168	4,088	4,424	4,606
	이용률	–	–	–	–	107	104	102	97	101	106
전라선	여객 수	–	–	–	–	–	309	1,771	1,954	2,244	3,142
	이용률	–	–	–	–	–	101	99	91	95	88
동해선	여객 수	–	–	–	–	–	–	–	–	–	2,395
	이용률	–	–	–	–	–	–	–	–	–	94

※ (이용률)$=\dfrac{(여객\ 수)}{(공급좌석\ 수)} \times 100$

① 연도별 KTX 여객 수는 2016년 이후 지속적으로 증가했다.
② 2013 ~ 2022년 10년간 KTX 좌석 이용률 평균은 약 85%이다.
③ 2022년 경전선의 공급좌석 수는 전년에 비해 증가하였다.
④ 전라선은 2018년 개통 이후 공급좌석 수와 여객 수 모두 매년 증가하였다.
⑤ 2021년 경부선과 경전선의 여객 수가 공급좌석 수보다 더 많았다.

04 다음은 A국의 2022년 공항 운항 현황을 나타낸 자료이다. 이에 대한 설명 중 가장 적절한 것은?

〈운항 횟수 상위 5개 공항〉

(단위 : 회)

국내선			국제선		
순위	공항	운항 횟수	순위	공항	운항 횟수
1	AJ	65,838	1	IC	273,866
2	KP	56,309	2	KH	39,235
3	KH	20,062	3	KP	18,643
4	KJ	5,638	4	AJ	13,311
5	TG	5,321	5	CJ	3,567
A국 전체		167,040	A국 전체		353,272

※ 일부 공항은 국내선만 운항함

〈전년 대비 운항 횟수 증가율 상위 5개 공항〉

(단위 : %)

국내선			국제선		
순위	공항	증가율	순위	공항	증가율
1	MA	229.0	1	TG	55.8
2	CJ	23.0	2	AJ	25.3
3	IC	17.3	3	KH	15.1
4	TA	16.1	4	KP	5.6
5	AJ	11.2	5	IC	5.5

① 2022년 국제선 운항 공항 수는 8개 이상이다.

② 2022년 KP공항의 운항 횟수는 국제선이 국내선의 $\frac{1}{3}$ 이상이다.

③ 전년 대비 국내선 운항 횟수가 가장 많이 증가한 공항은 MA공항이다.

④ 국내선 운항 횟수 상위 5개 공항의 국내선 운항 횟수 합은 전체 국내선 운항 횟수의 90% 미만이다.

⑤ 국내선 운항 횟수와 전년 대비 국내선 운항 횟수 증가율 모두 상위 5개 안에 포함된 공항은 AJ공항이 유일하다.

05 다음은 1인 1일 스팸 수신량에 관한 자료이다. 이 그래프에 대한 설명으로 적절하지 않은 것은?

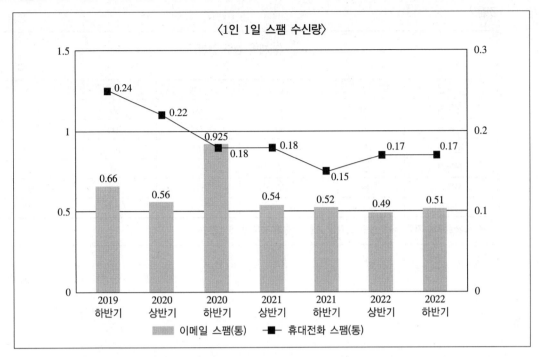

① 이메일과 휴대전화 모두 스팸 수신량이 가장 높은 시기는 2020년 하반기이다.

② 이메일 스팸 수신량이 휴대전화 스팸 수신량보다 항상 많다.

③ 그래프의 증감 추이로 봤을 때, 이메일과 휴대전화 스팸 수신량 사이에 밀접한 관련이 있다고 보기 어렵다.

④ 이메일 스팸 총수신량의 평균은 휴대전화 스팸 총수신량 평균의 3배 이상이다.

⑤ 우리나라 평균 컴퓨터 사용량과 이메일 스팸 수신량이 정비례 관계에 있다고 한다면, 2020년 하반기 우리나라 평균 컴퓨터 사용량이 제일 높았을 것이다.

06 다음은 A ~ E과제에 대해 전문가 6명이 평가한 점수이다. 최종점수와 평균점수가 같은 과제로만 짝지어진 것은?

〈과제별 점수 현황〉

(단위 : 점)

구분	A	B	C	D	E
전문가 1	100	80	60	80	100
전문가 2	70	60	50	100	40
전문가 3	60	40	100	90	( )
전문가 4	50	60	90	70	70
전문가 5	80	60	60	40	80
평균점수	( )	( )	( )	( )	70

※ 최종점수는 가장 낮은 점수와 가장 높은 점수를 제외한 평균점수이다.

① A, B
② B, C
③ B, D
④ B, E
⑤ D, E

07 다음은 학년별 온라인수업 수강방법에 대한 자료이다. 이에 대한 설명으로 적절한 것을 〈보기〉에서 모두 고르면?

〈학년별 온라인수업 수강방법〉

(단위 : %)

구분		스마트폰	태블릿PC	노트북	PC
학년	초등학생	7.2	15.9	34.4	42.5
	중학생	5.5	19.9	36.8	37.8
	고등학생	3.1	28.5	38.2	30.2
성별	남학생	10.8	28.1	30.9	30.2
	여학생	3.8	11.7	39.1	45.4

─〈보기〉─

㉠ 초등학생에서 중학생, 고등학생으로 올라갈수록 스마트폰과 PC의 이용률은 감소하고, 태블릿PC와 노트북의 이용률은 증가한다.
㉡ 초·중·고등학생의 노트북과 PC의 이용률의 차이는 고등학생이 가장 작다.
㉢ 태블릿PC의 남학생·여학생 이용률의 차이는 노트북의 남학생·여학생 이용률의 2배이다.

① ㉠,
② ㉠, ㉡
③ ㉠, ㉢
④ ㉡, ㉢
⑤ ㉠, ㉡, ㉢

08 다음은 A방송사의 매출액 추이를 나타낸 자료이다. 이에 대한 〈보기〉의 대화 중 적절하게 분석한 사람을 모두 고르면?

〈A방송사 매출액 추이〉

(단위 : 천만 원)

구분		2018년	2019년	2020년	2021년	2022년
방송사업 매출액	방송수신료	5,645	5,717	5,452	5,325	5,487
	광고	21,990	21,437	23,825	22,785	22,186
	협찬	3,154	3,085	3,306	3,142	3,145
	프로그램 판매	1,202	1,195	1,294	1,322	1,299
	기타 방송사업	1,961	2,145	2,097	2,018	2,012
기타 사업		4,204	4,219	4,275	4,224	4,281
합계		76,312	75,596	80,498	77,632	76,820

〈보기〉

지환 : 방송수신료 매출액의 증감 추이와 반대되는 추이를 보이는 항목이 존재해.

소영 : 5년 동안 모든 항목의 최대와 최소 매출액 차이는 10억 원 이상의 변동폭을 보였어.

동현 : 5년간 각 항목의 매출액 순위는 변동 없이 동일했구나.

세미 : 2018년과 비교했을 때 2022년에 매출액이 상승하지 않은 항목은 2개뿐이군.

① 지환, 소영　　　　　　　　　　② 소영, 세미

③ 지환, 세미, 소영　　　　　　　　④ 지환, 동현, 세미

⑤ 지환, 소영, 동현, 세미

09 다음은 연령대별 삶의 만족도에 대해 조사한 자료이다. 이에 대한 설명으로 적절한 것을 〈보기〉에서 모두 고르면?

〈연령대별 삶의 만족도〉

(단위 : %)

구분	매우만족	만족	보통	불만족	매우불만족
10대	8	11	34	28	19
20대	3	13	39	28	17
30대	5	10	36	39	10
40대	11	17	48	16	8
50대	14	18	42	23	3

※ 긍정적인 답변 : 매우만족, 만족, 보통
※ 부정적인 답변 : 불만족, 매우불만족

〈보기〉

㉠ 연령대가 높아질수록 '매우불만족'이라고 응답한 비율은 낮아진다.
㉡ 모든 연령대에서 '매우만족'과 '만족'이라고 응답한 비율이 가장 낮은 연령대는 20대이다.
㉢ 모든 연령대에서 긍정적인 답변을 한 비율은 50% 이상이다.
㉣ 50대에서 '불만족' 또는 '매우불만족'이라고 응답한 비율은 '만족' 또는 '매우만족'이라고 응답한 비율의 80% 이하이다.

① ㉠, ㉢
② ㉠, ㉣
③ ㉡, ㉢
④ ㉡, ㉣
⑤ ㉢, ㉣

10 다음은 2022년 4월 기준 의료인력 코로나19 주요 감염 경로에 대한 자료이다. 이에 대한 설명으로 적절하지 않은 것을 〈보기〉에서 모두 고르면?

〈의료인력 코로나19 주요 감염 경로(2022년 4월 기준)〉

(단위 : 명)

구분		계	의사	간호인력	기타
총계		241	25	190	26
의료 관련 감염	확진자 진료	–	–	–	–
	선별 진료	3	1	2	–
	일반진료 중 감염	66	6	57	3
	원내 집단발생 등	32	4	23	5
지역사회감염 등		101	7	76	18
감염경로불명 등		26	5	21	–
조사 중		13	2	11	–

〈보기〉

ㄱ. 감염된 전체 인력 중 의사의 수는 감염된 전체 간호인력 수의 15% 이상이다.

ㄴ. 일반진료 중 감염된 인원수 중 간호인력이 차지하는 비율은 원내 집단발생 등에 따른 감염 인원 중 간호인력이 차지하는 비율보다 높다.

ㄷ. 감염된 간호인력 중 감염경로 불명 등으로 감염된 인원의 수는 지역사회감염 등에 따라 감염된 인원의 수의 30% 이상이다.

ㄹ. 전체 감염 의료인력 중 기타 인원이 차지하는 비중은 지역사회감염 등에 따라 감염된 인원 중 기타 인원이 차지하는 비중보다 낮다.

① ㄱ, ㄴ
② ㄱ, ㄷ
③ ㄴ, ㄷ
④ ㄴ, ㄹ
⑤ ㄷ, ㄹ

11 다음은 국내 이민자의 경제활동인구에 대한 자료이다. 이에 대한 설명으로 적절한 것을 모두 고르면?

〈국내 이민자 경제활동인구〉

(단위 : 천 명)

구분	이민자			국내 인구수
	외국인		귀화허가자	
	남성	여성		
15세 이상 인구수	695.7	529.6	52.7	43,735
경제활동 인구수	576.1	292.6	35.6	27,828
취업자 수	560.5	273.7	33.8	26,824
실업자 수	15.6	18.8	1.8	1,003
비경제활동 인구수	119.5	237.0	17.1	15,907
경제활동 참가율(%)	82.8	55.2	67.6	63.6

㉠ 15세 이상 국내 인구수 중 이민자가 차지하는 비율은 4% 이상이다.
㉡ 15세 이상 외국인 중 실업자의 비율이 귀화허가자 중 실업자의 비율보다 낮다.
㉢ 외국인 취업자의 수는 귀화허가자 취업자 수의 20배 이상이다.
㉣ 외국인 여성의 경제활동 참가율이 국내 인구수 중 여성의 경제활동 참가율보다 낮다.

① ㉠, ㉡
② ㉠, ㉢
③ ㉡, ㉢
④ ㉠, ㉢, ㉣
⑤ ㉡, ㉢, ㉣

12 다음은 6대 광역시의 평균 학자금 대출 신청건수 및 평균 대출금액에 대한 자료이다. 이에 대한 설명으로 적절하지 않은 것은?

〈6대 광역시의 평균 학자금 대출 신청건수 및 금액〉

구분	2021년		2022년	
	대출 신청건수(건)	평균 대출금액(만 원)	대출 신청건수(건)	평균 대출금액(만 원)
대구	1,921	558	2,320	688
인천	2,760	640	3,588	775
부산	2,195	572	2,468	644
대전	1,148	235	1,543	376
광주	1,632	284	1,927	317
울산	1,224	303	1,482	338

① 학자금 대출 신청건수가 가장 많은 지역은 2021년과 2022년이 동일하다.
② 2022년 학자금 총 대출금액은 대구가 부산보다 많다.
③ 대전의 2022년 학자금 평균 대출금액은 전년대비 1.6배 증가하였다.
④ 2022년 총 학자금 대출 신청건수는 2021년 대비 20.5% 증가하였다.
⑤ 2021년 전체학자금 대출 신청건수 중 광주 지역이 차지하는 비율은 15%이다.

※ 다음은 1980년대부터 2020년대까지 연예·방송관련 직업의 연도별 평균데뷔나이를 조사한 자료이다. 자료를 보고 이어지는 질문에 답하시오. **[13~14]**

〈연도별 연예·방송관련 직업의 평균데뷔나이〉

(단위 : 세)

구분		1980년대	1990년대	2000년대	2010년대	2020년대
가수	남성	26	28	25	22	18
	여성	18	20	19	20	21
배우	남성	20	23	24	26	25
	여성	18	22	25	26	28
모델	남성	25	27	26	25	28
	여성	20	21	20	24	23
아나운서	남성	27	29	28	32	30
	여성	26	25	26	27	26
개그맨	남성	27	28	25	30	31
	여성	24	26	27	25	26

※ 단순평균 평균데뷔나이는 해당되는 수치를 모두 합한 값을 수치의 개수로 나눈 나이이다.

13 다음 중 자료에 대한 설명으로 적절하지 않은 것은?

① 남성가수의 평균데뷔나이는 1990년대 가장 높다.
② 배우의 단순평균 평균데뷔나이는 매년 높아지고 있다.
③ 남성모델의 평균데뷔나이는 25세 이상이고, 여성모델의 평균데뷔나이는 25세 미만이다.
④ 남자개그맨의 평균데뷔나이가 가장 낮은 해는 여자개그맨의 평균데뷔나이가 가장 높다.
⑤ 여자모델의 2000년대 대비 2020년대의 평균데뷔나이 증가율은 여자배우보다 낮다.

14 다음 중 자료에 대한 설명으로 가장 적절한 것은?

① 여성배우의 평균데뷔나이가 남성배우보다 높은 연도는 2000년대뿐이다.
② 연예·방송관련 직업군 중 2010년대 ~ 2020년대에 남자 평균데뷔나이가 30대 이상인 직업은 아나운서뿐이다.
③ 여자가수의 1980년대부터 2020년대의 단순평균 평균데뷔나이는 20세 미만이다.
④ 1980년대 대비 2020년대 평균데뷔나이 증가율은 남자모델이 여자모델보다 높다.
⑤ 2000년대 남자 평균데뷔나이가 가장 높은 직업과 여자 평균데뷔나이가 가장 높은 직업은 동일하다.

※ 다음은 코로나19 치료제 A와 B의 효과율을 조사한 자료이다. 자료를 보고 이어지는 질문에 답하시오.
[15~16]

〈코로나19 치료제 A 효과율〉

구분	경증환자	중증환자	위중환자
20대	6%	31%	87%
30대	8%	34%	84%
40대	7%	35%	78%
50대	9%	33%	64%
60대	7%	36%	50%

〈코로나19 치료제 B 효과율〉

구분	경증환자	중증환자	위중환자
20대	11%	28%	75%
30대	12%	25%	77%
40대	10%	27%	80%
50대	14%	22%	78%
60대	13%	24%	75%

※ 단순평균 효과율은 해당되는 수치를 모두 합한 값을 수치의 개수로 나눈 값이다.

15 다음 중 자료를 설명한 내용으로 적절하지 않은 것은?

① 위중환자 치료에 치료제 A 효과율은 연령대가 높아질수록 낮아진다.
② 치료제 A의 중증환자 효과율은 30% 이상이고, 치료제 B의 중증환자 효과율은 30% 이하이다.
③ 60대 중증환자에게 사용한 치료제 B의 효과율은 위중환자에게 사용한 치료제 B의 효과율의 30% 이상이다.
④ 위중환자에게 사용한 치료제는 A보다 B가 더 효과적이다.
⑤ 치료제 B의 위중환자 단순평균 효과율과 치료제 A의 위중환자 단순평균 효과율의 차이는 5%p 미만이다.

16 다음 중 자료를 설명한 내용으로 적절하지 않은 것은?

① 경증환자는 연령에 관계없이 치료제 A보다 B를 접종하는 것이 더 좋다.
② 경증환자 중 치료제 A와 B의 효과율의 차이가 가장 큰 연령대는 60대이다.
③ 치료제 B의 효과율이 가장 낮은 경증환자 연령대와 가장 높은 위중환자 연령대는 동일하다.
④ 60대 경증환자에 사용한 치료제 A의 효과율은 위중환자의 효과율의 14%이다.
⑤ 20대 위중환자 치료에 사용한 치료제 A의 효과율은 B의 1.2배이다.

※ 다음은 2012년과 2022년의 사교육 현황을 조사한 자료이다. 자료를 보고 이어지는 질문에 답하시오.
 [17~18]

〈2012년, 2022년 학년별 사교육 현황〉

(단위 : %)

구분	유치원생		초등학생		중학생		고등학생	
	2012	2022	2012	2022	2012	2022	2012	2022
입시	8	9.8	48	60	56	77	64	86.4
어학원	6	9.6	26	35	16	11	14	6
운동	50	58	65	52	44	28	28	16
음악	68	42	55	33	12	19	8	5.5
미술	21	28	27	22	2.6	3.4	11	12.2
연기	1.5	1.8	2.4	1.8	0.4	5.2	4.2	18.2
요리	0.2	0.6	4.2	3.5	0.2	14.5	2.1	5.2

※ 교육은 중복 수강이 가능하다.

17 다음 중 자료에 대한 설명으로 가장 적절한 것은?

① 2012년 대비 2022년 입시 교육 증가율은 중학생이 고등학생보다 3%p 더 높다.

② 2022년 입시 교육을 받는 초등학생은 2012년보다 증가하였다.

③ 2012년 초등학생 중 운동과 음악을 중복하여 수강하는 학생 수는 최소 10%이다.

④ 2012년 대비 2022년 어학원을 수강하는 비율은 모든 학년에서 증가하였다.

⑤ 2012년 초등학생 응답자가 250명이고, 운동과 미술은 다른 교육과 중복하여 수강하지 않았다고 할 때, 응답자 중 운동과 미술을 수강하지 않은 초등학생은 20명이다.

18 다음 중 자료에 대한 설명으로 가장 적절한 것은?

① 2012년과 2022년의 입시교육 비율 차는 중학생이 초등학생의 1.5배이다.

② 유치원생의 2012년 대비 2022년의 어학원수강 증가율은 70% 이상이다.

③ 2012년 대비 2022년 초등학생의 사교육 비율은 입시를 제외하고 모두 감소하였다.

④ 2012년과 2022년의 운동 수강 비율을 학년별로 높은 순서대로 나열하면 동일하다.

⑤ 2012년 대비 2022년 고등학생의 사교육 중 수강비율이 증가한 것은 4가지이다.

19 다음은 강원도에서 실시하는 시·군별 출산축하 지원금을 자녀 수에 따라 나타낸 표이다. 이 자료를 바르게 나타낸 그래프는?(단, 그래프 단위는 '만 원'이다)

〈시·군별 출산축하 지원금〉

(단위 : 만 원)

구분	첫째	둘째	셋째	넷째	다섯째
춘천	50	70	100	100	100
원주	30	50	100	100	100
강릉	10	30	50	100	100
동해	0	60	120	120	120
태백	50	100	360	360	360
속초	50	70	100	200	200
삼척	100	150	200	200	200
홍천	0	50	150	150	150
횡성	20	100	1,080	1,080	1,080
영월	30	50	100	300	300
평창	100	200	300	400	500
정선	100	100	1,200	1,200	1,200
철원	70	180	250	250	250
화천	0	0	150	150	150
양구	0	50	100	150	200
인제	50	70	100	130	160
고성	140	290	460	450	460
양양	220	340	820	1,900	1,900

① 일부 시·군별 첫째부터 셋째까지 출산축하 지원금

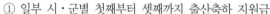
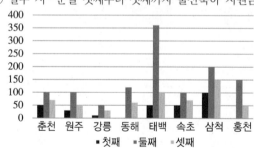

② 일부 시·군별 첫째, 셋째, 다섯째 출산축하 지원금

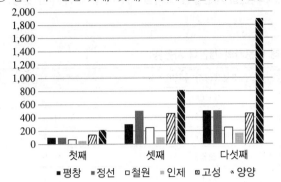

③ 일부 시·군별 첫째 출산축하 지원금

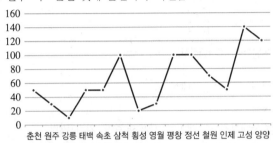

④ 일부 시·군별 첫째부터 다섯째까지 총 출산축하 지원금

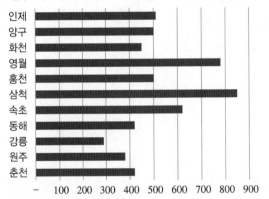

⑤ 일부 시·군별 첫째부터 다섯째까지 총 출산축하 지원금

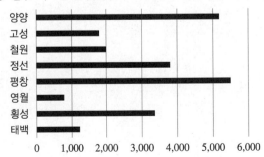

20 다음은 카페 방문자를 대상으로 카페에서의 개인컵 사용률을 조사한 자료이다. 이에 대한 설명으로 가장 적절한 것은?

<카페 방문자의 개인컵 사용률>

구분		조사대상자 수(명)	개인컵 사용률
성별	남성	11,000	10%
	여성	9,000	22%
연령대별	20대 미만	4,200	17%
	20대	5,800	29%
	30대	6,400	26%
	40대	3,600	24%
지역별	수도권	11,500	37%
	수도권 외	8,500	23%

※ 각 항목별 조사대상자 수는 20,000명으로 동일하며, 조사대상자는 각기 다르다.

① 조사대상자 중 개인컵 사용자 수는 남성이 여성의 1.8배이다.
② 조사대상자 중 20·30대는 65% 이상이다.
③ 개인컵 사용률이 가장 높은 연령대는 조사대상자 중 개인컵 사용자 수도 가장 많다.
④ 40대 조사대상자에서 개인컵 사용자 수 중 288명이 남성이라면, 여성의 수는 남성의 2.5배이다.
⑤ 수도권 지역의 개인컵 사용률은 수도권 외 지역보다 14% 더 높다.

※ 제시된 명제가 모두 참일 때, 빈칸에 들어갈 명제로 가장 적절한 것을 고르시오. [1~3]

01

전제1. 너무 많이 먹으면 살이 찐다.
전제2. _____
결론. 너무 많이 먹으면 둔해진다.

① 둔하다면 적게 먹은 것이다.
② 둔하지 않다면 너무 많이 먹은 것이다.
③ 살이 찌면 둔해진다.
④ 너무 많이 먹어도 살이 찌지 않는다.
⑤ 둔해졌다면 살이 쪘다는 것이다.

02

전제1. 저축을 하지 않으면 이자가 생기지 않는다.
전제2. _____
전제3. 소비를 줄이지 않으면 저축을 하지 않는다.
결론. 소비를 줄이지 않았다는 것은 용돈을 합리적으로 쓰지 않은 것이다.

① 용돈을 합리적으로 쓰지 않으면 이자가 생기지 않는다.
② 이자가 생기면 저축을 하지 않는다.
③ 저축을 하지 않으면 소비를 줄이지 않는다.
④ 용돈을 합리적으로 쓰면 이자가 생긴다.
⑤ 용돈을 합리적으로 써도 소비를 줄이지 않는다.

03

전제1. 모든 환경 보호 단체는 일회용품을 사용하지 않는다.
전제2. 어떤 환경 보호 단체는 에너지 절약 캠페인에 참여한다.
결론. _____

① 모든 환경 보호 단체는 에너지 절약 캠페인에 참여한다.
② 에너지 절약 캠페인에 참여하는 단체는 환경 보호 단체에 속해 있다.
③ 일회용품을 사용하지 않는 어떤 단체는 에너지 절약 캠페인에 참여한다.
④ 일회용품을 사용하지 않는 모든 단체는 에너지 절약 캠페인에 참여한다.
⑤ 일회용품을 사용하는 모든 단체는 에너지 절약 캠페인에 참여하지 않는다.

04 사내 봉사 동아리 다섯 명이 주말을 포함한 일주일 동안 각자 하루를 골라 봉사를 하러 간다. 다음 중 항상 옳지 않은 것은?

- A, B, C, D, E 다섯 학생은 일주일 동안 정해진 요일에 혼자서 봉사를 하러 간다.
- A는 B보다 빠른 요일에 봉사를 하러 간다.
- E는 C가 봉사를 다녀오고 이틀 후에 봉사를 하러 간다.
- B와 D는 평일에 봉사를 하러 간다.
- C는 목요일에 봉사를 하러 가지 않는다.
- A는 월요일, 화요일 중에 봉사를 하러 간다.

① B가 화요일에 봉사를 하러 간다면 토요일에 봉사를 하러 가는 사람은 없다.
② D가 금요일에 봉사를 하러 간다면 다섯 명은 모두 평일에 봉사를 하러 간다.
③ D가 A보다 빨리 봉사를 하러 간다면 B는 금요일에 봉사를 하러 가지 않는다.
④ E가 수요일에 봉사를 하러 간다면 토요일에 봉사를 하러 가는 사람이 있다.
⑤ C가 A보다 빨리 봉사를 하러 간다면 D는 목요일에 봉사를 하러 갈 수 있다.

05 다음 제시문을 바탕으로 추론할 수 있는 것은?

- 가장 큰 B종 공룡보다 A종 공룡은 모두 크다.
- 일부의 C종 공룡은 가장 큰 B종 공룡보다 작다.
- 가장 큰 D종 공룡보다 B종 공룡은 모두 크다.

① 가장 작은 A종 공룡만 한 D종 공룡이 있다.
② 가장 작은 C종 공룡만 한 D종 공룡이 있다.
③ 어떤 C종 공룡은 가장 작은 A종 공룡보다 작다.
④ 어떤 A종 공룡은 가장 큰 C종 공룡보다 작다.
⑤ 어떤 D종 공룡은 가장 작은 B종 공룡보다 클 수 있다.

06 A ~ E사원이 강남, 여의도, 상암, 잠실, 광화문 다섯 지역에 각각 출장을 간다. 다음 대화에서 A ~ E 중 한 명은 거짓말을 하고 나머지 네 명은 진실을 말하고 있을 때, 항상 거짓인 것은?

- A : B는 상암으로 출장을 가지 않는다.
- B : D는 강남으로 출장을 간다.
- C : B는 진실을 말하고 있다.
- D : C는 거짓말을 하고 있다.
- E : C는 여의도, A는 잠실로 출장을 간다.

① A는 광화문으로 출장을 가지 않는다.
② B는 여의도로 출장을 가지 않는다.
③ C는 강남으로 출장을 가지 않는다.
④ D는 잠실로 출장을 가지 않는다.
⑤ E는 상암으로 출장을 가지 않는다.

07 T회사 영업부서 사원들은 사장님의 지시에 따라 금일 건강검진을 받으러 병원에 갔다. 영업부서는 A사원, B사원, C대리, D과장, E부장 총 5명으로 이루어져 있고, 아래 〈조건〉에 따라 이들의 건강검진 순서를 정하려고 할 때, C대리는 몇 번째로 검진을 받을 수 있는가?

〈조건〉

- A사원과 B사원은 이웃하여 있다.
- D과장은 A사원보다 앞에 있다.
- C대리와 A사원 사이에는 2명이 있다.
- B사원은 E부장보다 뒤에 있다.
- E부장과 B사원 사이에는 2명이 있다.

① 첫 번째, 두 번째
② 두 번째, 세 번째
③ 세 번째, 네 번째
④ 네 번째, 다섯 번째
⑤ 첫 번째, 세 번째

08 왼쪽부터 순서대로 빨간색, 갈색, 검은색, 노란색, 파란색 5개 컵이 일렬로 놓여 있다. 그중 4개의 컵에는 각각 물, 주스, 맥주, 그리고 포도주가 들어 있고, 하나의 컵은 비어 있다. 주어진 조건이 항상 참일 때, 각 컵에 들어 있는 내용물이 바르게 연결된 것은?

- 물은 항상 포도주가 들어 있는 컵의 오른쪽 컵에 들어 있다.
- 주스는 비어 있는 컵의 왼쪽 컵에 들어 있다.
- 맥주는 빨간색 또는 검은색 컵에 들어 있다.
- 맥주가 빨간색 컵에 들어 있으면 파란색 컵에는 물이 들어 있다.
- 포도주는 빨간색, 검은색, 파란색 컵 중에 들어 있다.

① 빨간색 컵 – 물
② 갈색 컵 – 포도주
③ 검은색 컵 – 맥주
④ 노란색 컵 – 포도주
⑤ 파란색 컵 – 주스

09 제시된 명제가 모두 참일 때, 다음 중 참이 아닌 명제는?

- 적극적인 사람은 활동량이 많다.
- 잘 다치지 않는 사람은 활동량이 적다.
- 활동량이 많으면 면역력이 강화된다.
- 적극적이지 않은 사람은 영양제를 챙겨먹는다.

① 적극적인 사람은 잘 다친다.
② 적극적인 사람은 면역력이 강화된다.
③ 잘 다치지 않는 사람은 영양제를 챙겨먹는다.
④ 영양제를 챙겨먹으면 면역력이 강화된다.
⑤ 잘 다치지 않는 사람은 적극적이지 않은 사람이다.

10 S프랜차이즈 카페에서는 디저트로 빵, 케이크, 마카롱, 쿠키를 판매하고 있다. 최근 각 지점에서 디저트를 섭취하고 땅콩 알레르기가 발생했다는 컴플레인이 제기되었다. 해당 디저트에는 모두 땅콩이 들어가지 않으며, 땅콩을 사용한 제품과 인접 시설에서 제조하고 있다. 아래의 사례를 참고할 때, 다음 중 반드시 옳지 않은 것은?

> • 땅콩 알레르기 유발 원인이 된 디저트는 빵, 케이크, 마카롱, 쿠키 중 하나이다.
> • 각 지점에서 땅콩 알레르기가 있는 손님이 섭취한 디저트와 알레르기 유무는 아래와 같다.
>
> | A지점 | 빵과 케이크를 먹고, 마카롱과 쿠키를 먹지 않은 경우, 알레르기가 발생했다. |
> |---|---|
> | B지점 | 빵과 마카롱을 먹고, 케이크와 쿠키를 먹지 않은 경우, 알레르기가 발생하지 않았다. |
> | C지점 | 빵과 쿠키를 먹고, 케이크와 마카롱을 먹지 않은 경우, 알레르기가 발생했다. |
> | D지점 | 케이크와 마카롱을 먹고, 빵과 쿠키를 먹지 않은 경우, 알레르기가 발생했다. |
> | E지점 | 케이크와 쿠키를 먹고, 빵과 마카롱을 먹지 않은 경우, 알레르기가 발생하지 않았다. |
> | F지점 | 마카롱과 쿠키를 먹고, 빵과 케이크를 먹지 않은 경우, 알레르기가 발생하지 않았다. |

① A, B, D지점의 사례만을 고려하면, 케이크가 알레르기의 원인이다.
② A, C, E지점의 사례만을 고려하면, 빵이 알레르기의 원인이다.
③ B, D, F지점의 사례만을 고려하면, 케이크가 알레르기의 원인이다.
④ C, D, F지점의 사례만을 고려하면, 마카롱이 알레르기의 원인이다.
⑤ D, E, F지점의 사례만을 고려하면, 쿠키는 알레르기의 원인이 아니다.

11 A, B, C, D가 키우는 동물의 종류에 대해서 다음과 같은 사실이 알려져 있다. 다음 중 추론한 것으로 항상 옳은 것은?

> • A는 개, C는 고양이, D는 닭을 키운다.
> • B는 토끼를 키우지 않는다.
> • A가 키우는 동물은 B도 키운다.
> • A와 C는 같은 동물을 키우지 않는다.
> • A, B, C, D 각각은 2종류 이상의 동물을 키운다.
> • A, B, C, D는 개, 고양이, 토끼, 닭 이외의 동물은 키우지 않는다.

① B는 개를 키우지 않는다.
② B와 C가 공통으로 키우는 동물이 있다.
③ C는 키우지 않지만 D가 키우는 동물이 있다.
④ 3명이 공통으로 키우는 동물은 없다.
⑤ 3가지 종류의 동물을 키우는 사람은 없다.

12 A, B, C, D, E, F, G는 다음 주 당직근무 순서를 정하기 위해 모였다. 〈조건〉에 따를 때, D가 근무하는 전날과 다음날 당직근무자는 누구인가?(단, 한 주의 시작은 월요일이다)

┌─────────────────────────〈조건〉─────────────────────────┐
- A가 가장 먼저 근무한다.
- G는 A와 연이어 근무한다.
- C가 B보다 먼저 근무한다.
- F는 E보다 먼저 근무한다.
- F가 근무하고 3일 뒤에 C가 근무한다.
- E는 목요일에 근무한다.
└──┘

① C, F
② E, C
③ F, B
④ A, G
⑤ G, C

13 S그룹의 A ~ D사원은 각각 홍보팀, 총무팀, 영업팀, 기획팀 소속으로 3 ~ 6층의 서로 다른 층에서 근무하고 있다. 이들 중 한 명이 거짓만을 말하고 있을 때, 다음 중 바르게 추론한 것은?(단, 각 팀은 서로 다른 층에 위치한다)

┌──┐
- A사원 : 저는 홍보팀과 총무팀 소속이 아니며, 3층에서 근무하고 있지 않습니다.
- B사원 : 저는 영업팀 소속이며, 4층에서 근무하고 있습니다.
- C사원 : 저는 홍보팀 소속이며, 5층에서 근무하고 있습니다.
- D사원 : 저는 기획팀 소속이며, 3층에서 근무하고 있습니다.
└──┘

① A사원은 홍보팀 소속이다.
② B사원은 6층에서 근무하고 있다.
③ 홍보팀은 3층에 위치한다.
④ 기획팀은 4층에 위치한다.
⑤ D사원은 5층에서 근무하고 있다.

14 수덕, 원태, 광수는 임의의 순서로 빨간색·파란색·노란색 지붕을 가진 집에 나란히 이웃하여 살고, 개·고양이·원숭이라는 서로 다른 애완동물을 기르며, 광부·농부·의사라는 서로 다른 직업을 갖는다. 알려진 정보가 아래와 같을 때 반드시 참인 것을 〈보기〉에서 모두 고르면?

- 광수는 광부이다.
- 가운데 집에 사는 사람은 개를 키우지 않는다.
- 농부와 의사의 집은 서로 이웃해 있지 않다.
- 노란 지붕 집은 의사의 집과 이웃해 있다.
- 파란 지붕 집에 사는 사람은 고양이를 키운다.
- 원태는 빨간 지붕 집에 산다.

〈보기〉

ㄱ. 수덕이는 빨간 지붕 집에 살지 않고 원태는 개를 키우지 않는다.
ㄴ. 노란 지붕 집에 사는 사람은 원숭이를 키우지 않는다.
ㄷ. 수덕이가 파란 지붕 집에 살거나, 원태가 고양이를 키운다.
ㄹ. 수덕이는 개를 키우지 않는다.
ㅁ. 원태는 농부이다.

① ㄱ, ㄴ
② ㄴ, ㄷ
③ ㄷ, ㄹ
④ ㄱ, ㄴ, ㅁ
⑤ ㄷ, ㄹ, ㅁ

15 S기업은 창립 기념일을 맞이하여 인사팀, 영업팀, 홍보팀, 디자인팀, 기획팀에서 총 20명의 신입사원들이 나와서 장기자랑을 한다. 각 팀에서는 최소 한 명 이상 참가해야 하며, 장기자랑 종목은 춤, 마임, 노래, 마술, 기타 연주가 있다. 다음 〈조건〉이 모두 참일 때 장기자랑에 참석한 홍보팀 사원은 모두 몇 명이고, 어떤 종목으로 참가하는가?(단, 장기자랑 종목은 팀별로 겹칠 수 없다)

〈조건〉

- 홍보팀은 영업팀 참가 인원의 2배이다.
- 춤을 추는 팀은 총 6명이며, 인사팀은 노래를 부른다.
- 기획팀 7명은 마임을 하며, 다섯 팀 중 가장 참가 인원이 많다.
- 마술을 하는 팀은 2명이며, 영업팀은 기타 연주를 하거나 춤을 춘다.
- 디자인팀은 춤을 추며, 노래를 부르는 팀은 마술을 하는 팀 인원의 2배이다.

① 1명, 마술
② 1명, 노래
③ 2명, 기타 연주
④ 2명, 노래
⑤ 2명, 마술

16 다음 제시된 단어의 대응 관계가 동일하도록 괄호 안에 들어갈 가장 적절한 단어는?

흉내 : 시늉 = 권장 : (   )

① 조장 ② 조성
③ 구성 ④ 형성
⑤ 조직

17 다음 단어의 대응 관계가 나머지와 다른 하나는?

① 바퀴 – 핸들 – 자전거 ② 날개 – 모터 – 선풍기
③ 빗자루 – 쓰레받기 – 청소 ④ 분침 – 태엽 – 시계
⑤ 렌즈 – 재물대 – 현미경

※ 다음 제시된 도형의 규칙을 보고 ?에 들어갈 적절한 것을 고르시오. [18~20]

18

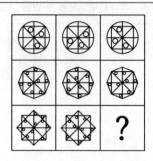

①

②

③

④

⑤

19

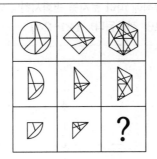

①   ②

③   ④

⑤

20

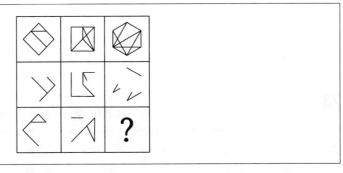

※ 다음 도식에서 기호들은 일정한 규칙에 따라 문자를 변화시킨다. ?에 들어갈 적절한 문자를 고르시오(단, 규칙은 가로와 세로 중 한 방향으로만 적용된다). **[21~24]**

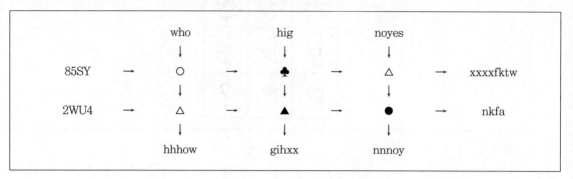

21

$$FTES \rightarrow \triangle \rightarrow \bullet \rightarrow \blacktriangle \rightarrow ?$$

① FFTES
② FFFTE
③ FFFT
④ TFFF
⑤ FTTT

22

$$XRTF \rightarrow \clubsuit \rightarrow \bullet \rightarrow \bigcirc \rightarrow ?$$

① RxxX
② xxXR
③ XRTF
④ xXRT
⑤ xXRx

23

$$nlsE \rightarrow \bullet \rightarrow \blacktriangle \rightarrow ? \rightarrow llln$$

① △
② ▲
③ ♣
④ ○
⑤ ●

24

$$KTC \rightarrow \triangle \rightarrow \bullet \rightarrow \clubsuit \rightarrow ?$$

① TTT
② KKK
③ TTCK
④ TCKK
⑤ xxKKK

25 다음 글의 내용이 참일 때 항상 거짓인 것은?

> 수소와 산소는 H_2와 O_2의 분자 상태로 존재한다. 수소와 산소가 화합해서 물 분자가 되려면 이 두 분자가 충돌해야 하는데, 충돌하는 횟수가 많으면 많을수록 물 분자가 생기는 확률은 높아진다. 또한 반응하기 위해서는 분자가 원자로 분해되어야 한다. 좀 더 정확히 말한다면, 각각의 분자가 산소 원자끼리 그리고 수소 원자끼리의 결합력이 약해져야 한다. 높은 온도는 분자 간의 충돌 횟수를 증가시킬 뿐 아니라 분자를 강하게 진동시켜 분자의 결합력을 약하게 한다. 그리하여 수소와 산소는 이전까지 결합하고 있던 자신과 동일한 원자와 떨어져, 산소 원자 하나에 수소 원자 두 개가 결합한 물(H_2O)이라는 새로운 화합물이 되는 것이다.

① 수소 분자와 산소 분자가 충돌해야 물 분자가 생긴다.
② 수소 분자와 산소 분자가 원자로 분해되어야 반응을 할 수 있다.
③ 높은 온도는 분자를 강하게 진동시켜 결합력을 약하게 한다.
④ 산소 분자와 수소 분자가 각각 물(H_2O)이라는 새로운 화합물이 된다.
⑤ 산소 분자와 수소 분자의 충돌 횟수가 많아지면 물 분자가 될 확률이 높다.

26 다음 중 밑줄 친 ㉠과 ㉡에 대해 추론한 내용으로 가장 적절한 것은?

> 권리금(權利金)이란 흔히 상가 등을 빌리는 사람, 즉 ㉠ 차주(借主)가 빌려주는 사람, 즉 ㉡ 대주(貸主)에게 내는 임대료 외에, 앞서 대주에게 빌렸던 사람, 즉 전차주(前借主)에게 내는 관행상의 금전을 의미한다. 전차주가 해당 임대상가에 투자한 설비나 상가 개량비용, 기존 고객들과의 인지도, 유대 관계 등 유형·무형의 대가를 차주가 고스란히 물려받는 경우의 가치가 포함된 일종의 이용 대가인 것이다. 하지만 이는 어디까지나 차주와 전차주의 사이에서 발생한 금전 관계로 대주는 해당 권리금과 관련이 없으며, 특별히 법률로 지정된 사항 또한 존재하지 않는다. 2001년, 상가건물 임대차보호법이 제정되기 전에 대주의 횡포에 대한 차주의 보호가 이루어지지 않았고, 이에 임차인들이 스스로 자신의 권리를 찾기 위해 새 차주에게 금전을 받았는데, 이것이 권리금의 시작이다.
>
> 권리금이 높은 상가일수록 좋은 상가라고 볼 수 있는 지표로 작용하는 데다, 여전히 전차주의 입장에서는 자신의 권리를 지키기 위한 하나의 방안으로 관습처럼 이용되고 있어 이에 대한 평가를 섣불리 하기 힘든 것이 사실이다. 그러나 권리금이 임대료보다 높아지는 경우가 종종 발생하고, 계약기간 만료 후 대주와 차주 사이의 금전적인 문제가 발생하기도 하면서 악습이라고 주장하는 사람도 있다.

① ㉠은 ㉡의 계약불이행으로 인하여 발생한 손해를 보장받을 수 없다.
② 권리금은 본래 상대적 약자인 ㉡이 ㉠으로부터 손해를 보호받기 위해 시작된 관습이다.
③ 장기적으로 권리금은 ㉠과 ㉡이 모두 요구할 수 있다.
④ 상대적으로 적은 권리금을 지불한 상가에서 높은 매출을 기록했다면 ㉡은 직접적으로 이득을 본 셈이다.
⑤ ㉡이 계약기간 만료 후 자신의 권리를 이행할 때 ㉠은 ㉡에게 손해를 보장받을 수 없다.

쾌락주의는 모든 쾌락이 그 자체로서 가치가 있으며 쾌락의 증가와 고통의 감소를 통해 최대의 쾌락을 산출하는 행위를 올바른 것으로 간주하는 윤리설이다. 쾌락주의에 따르면 쾌락만이 내재적 가치를 지니며, 모든 것은 이러한 쾌락을 기준으로 가치 평가되어야 한다.

그런데 쾌락주의자는 단기적이고 말초적인 쾌락만을 추구함으로써 결국 고통에 빠지게 된다는 오해를 받기도 한다. 하지만 쾌락주의적 삶을 순간적이고 감각적인 쾌락만을 추구하는 방탕한 삶과 동일시하는 것은 옳지 않다. 쾌락주의는 일시적인 쾌락의 극대화가 아니라 장기적인 쾌락의 극대화를 목적으로 하므로 단기적, 말초적 쾌락만을 추구하는 것은 아니다. 예를 들어 사회적 성취가 장기적으로 더 큰 쾌락을 가져다준다면 쾌락주의자는 단기적 쾌락보다는 사회적 성취를 우선으로 추구한다.

또한 쾌락주의는 쾌락 이외의 것은 모두 무가치한 것으로 본다는 오해를 받기도 한다. 하지만 쾌락주의가 쾌락만을 가치 있는 것으로 보는 것은 아니다. 세상에는 쾌락 말고도 가치 있는 것들이 있으며, 심지어 고통조차도 가치 있는 것으로 볼 수 있다. 발이 불구덩이에 빠져서 통증을 느껴 곧바로 발을 빼낸 상황을 생각해 보자. 이때의 고통은 분명히 좋은 것임에 틀림없다. 만약 고통을 느끼지 못했다면, 불구덩이에 빠진 발을 꺼낼 생각을 하지 못해서 큰 부상을 당했을 수도 있기 때문이다. 물론 이때 고통이 가치 있다는 것은 도구인 의미에서 그런 것이지 그 자체가 목적이라는 의미는 아니다.

쾌락주의는 고통을 도구가 아닌 목적으로 추구하는 것을 이해할 수 없다고 본다. 금욕주의자가 기꺼이 감내하는 고통조차도 종교적·도덕적 성취와 만족을 추구하기 위한 도구인 것이지 고통 그 자체가 목적인 것은 아니기 때문이다. 대부분의 세속적 금욕주의자들은 재화나 명예와 같은 사회적 성취를 위해 당장의 쾌락을 포기하며, 종교적 금욕주의자들은 내세의 성취를 위해 현세의 쾌락을 포기하는데, 그것이 사회적 성취이든 내세적 성취이든지 간에 모두 광의의 쾌락을 추구하고 있는 것이다.

① 쾌락의 원천은 다양한데, 서로 다른 쾌락을 같은 것으로 볼 수 있는가?
② 순간적이고 감각적인 쾌락만을 추구하는 삶을 쾌락주의적 삶이라고 볼 수 있는가?
③ 식욕의 충족에서 비롯된 쾌락과 사회적 명예의 획득에서 비롯된 쾌락은 같은 것인가?
④ 쾌락의 질적 차이를 인정한다면, 이질적인 쾌락을 어떻게 서로 비교할 수 있는가?
⑤ 과연 쾌락이나 고통만으로 가치를 규정할 수 있는가?

28 다음 글에 나타난 '와이츠 예술론'의 의의와 한계를 이해·비판한 것으로 적절하지 않은 것은?

예술이 무엇이냐는 질문에 우리는 레오나르도 다빈치의 '모나리자'나 베토벤의 교향곡이나 발레 '백조의 호수' 같은 것이라고 대답할지 모른다. 물론 이 대답은 틀리지 않았다. 하지만 질문이 이것들 모두를 예술 작품으로 특징짓는 속성, 곧 예술의 본질이 과연 무엇인지를 묻는 것이라면 그 대답은 무엇이 될까?

비트겐슈타인에 따르면, 게임은 본질이 있어서가 아니라 게임이라 불리는 것들 사이의 유사성에 의해 성립되는 개념이다. 이러한 경우 발견되는 유사성을 '가족 유사성'이라 부르기로 해 보자. 가족의 구성원으로서 어머니와 나와 동생의 외양은 이런저런 면에서 서로 닮았다. 하지만 그렇다고 해서 셋이 공통적으로 닮은 한 가지 특징이 있다는 말은 아니다. 비슷한 예로 실을 꼬아 만든 밧줄은 그 밧줄의 처음부터 끝까지를 관통하는 하나의 실이 있어서 만들어지는 것이 아니라 짧은 실들의 연속된 연계를 통해 구성된다. 그렇게 되면 심지어 전혀 만나지 않는 실들도 같은 밧줄 속의 실일 수 있다.

미학자 와이츠는 예술이라는 개념도 이와 마찬가지라고 주장한다. 그에게 예술은 가족 유사성만을 갖는 '열린 개념'이다. 열린 개념이란 주어진 대상이 이미 그 개념을 이루고 있는 구성원 일부와 닮았다면, 그 점을 근거로 하여 얼마든지 그 개념의 새로운 구성원이 될 수 있을 만큼 테두리가 열려 있는 개념을 말한다. 따라서 전통적인 예술론인 표현론이나 형식론은 있지도 않은 본질을 찾고 있는 오류를 범하고 있는 것이 된다. 와이츠는 표현이니 형식이니 하는 것은 예술의 본질이 아니라 차라리 좋은 예술의 기준으로 이해되어야 한다고 한다. 그는 열린 개념으로 예술을 보는 것이야말로 무한한 창조성이 보장되어야 하는 예술에 대한 가장 적절한 대접이라고 주장한다.

① 와이츠의 이론에 따르면 예술 개념은 아무런 근거 없이 확장되는 것이다. 결과적으로 예술이라는 개념 자체가 없어진다는 것을 주장하는 셈이다.

② 와이츠는 예술의 본질은 없다고 본다. 예술이 가족 유사성만 있는 열린 개념이라면 어떤 두 대상이 둘 다 예술일 때, 서로 닮지 않을 수도 있다는 뜻이다.

③ 와이츠는 '무엇이 예술인가'와 '무엇이 좋은 예술인가'는 분리해서 생각해야 한다고 본다. 열린 개념이라고 해서 예술의 가치를 평가하는 기준까지도 포기한 것은 아니다.

④ 현대 예술은 독창성을 중시하고 예술의 한계에 도전함으로써, 과거와는 달리 예술의 영역을 크게 넓힐 수 있게 되었다. 와이츠 이론은 이러한 상황에 잘 부합하는 예술론이다.

⑤ 영화나 컴퓨터가 그랬던 것처럼, 새로운 매체가 등장하면 새로운 창작 활동이 가능해진다. 미래의 예술이 그런 것들도 포괄하게 될 때, 와이츠 이론은 유용한 설명이 될 수 있다.

뇌가 받아들인 기억 정보는 그 유형에 따라 각각 다른 장소에 저장된다. 우리가 기억하는 것들은 크게 서술 정보와 비서술 정보로 나뉜다. 서술 정보란 학교 공부, 영화의 줄거리, 장소나 위치, 사람의 얼굴처럼 말로 표현할 수 있는 정보이다. 이 중에서 서술 정보를 처리하는 중요한 기능을 담당하는 것은 뇌의 내측두엽에 있는 해마로 알려져 있다. 교통사고를 당해 해마 부위가 손상된 이후 서술 기억 능력이 손상된 사람의 예가 그 사실을 뒷받침한다. 그렇지만 그는 교통사고 이전의 오래된 기억을 모두 회상해냈다. 해마가 장기 기억을 저장하는 장소는 아닌 것이다.

서술 정보가 오랫동안 저장되는 곳으로 많은 학자들은 대뇌피질을 들고 있다. 내측두엽으로 들어온 서술 정보는 해마와 그 주변 조직들에서 일시적으로 머무는 동안 쪼개져 신경정보 신호로 바뀌고 어떻게 나뉘어 저장될 것인지가 결정된다. 내측두엽은 대뇌피질의 광범위한 영역과 신경망을 통해 연결되어 이런 기억 정보를 대뇌피질의 여러 부위로 전달한다. 다음 단계에서는 기억과 관련된 유전자가 발현되어 단백질이 만들어지면서 기억 내용이 공고해져 오랫동안 저장된 상태를 유지한다.

그러면 비서술 정보는 어디에 저장될까? 운동 기술은 대뇌의 선조체나 소뇌에 저장되며, 계속적인 자극에 둔감해지는 '습관화'나 한 번 자극을 받은 뒤 그와 비슷한 자극에 계속 반응하는 '민감화' 기억은 감각이나 운동 체계를 관장하는 신경망에 저장된다고 알려져 있다. 감정이나 공포와 관련된 기억은 편도체에 저장된다.

―――――〈보기〉―――――

얼마 전 교통사고로 뇌가 손상된 김씨는 뇌의 내측두엽 절제 수술을 받았다. 수술을 받고 난 뒤 김씨는 새로 바뀐 휴대폰 번호를 기억하지 못하고 수술 전의 기존 휴대폰 번호만을 기억하는 등 금방 확인한 내용은 몇 분 동안밖에 기억하지 못했다. 그러나 수술 후 배운 김씨의 탁구 실력은 제법 괜찮았다. 비록 언제 어떻게 누가 가르쳐 주었는지 전혀 기억하지는 못했지만……

① 김씨는 어릴 적 놀이기구를 타면서 느꼈던 공포감이나 감정 등을 기억하지 못할 것이다.
② 김씨가 수술 후에도 기억하는 수술 전의 기존 휴대폰 번호는 서술 정보에 해당하지 않을 것이다.
③ 김씨는 교통사고로 내측두엽의 해마와 함께 대뇌의 선조체가 모두 손상되었을 것이다.
④ 탁구 기술은 비서술 정보이므로 김씨의 대뇌피질에 저장되었을 것이다.
⑤ 김씨에게 탁구를 가르쳐 준 사람에 대한 정보는 서술 정보이므로 내측두엽의 해마에 저장될 것이다.

30 다음 지문을 토대로 〈보기〉를 해석한 것으로 적절하지 않은 것은?

20세기 예술가들은 재료의 가치와 풍요로움을 발견했다. 그들은 기존의 조형 예술의 틀을 포기하고, 아직 발견되지 않고 손상되지 않은 신선함을 지닌 재료들의 무한한 가능성을 탐색하기 시작했다. 그렇게 해서 작품의 밑바탕으로만 여겨졌던 재료는 그 자체가 예술의 목적이자 예술적 창조의 대상이 되었다.

'앵포르멜(Informel)'이라고 불리는 회화에서 우리는 얼룩, 균열, 덩어리, 박편, 물방울 같은 재료들의 승리를 볼 수 있다. 앵포르멜 화가들은 우발적이고 즉흥적인 감정의 동요를 직접적으로 드러내기 위해 재료 그 자체, 즉 캔버스 위에 흩뿌린 물감이나 찢어진 자루, 균열이 생긴 금속에 모든 일을 맡긴다. 그들은 그림이나 조각을 있는 그대로의 모습 또는 우연의 산물로 만들기 위해 일체의 형식적인 것들을 거부하고 있는 것처럼 보인다. 예술가는 그저 원재료를 상기시키는 제목을 자신의 작품에 붙일 따름이다. 몇몇 앵포르멜 화가들은 하나의 작품을 만들기 위해 자갈, 얼룩, 곰팡이, 녹 등의 재료를 선택하고 강조했으며, 의식적이고 인위적인 표현 행위를 최소화하면서 재료의 비정형성에 의미를 부여하고 자신의 스타일을 각인하려 했던 것이다.

이미 20세기 초에 뒤샹 같은 예술가들이 제안했던 레디메이드 미학도 같은 맥락에서 이해할 수 있다. 예술가는 스스로 존재하는 사물이, 사람들이 미처 발견하지 못한 미를 표현하는 예술 작품이라도 되는 양 테이블 위에 올려놓았다. 이런 식으로 예술가들은 자전거 바퀴, 열에 의해 변형된 컵, 마네킹, 그리고 심지어 변기까지 조각 작품으로 선택했다. 일상의 사물들이 별다른 변형 과정을 거치지 않았지만 예술가에 의해 선택되고 제목이 붙여져서 작품이 되는 순간, 이 사물들은 마치 작가의 손에 의해 창조된 것처럼 미적 가치를 지니게 된다.

이미 소비 주기가 끝나 쓰레기통에 버려져 있던 상품이나 산업 폐기물이 재료가 되는 경우도 있다. 이런 재료들을 통해 예술가는 자신을 둘러싸고 있는 산업화된 세계에 대한 냉소적이고 비판적인 태도를 드러낸다. 동시에 우리에게 산업된 세계의 사물들 역시 미적 감동을 전해줄 수 있는 일정한 질서를 가지고 있음을 상기시키기도 한다. 소비주기가 끝나 쓸모없는 물건이 되어 버려진 이 재료들은 아이러니하게도 그 쓸모없음이라는 속성으로 인해 미적 가치가 있는 예술 작품이 되는 것이다. 낡은 자동차의 라디에이터를 압착하고 변형시켜 일그러진 금속의 형태를 제시한 세자르의 작품이 이에 해당한다.

―――――――〈보기〉―――――――

알베르토 부리의 '자루'는 앵포르멜 계열의 작품으로 알려져 있다. 알베르토 부리는 낡고 거친 삼베 조각, 좀이 슬었거나 찢어진 천, 다락방에 버려진 자루 조각 등의 재료를 되는 대로 오려 붙이고는 그것에 '자루'라는 제목을 붙였다.

① 알베르토 부리는 '자루'를 통해 우발적이고 즉흥적인 감정을 드러내고자 했군.
② 알베르토 부리는 '자루'에 사용된 원재료를 떠올릴 수 있도록 작품의 제목을 지었군.
③ 알베르토 부리는 천, 자루 조각 등의 재료를 강조하기 위해 인위적인 표현 방식을 사용하였군.
④ 알베르토 부리는 낡고 찢어지고, 버려진 재료들로부터 예술의 무한한 가능성을 발견하였군.
⑤ 알베르토 부리는 형식적인 틀에서 벗어나 재료의 비정형성에 의미를 부여하고자 하였군.

01 수술 전에 아트로핀을 투여하는 이유로 가장 적절한 것은?

① 호흡기 분비물 억제　　　　　　② 통증조절
③ 기관지 확장　　　　　　　　　　④ 괄약근 긴장력 증가
⑤ 발한 감소

02 70세 노인이 대퇴골절로 내부 고정술을 받은 지 2일째, 침상에서 대퇴사두근 등척성 운동을 해야 하는 목적은?

① 호흡 원활　　　　　　　　　　　② 피부의 압력 유지
③ 관절가동범위 최대보장　　　　　④ 근육의 탄력 및 힘 유지
⑤ 배설기능 촉진

03 다음 중 순환하는 혈액기능으로 옳은 것을 모두 고르면?

㉠ 신체 각 조직에 산소, 영양소, 호르몬 등을 운반한다.
㉡ WBC, 항체를 운반해서 미생물로부터 몸을 보호한다.
㉢ 체온을 조절한다.
㉣ 혈압(동맥압)을 조절한다.

① ㉠, ㉡, ㉢　　　　　　　　　　② ㉠, ㉢
③ ㉡, ㉣　　　　　　　　　　　　④ ㉣
⑤ ㉠, ㉡, ㉢, ㉣

04 전완부위 출혈 시 지혈부위로 가장 적절한 것은?

① 경동맥   ② 외경동맥
③ 오금동맥   ④ 상완동맥
⑤ 쇄골하동맥

05 다음 중 현대 간호에서 간호윤리가 강조되는 이유로 적절한 것을 모두 고르면?

⊙ 사회가 간호사로 하여금 대상자의 옹호자가 되어 주기를 기대하기 때문이다.
ⓛ 전통적인 도덕관으로는 새로운 지식 및 기술과 관련된 도덕문제를 해결하기 어렵기 때문이다.
ⓒ 간호사의 역할과 영역의 확대로 인해 새로운 직무 사이의 딜레마에 직면하게 되었기 때문이다.
ⓔ 삶에 대하여 긍정적이고 건설적인 영향을 줄 수 있기 때문이다.

① ㉠, ㉡, ㉢   ② ㉠, ㉢
③ ㉡, ㉣   ④ ㉣
⑤ ㉠, ㉡, ㉢, ㉣

06 유방의 자가 검진 시 유의해야 할 사항으로 적절하지 않은 것은?

① 생리시작 후 14일 이내에 검진한다.
② 유두의 분비물, 딱지, 유두의 방향을 살펴본다.
③ 유방조직의 탄력성 정도와 결절이 있는지를 확인한다.
④ 피부에 부종이 있거나 발적이 있는지 살펴본다.
⑤ 두경부와 액와 부위의 림프절을 촉진한 후 시계방향으로 돌면서 유방을 촉진한다.

07 다음 중 발목염좌로 인해 발목이 붓고 통증을 호소하는 환자에게 우선적으로 해야 할 간호로 적절한 것을 모두 고르면?

⊙ 휴식   ⓛ 압박붕대지지
ⓒ 진통소염제의 투여   ⓔ 온찜질

① ㉠, ㉡, ㉢   ② ㉠, ㉢
③ ㉡, ㉣   ④ ㉣
⑤ ㉠, ㉡, ㉢, ㉣

08 다음 중 대퇴의 다발성 골절환자의 합병증으로 지방색전증이 있을 때 관찰해야 할 사항으로 옳은 것을 모두 고르면?

㉠ 호흡곤란	㉡ 고열
㉢ 청색증	㉣ 점상출혈

① ㉠, ㉡, ㉢　　　　　　　　　　　② ㉠, ㉢
③ ㉡, ㉣　　　　　　　　　　　　　④ ㉣
⑤ ㉠, ㉡, ㉢, ㉣

09 자궁 외 임신 시 복강 내 출혈로 제와부위가 푸른색을 띠는 것은?

① 맥도널드 증후(McDonald's Sign)　　② 구넬 증후(Goodell's Sign)
③ 쿨렌 증후(Cullen's Sign)　　　　　④ 차드윅 증후(Chadwick's Sign)
⑤ 헤가 증후(Hegar's Sign)

10 영아 뇌수종 환자에게서 발견할 수 있는 증상으로 적절하지 않은 것은?

① 대천문 확대　　　　　　　　　　② 함몰된 눈
③ 봉합 분리　　　　　　　　　　　④ 뇌내압 하강
⑤ 날카롭고 고음의 울음

11 다음 중 탈감작요법 시 주의사항으로 적절한 것을 모두 고르면?

㉠ 한곳에 반복하지 않고 여러 부위에 주사한다.
㉡ 주사 후 20 ~ 30분 정도 관찰한다.
㉢ 응급처치에 대비한다.
㉣ 1ml 주사기에 항원을 넣어 주입한다.

① ㉠, ㉡, ㉢　　　　　　　　　　　② ㉠, ㉢
③ ㉡, ㉣　　　　　　　　　　　　　④ ㉣
⑤ ㉠, ㉡, ㉢, ㉣

12 이뇨제를 사용할 때 저칼륨혈증을 대비해 환자에게 제공할 수 있는 식품은?

① 오렌지, 건포도, 치즈　　　　　② 양배추, 우유, 당근
③ 오렌지, 닭고기, 잣　　　　　　④ 감자, 팥, 호박
⑤ 시금치, 요구르트, 고구마

13 치매노인환자의 환경간호의 내용으로 적절하지 않은 것은?

① 밤에 노인의 보행을 위해 형광등을 켜서 밝게 유지한다.
② 간호사는 서두르지 말고 조용한 환경에서 의사소통을 한다.
③ 적당한 장소에 읽기 쉬운 큰 시계와 달력을 부착한다.
④ 환자가 익숙한 물건에는 표시를 해 둔다.
⑤ 시각적 자극을 위해 병실을 화려하게 한다.

14 혼돈 상태의 치매환자 간호로 적절하지 않은 것은?

① 방을 조용하고 어둡게 한다.
② 체위변경 및 수동운동을 시킨다.
③ 평소 즐겨 듣던 음악을 틀어준다.
④ 시간과 장소에 대해 지속적으로 말해 준다.
⑤ 가족들이 곁에서 지난 이야기를 한다.

15 다음 중 신생아 탈수열에서 볼 수 있는 증상으로 옳은 것을 모두 고르면?

㉠ 안구돌출	㉡ 체중 감소
㉢ 대천문 팽대	㉣ 체온 상승

① ㉠, ㉡, ㉢　　　　　　② ㉠, ㉢
③ ㉡, ㉣　　　　　　　　④ ㉣
⑤ ㉠, ㉡, ㉢, ㉣

16 정신건강을 사정하는 데 있어 기준이 되는 내용으로 적절하지 않은 것은?

① 개인의 인격특성
② 스트레스에 대한 적응능력
③ 인간관계 기술
④ 현실을 극복할 수 있는 능력
⑤ 불행한 가정환경

17 다음 중 폐농양 환자의 증상으로 옳은 것을 모두 고르면?

㉠ 체중 감소	㉡ 빈혈
㉢ 흉부의 통증	㉣ 공명음

① ㉠, ㉡, ㉢   ② ㉠, ㉢
③ ㉡, ㉣   ④ ㉣
⑤ ㉠, ㉡, ㉢, ㉣

18 다음 중 경요도 전립선 절제술 후 간호중재로 적절한 것을 모두 고르면?

㉠ 출혈이 있는지 상처 및 카테터의 배액상태를 관찰한다.
㉡ 배뇨량을 유지하기 위해 2,000 ~ 3,000cc 정도로 수분을 섭취한다.
㉢ 무균술을 이용한 방광세척은 생리식염수를 사용한다.
㉣ 조기이상을 실시한다.

① ㉠, ㉡, ㉢   ② ㉠, ㉢
③ ㉡, ㉣   ④ ㉣
⑤ ㉠, ㉡, ㉢, ㉣

19 다음 중 고관절 수상석고(Hip Spica Cast)가 마르는 동안 실시하는 간호중재에 대한 설명으로 적절한 것을 모두 고르면?

> ㉠ 푹신한 침요를 사용한다.
> ㉡ 뼈 돌출 부위에 과도한 압박을 피한다.
> ㉢ 습하거나 추운 날에는 전기램프를 사용한다.
> ㉣ 머리에 낮은 베개를 대어준다.

① ㉠, ㉡, ㉢   ② ㉠, ㉢
③ ㉡, ㉣   ④ ㉣
⑤ ㉠, ㉡, ㉢, ㉣

20 다음 중 무릎위 절단환자의 굴곡경축 예방을 위한 간호중재로 적절한 것을 모두 고르면?

> ㉠ 측위를 취한다.
> ㉡ 앙와위로 눕고 둔부를 올린다.
> ㉢ 절단부 밑을 베개로 지지한다.
> ㉣ 복위로 누워 쉬기를 권장한다.

① ㉠, ㉡, ㉢   ② ㉠, ㉢
③ ㉡, ㉣   ④ ㉣
⑤ ㉠, ㉡, ㉢, ㉣

21 자신의 중요성에 대한 과장된 믿음으로 사고의 흐름에 장애를 나타내는 증상은?

① 관계망상(Ideas of Reference)   ② 사고의 비약(Flight of Idea)
③ 건강염려증(Hypochondriasis)   ④ 지리멸렬(Incoherence)
⑤ 조종망상(Delusion of Control)

22 진료보수 지불제도 중 등록된 환자 또는 사람 수에 따라 일정액을 보상하는 방식은?

① 행위당수가제   ② 봉급제
③ 인두제   ④ 포괄수가제
⑤ 총괄계약제

23 복막투석시 불안으로 비효율적 호흡양상(호흡곤란)을 보일 때 간호중재로 가장 적절한 것은?

① 튜브를 배액시킨다.
② 기침과 심호흡을 규칙적으로 하도록 하여 안정된 호흡을 유도한다.
③ 앙와위를 취해 준다.
④ 움직이지 않도록 한다.
⑤ 빠르게 호흡하도록 한다.

24 후두암의 초기 증상으로 옳은 것은?

① 객담 배출시 항상 피가 섞여 나온다.
② 쉰 목소리가 2주간 지속된다.
③ 녹슨 쇳빛의 객담이 배출된다.
④ 오후에 미열, 밤에 발한이 있다.
⑤ 고열이 있다.

25 다음 중 목발보행에 대한 일반적인 간호중재로 적절한 것을 모두 고르면?

> ㉠ 목발의 길이를 짧게 하고, 체중의 부하를 손바닥과 손목에 준다.
> ㉡ 계단을 내려갈 때는 먼저 목발을 옮기고 건강한 발을 옮긴다.
> ㉢ 목발 길이가 너무 길면 목발로 인한 마비가 올 수 있다.
> ㉣ 바닥에서 미끄러지지 않도록 굽이 있는 신발이나 슬리퍼를 신는다.

① ㉠, ㉡, ㉢   ② ㉠, ㉢
③ ㉡, ㉣   ④ ㉣
⑤ ㉠, ㉡, ㉢, ㉣

26 질식분만 3시간 후 산모의 자궁이 오른쪽으로 기울어져 있고 자궁저부가 배꼽보다 위에서 촉진될 때, 다음 중 올바른 중재는?

① 왼쪽으로 눕게 한다.　　　　　　② 체온을 측정한다.

③ 관장을 실시한다.　　　　　　　④ 복부에 모래주머니를 대 준다.

⑤ 배뇨를 하도록 돕는다.

27 생리적 무월경의 발생 원인으로 옳은 것은?

① 터너증후군　　　　　　　　　　② 자연 폐경

③ 자궁강내 유착　　　　　　　　　④ 처녀막 폐쇄

⑤ 다낭난소증후군

28 보건진료소 전담 공무원이 지역주민을 위한 보건교육사업을 계획하려고 할 때 우선적으로 고려해야 하는 것은?

① 대상자의 평가방안　　　　　　　② 대상자의 학습 환경

③ 보건교육사업 예산　　　　　　　④ 교육보조매체 활용가능성

⑤ 대상자의 교육 요구

29 일정 기간 동안 특정 질병에 걸린 사람 중 그 질병으로 인해 사망한 사람이 얼마인지 백분율로 표시한 것은?

① 치명률　　　　　　　　　　　　② 사망률

③ 표준화사망률　　　　　　　　　④ 특수사망률

⑤ 비례사망률

30 항상 우울한 기분을 느끼며, 식욕부진, 불면, 만성피로 등의 증상이 36개월간 계속되는 43세 환자에게 추정되는 질환은?

① 지속성 우울장애　　　　　　　　② 파괴적 기분조절부전장애

③ 양극성 장애　　　　　　　　　　④ 월경 전 불쾌감장애

⑤ 순환성 장애

합격의공식
SD에듀

www.sdedu.co.kr

앞선 정보 제공! 도서 업데이트

언제, 왜 업데이트될까?

도서의 학습 효율을 높이기 위해 자료를 추가로 제공할 때!
공기업 · 대기업 필기시험에 변동사항 발생 시 정보 공유를 위해!
공기업 · 대기업 채용 및 시험 관련 중요 이슈가 생겼을 때!

01 SD에듀 도서
www.sdedu.co.kr/book
홈페이지 접속

02 상단 카테고리
「도서업데이트」
클릭

03 해당
기업명으로
검색

참고자료, 시험 개정사항 등 정보 제공으로 학습효율을 높여 드립니다.

SD에듀
대기업 인적성검사
시리즈

신뢰와 책임의 마음으로 수험생 여러분에게 다가갑니다.

대기업 인적성 "단기완성" 시리즈

대기업 취업 기초부터 합격까지! 취업의 문을 여는
Master Key!

2023

삼성서울병원
SAMSUNG MEDICAL CENTER

강북삼성병원
KANGBUK SAMSUNG MEDICAL CENTER

삼성창원병원
SAMSUNG CHANGWON MEDICAL CENTER

2022년 기출복원문제 수록 | 모의고사 4회분 + 온라인 모의고사 2회분 | 기업분석 / 문제풀이 용지 제공

삼성병원 간호사

FINAL 실전 최종모의고사 6회분
+무료삼성특강

[정답 및 해설]

삼성병원 간호사
GSAT
정답 및 해설

제1회 정답 및 해설

제 1 영역 수리논리

01	02	03	04	05	06	07	08	09	10
④	③	⑤	①	②	⑤	③	①	②	①
11	12	13	14	15	16	17	18	19	20
②	④	③	④	③	②	①	④	②	⑤

01
정답 ④

S병원에서 출장지까지의 거리를 $x$km라 하자.

이때 S병원에서 휴게소까지의 거리는 $\frac{4}{10}x = \frac{2}{5}x$, 휴게소에서

출장지까지의 거리는 $\left(1-\frac{2}{5}\right)x = \frac{3}{5}x$이므로 다음의 식이 성립한다.

$\left(\frac{2}{5}x \times \frac{1}{75}\right) + \frac{30}{60} + \left(\frac{3}{5}x \times \frac{1}{75+25}\right) = \frac{200}{60}$

$\rightarrow \frac{2}{375}x + \frac{3}{500}x = \frac{17}{6} \rightarrow 8x+9x=4,250$

$\therefore x=250$km

02
정답 ③

ⅰ) 집 − 도서관 : 3×2=6가지

도서관 − 영화관 : 4×1=4가지

→ 6×4=24가지

ⅱ) 집 − 도서관 : 3×1=3가지

도서관 − 영화관 : 4×3=12가지

→ 3×12=36가지

$\therefore$ 24+36=60가지

03
정답 ⑤

'매우 불만족'으로 평가한 고객 수는 전체 150명 중 15명이므로 전체 10%의 비율을 차지한다. 따라서 $\frac{1}{10}$ 이 '매우 불만족'으로 평가했다는 것을 알 수 있다.

① 응답자의 합계를 확인하면 150명이므로 적절한 해석이다.

② '매우 만족'이라고 평가한 응답자의 비율이 20%이므로, 150×0.2=30명이다.

③ '보통'이라고 평가한 응답자의 수를 역산하여 구하면 48명이고, 비율은 32%이다. 따라서 약 $\frac{1}{3}$ 이라고 볼 수 있다.

④ '불만족' 이하 구간은 '불만족' 16%와 '매우 불만족' 10%의 합인 26%이다.

04
정답 ①

ㄱ. 자체 재원조달금액 중 국내투자에 사용되는 금액이 차지하는 비중은 $\frac{2,682}{4,025} \times 100 \fallingdotseq 66.6\%$이므로 적절한 설명이다.

ㄴ. 해외재원은 국내투자와 해외투자로 양분되나 국내투자분이 없으므로 적절한 설명이다.

ㄷ. 국내재원 중 정부조달금액이 차지하는 비중은 $\frac{2,288}{6,669} \times 100 \fallingdotseq$ 34.3%이므로 40% 미만이다.

ㄹ. 국내재원 중 해외투자금액 대비 국내투자금액의 비율은 $\frac{5,096}{1,573}$ ×100$\fallingdotseq$323.9%이므로 3배 이상이다. 따라서 적절하지 않은 설명이다.

05
정답 ②

통신회사의 기본요금을 x원이라 하면

$x+60a+30\times2a=21,600 \rightarrow x+120a=21,600 \cdots$ ㉠

$x+20a=13,600 \cdots$ ㉡

㉠−㉡을 하면

$100a=8,000$

$\therefore a=80$

06

이온음료는 7월에서 8월로 넘어가면서 판매량이 줄어드는 모습을 보이고 있다.

오답분석

① 맥주의 판매량은 매월 커피 판매량의 2배 이상임을 알 수 있다.
② 3 ~ 5월 판매현황과 6 ~ 8월 판매현황을 비교해볼 때, 모든 캔 음료는 봄보다 여름에 더 잘 팔린다.
③ 3 ~ 5월 판매현황을 보면, 이온음료는 탄산음료보다 더 잘 팔리는 것을 알 수 있다.
④ 맥주가 매월 다른 캔 음료보다 많은 판매량을 보이고 있음을 볼 때, 가장 많은 판매 비중을 보임을 알 수 있다.

07
정답 ③

제시된 자료에 의하면 중국의 디스플레이 세계시장의 점유율은 계속 증가하고 있고, 2016년 대비 2022년의 세계시장 점유율의 증가율을 구하면 $\frac{17.4-4.0}{4.0}\times100=335\%$이다.

오답분석

① 제시된 자료에 의하면 일본의 디스플레이 세계시장 점유율은 2018년까지 하락한 후 2019년에 소폭 증가한 뒤 이후 15% 정도대를 유지하고 있다.
② 디스플레이 세계시장 점유율은 매해 한국이 1위를 유지하고 있는 것은 맞다. 그러나 한국 이외의 국가의 순위는 2021년까지 대만 - 일본 - 중국 - 기타 순서를 유지하다 2022년에 대만 - 중국 - 일본 - 기타 순서로 바뀌었다.
④ 국가별 2021년 대비 2022년의 국가별 디스플레이 세계시장 점유율의 증감률을 구하면 다음과 같다.

- 한국 : $\frac{45.8-45.2}{45.2}\times100≒1.33\%$
- 대만 : $\frac{20.8-24.6}{24.6}\times100≒-15.45\%$
- 일본 : $\frac{15.0-15.4}{15.4}\times100≒-2.60\%$
- 중국 : $\frac{17.4-14.2}{14.2}\times100≒22.54\%$
- 기타 : $\frac{1.0-0.6}{0.6}\times100≒66.67\%$

따라서 2021년 대비 2022년의 디스플레이 세계시장 점유율의 증감률이 가장 낮은 국가는 한국이다.
⑤ 증가폭에 대해 묻고 있으므로, 증가한 연도의 증가폭만 구하면 다음과 같다.
- 2017년 : 47.6-45.7=1.9%p
- 2018년 : 50.7-47.6=3.1%p
- 2019년 : 45.2-42.8=2.4%p
- 2020년 : 45.8-45.2=0.6%p

따라서 한국의 디스플레이 세계시장 점유율의 전년 대비 증가폭은 2018년이 가장 컸다.

08
정답 ①

각각의 구매 방식별 비용을 구하면 다음과 같다.
- 스마트폰앱 : 12,500×0.75=9,375원
- 전화 : (12,500-1,000)×0.9=10,350원
- 회원카드와 쿠폰 : (12,500×0.9)×0.85≒9,563원
- 직접 방문 : (12,500×0.7)+1,000=9,750원
- 교환권 : 10,000원

따라서 피자 1판을 가장 싸게 살 수 있는 구매 방식은 스마트폰앱이다.

09
정답 ②

금형 업종의 경우, 사무소 형태로 진출한 현지 자회사 법인의 비율이 가장 높다.

오답분석

① 단독법인 형태의 소성가공 업체의 수는 30×0.381=11.43개로 10개 이상이다.
③ 표면처리 업체의 해외 현지 자회사 법인 중 유한회사의 형태인 업체는 133×0.024=3.192곳으로, 2곳 이상이다.
④ 전체 업체 중 용접 업체의 해외 현지 자회사 법인의 비율은 $\frac{128}{387}\times100≒33\%$로 30% 이상이다.
⑤ 소성가공 업체의 해외 현지 자회사 법인 중 단독법인 형태의 업체 비율은 38.1%로, 합작법인 형태의 업체 수의 비율인 15.2%의 2배 이상이므로 그 수도 2배 이상임을 알 수 있다.

10
정답 ①

ㄱ. 2021년 기말주가는 전년 대비 감소하였으나, 기본 주당순이익은 증가하였다.
ㄴ. 2020년 주가매출비율은 2021년보다 높으나, 주당 순자산가치는 낮다.

오답분석

ㄷ. 주석에 따르면, 주당매출액은 연간매출액을 총발행주식 수로 나눈 값이다. 따라서 분모인 총발행주식 수가 매년 동일하다면, 연간 매출액과 주당매출액이 비례함을 알 수 있다. 그러므로 2021년의 주당 매출액이 가장 높으므로 연간 매출액도 2021년이 가장 높다.
ㄹ. 2019년 대비 2022년 주당매출액은 $\frac{37,075-23,624}{23,624}\times100$ ≒56.9% 증가하였다.

11
정답 ②

ㄴ. 기계장비 부문의 상대수준은 일본이다.

ㄷ. 한국의 전자 부문 투자액은 301.6억 달러, 전자 외 부문 투자액의 총합은 3.4+4.9+32.4+16.4=57.1억 달러로, 57.1×6=342.6>301.6이다. 따라서 적절하지 않다.

오답분석

ㄱ. 제시된 자료를 통해 한국의 IT서비스 부문 투자액은 최대 투자국인 미국 대비 상대수준이 1.7%임을 알 수 있다.

ㄹ. 일본은 '전자 – 바이오·의료 – 기계장비 – 통신 서비스 – IT 서비스' 순이고, 프랑스는 '전자 – IT서비스 – 바이오·의료 – 기계장비 – 통신 서비스' 순이다.

12
정답 ④

• 2021년 총투약일수가 120일인 경우 종합병원의 총약품비
: 2,025×120=243,000원

• 2022년 총투약일수가 150일인 경우 상급종합병원의 총약품비
: 2,686×150=402,900원

따라서 구하는 값은 243,000+402,900=645,900원이다.

13
정답 ③

인구 천 명당 병상 수가 1.8로 가장 적은 2022년의 비중도 전체의 16.8%로 10%를 넘는다. 따라서 적절하지 않은 설명이다.

오답분석

① 표를 통해 쉽게 확인할 수 있다.

② 2021년 천 명당 치과·한방병원이 보유하고 있는 병상 수는 0.2개인데 전체는 천 명당 10.2개이므로 그 비율은 약 1.96%이다. 따라서 2021년 전체 병상 수 498,302개 중 치과·한방병원의 병상 수는 2%인 9,900여 개다. 복잡해 보이지만 치과·한방병원의천 명당 병상 수 0.2개, 천 명당 전체 병상 10.2개의 비율이 2% 정도라는 수치만 보면 만 개가 넘지 않는다는 것을 쉽게 파악할 수 있다.

④ 병원 수가 늘어났다면 늘어난 수치보다 병상 수가 증가해야 하는데(한 병원에 1개의 병상만 있는 것이 아니므로) 병원 수가 5% 늘어났다면 병상 수는 최소 5% 이상 증가해야 하므로 적절한 판단이다.

⑤ 조사기간 동안 의원의 병상 수는 그대로라면 결국 조산원의 병상 수가 준 것이므로 적절한 판단이다.

14
정답 ④

특수학교뿐 아니라 초등학교와 고등학교도 정규직 영양사보다 비정규직 영양사가 더 적다.

오답분석

① 급식인력은 4개의 학교 중 초등학교가 34,184명으로 가장 많다.

② 초등학교, 중학교, 고등학교의 영양사와 조리사는 천 단위의 수인 데 반해 조리보조원은 만 단위이므로, 조리보조원이 차지하는 비율이 가장 높다는 것을 알 수 있다.

③ 중학교 정규직 영양사는 626명이고 고등학교 비정규직 영양사는 603명이므로, 23명 더 많다.

⑤ 영양사 정규직 비율은 중학교가 $45.87\left(=\dfrac{626}{1427}\times100\right)$, 특수학교가 $94.69\left(=\dfrac{107}{113}\times100\right)$로, 특수학교가 중학교보다 2배 이상 높다.

15
정답 ③

전년 대비 업체 수가 가장 많이 증가한 해는 103개소가 증가한 2021년이며, 생산금액이 가장 많이 늘어난 해는 402,017백만 원이 증가한 2022년이다.

오답분석

① 조사기간 동안 업체 수는 해마다 증가했으며, 품목 수도 꾸준히 증가했다.

② 증감률 전체 총합이 27.27%이며, 이를 7로 나누면 약 3.89%이다.

④ 2019 ~ 2022년 사이 운영인원의 증감률 추이와 품목 수의 증감률 추이는 '증가 – 증가 – 증가 – 감소'로 같다.

⑤ 전체 계산을 하면 정확하겠지만 시간이 없을 때는 각 항목의 격차를 어림잡아 계산해야 한다. 즉, 품목 수의 증감률은 업체 수에 비해 한 해(2022년)만 뒤쳐져 있으며 그 외에는 모두 앞서고 있으므로 적절한 판단이다.

16
정답 ②

B, C, F, G는 기대수익률과 표준편차가 각기 다른데 조건에서 기대수익률과 위험 수준에 대한 선호도는 고려하지 않는다고 하였으므로 어느 투자 대안이 바람직한 것인지 평가할 수 없다.

오답분석

① A와 C, B와 D는 동일한 기대수익률을 나타내지만 표준편차가 다르며 제시문에서 표준편차가 낮은 투자 대안이 더 바람직하다고 하였다.

③ F의 기대수익률이 가장 높기는 하지만 표준편차 역시 가장 높으므로 가장 바람직한 대안은 아니다.

④ 투자 대안 E는 D와 G에 비해 표준편차가 낮지만 기대수익률 역시 낮으므로 바람직한 대안은 아니다.

⑤ 각 대안들의 기대수익률뿐만 아니라 표준편차 역시 고려되어야 한다.

17

내일 날씨가 화창하고 사흘 뒤 비가 올 모든 경우는 다음과 같다.

내일	모레	사흘
화창	화창	비
화창	비	비

- 첫 번째 경우의 확률 : 0.25×0.30=0.075
- 두 번째 경우의 확률 : 0.30×0.15=0.045

따라서 주어진 사건의 확률은 0.075+0.045=0.12=12%이다.

18

정답 ④

- (가)=723−(76+551)=96
- (나)=824−(145+579)=100
- (다)=887−(131+137)=619
- (라)=114+146+688=948

∴ (가)+(나)+(다)+(라)=96+100+619+948=1,763명

19

정답 ②

ㄱ. 표를 통해 쉽게 확인할 수 있다.

ㄷ. 노령화지수는 [(65세 이상 인구)÷(0~14세 인구)]×100이
  므로 65세 이상 인구가 1,000만, 0~14세 인구가 900만이
  면, {(1,000만)÷(900만)}×100=111.11%이다.

오답분석

ㄴ. 2016년부터 2030년까지 노령화지수가 높아지고 있으므로 0
  ~14세 인구보다 65세 이상 인구가 늘어난다는 것을 알 수
  있다.

ㄹ. 1980년의 노령화지수는 노년부양비보다 1.8배 정도 큰데,
  2040년에는 노령화지수가 노년부양비보다 5.5배 정도 크다.
  따라서 노령화지수 증가율이 노년부양비 증가율보다 높다는
  것을 알 수 있다.

20

정답 ⑤

연도별 교원 1인당 원아 수를 구하면 2019년에는 $\frac{8,423}{566}$ ≒

14.88⋯, 2020년에는 $\frac{8,391}{572}$ ≒14.67, 2021년에는 $\frac{8,395}{575}$ =

14.6, 2022년에는 $\frac{8,360}{578}$ ≒14.46으로 점점 감소하고 있다.

오답분석

① 2019년에는 $\frac{327}{112}$ ≒2.92, 2020년에는 $\frac{344}{124}$ ≒2.77, 2021

년에는 $\frac{340}{119}$ ≒2.86, 2022년에는 $\frac{328}{110}$ ≒2.98이므로 유치

원당 평균 학급 수는 3개를 넘지 않는다.

② • 2019년 학급당 원아 수 : $\frac{8,423}{327}$ ≒25.76

  • 2020년 학급당 원아 수 : $\frac{8,391}{344}$ ≒24.39

  • 2021년 학급당 원아 수 : $\frac{8,395}{340}$ ≒24.69

  • 2022년 학급당 원아 수 : $\frac{8,360}{328}$ ≒25.49

③ 취원율이 가장 높았던 해와 원아 수가 가장 많은 해는 2019년
  으로 동일하다.

④ • 2019년 학급당 교원 수 : $\frac{566}{327}$ ≒1.73

  • 2020년 학급당 교원 수 : $\frac{572}{344}$ ≒1.66

  • 2021년 학급당 교원 수 : $\frac{575}{340}$ ≒1.69

  • 2022년 학급당 교원 수 : $\frac{578}{328}$ ≒1.76

따라서 학급당 교원 수는 2020년에 가장 낮고, 2022년에 가
장 높다.

01	02	03	04	05	06	07	08	09	10
②	④	③	②	④	⑤	⑤	③	④	④
11	12	13	14	15	16	17	18	19	20
⑤	③	⑤	②	⑤	③	③	③	②	③
21	22	23	24	25	26	27	28	29	30
①	③	③	②	④	①	④	④	②	②

01
정답 ②

문제에서 주어진 명제를 정리하면 다음과 같다.
- A : 의류를 판매한다.
- B : 핸드백을 판매한다.
- C : 구두를 판매한다.
- D : 모자를 판매한다.

A → ~B, B → ~C, ~A → D, D → ~C, D → ~C의 대우는 C → ~D이고, ~A → D의 대우는 ~D → A이므로 C → ~D → A라는 명제가 성립된다. 따라서 ②인 C → A가 참인 명제이다.

02
정답 ④

'채소를 좋아한다.'를 A, '해산물을 싫어한다.'를 B, '디저트를 싫어한다.'를 C라고 하면 전제는 A → B로 표현할 수 있다. 다음으로 결론은 ~C → ~A로 표현할 수 있고 이의 대우 명제는 A → C이다. 따라서 중간에는 B → C가 나와야 하므로 이의 대우 명제인 ④가 적절하다.

03
정답 ③

'환율이 하락하다.'를 A, '수출이 감소한다.'를 B, 'GDP가 감소한다.'를 C, '국가 경쟁력이 떨어진다.'를 D라고 했을 때, 첫 번째 명제는 A → D, 세 번째 명제는 B → C, 네 번째 명제는 B → D이므로 마지막 명제가 참이 되려면 C → A라는 명제가 필요하다. 그러므로 C → A의 대우 명제인 ③이 답이 된다.

04
정답 ②

먼저 3과 2에 의해 '날 수 있는 동물은 예외 없이 벌레를 먹고 산다. 벌레를 먹고 사는 동물의 장 안에는 세콘데렐라는 도저히 살 수가 없다'는 것으로부터 '날 수 있는 동물은 장 안에 세콘데렐라가 없다.'는 명제를 쉽게 얻을 수 있다.
그러므로 ②의 동고비새 역시 세콘도가 없다. 1의 (다)를 보면 옴니오는 프리모와 세콘도가 둘 다 서식하는 것이므로 ②는 명백하게 거짓이다.

오답분석
① 3과 2에 의해 명백한 참이다.
③ 2와 3에 의해 벌쥐는 그것은 프리모이거나 눌로에 속하므로 반드시 거짓이라고 할 수 없다.
④ 플라나리아는 벌레를 먹지 않으므로 눌로가 아니다. 그러므로 프리모, 세콘도, 옴니오 중에 하나가 될 수 있다. 역시 반드시 거짓은 아니다.
⑤ 벌레를 먹지 않는 동물 가운데 눌로에 속하는 것은 없다고 했으므로 프리모, 세콘도, 옴니오 중에 하나가 된다. 따라서 반드시 거짓이라고 할 수는 없다.

05
정답 ④

네 번째 진술을 이용하면 막걸리 → 소주 → 고량주 순으로 마셨음을 알 수 있다. 또한 두 번째 진술을 이용하면 소주와 고량주 사이에는 맥주가 있다는 사실도 알 수 있다.
따라서 양주를 *이라 하면 *막소맥고, 막*소맥고, 막소*맥고, 막소맥*고, 막소맥고*의 경우가 있다.
따라서 맥주 다음에 양주가 올 가능성이 있으므로, 반드시 고량주가 있다고는 할 수 없다.

오답분석
② 양주 또는 마걸리가 항상 맨 앞에 위치한다.
⑤ 양주를 마지막에 마시지 않았다면 고량주는 항상 양주 뒤에 마신다.

06
정답 ⑤

일남이와 삼남이의 발언에 모순이 있으므로, 일남이와 삼남이 중 적어도 1명은 거짓을 말한다. 만약 일남이와 삼남이가 모두 거짓말을 하고 있다면 일남이는 경찰이고(시민, 마피아 ×), 자신이 경찰이라고 말한 이남이의 말이 거짓이 되면서 거짓말을 한 사람이 3명 이상이 되므로 조건에 부합하지 않는다. 따라서 일남이는 경찰이 아니며, 일남이나 삼남이 중에 1명만 거짓을 말한다.
- 일남이가 거짓, 삼남이가 진실을 말한 경우
 일남이는 마피아이고, 오남이가 마피아라고 말한 이남이의 말은 거짓이므로, 이남이는 거짓을 말하고 있고 이남이는 경찰이 아니다. 즉, 남은 사남이와 오남이는 모두 진실을 말해야 한다. 두 사람의 말을 종합하면 사남이는 경찰도 아니고 시민도 아니게 되므로 마피아여야 한다. 그러나 이미 일남이가 마피아이고 마피아는 1명이라고 했으므로 모순이다.
- 일남이가 진실, 삼남이가 거짓을 말한 경우
 일남이는 시민이고, 이남·사남·오남 중 한 명은 거짓, 다른 두 명은 진실을 말한다. 만약 오남이가 거짓을 말하고 이남이와 사남이가 진실을 말한다면 이남이는 경찰, 오남이는 마피아이고 사남이는 시민이어야 하는데, 오남이의 말이 거짓이 되려면 오남이가 경찰이 되므로 모순이다. 또한, 만약 사남이가 거짓을 말하고 이남이와 오남이가 진실을 말한다면 이남이와 사남이가 모두 경찰이므로 역시 모순된다. 즉, 이남이가 거짓, 사남이와 오남이가 진실을 말한다.
따라서 사남이는 경찰도 시민도 아니므로 마피아이고, 이남이와 오남이가 모두 경찰이 아니므로 삼남이가 경찰이다.

07   정답 ⑤

'사람'을 p, '빵도 먹고 밥도 먹음'을 q, '생각을 함'을 r, '인공지능'을 s, 'T'를 t라 하면, 순서대로 $p \rightarrow q$, $\sim p \rightarrow \sim r$, $s \rightarrow r$, $t \rightarrow s$이다. 두 번째 명제의 대우와 첫 번째·세 번째·네 번째 명제를 연결하면 $t \rightarrow s \rightarrow r \rightarrow p \rightarrow q$이므로, $t \rightarrow q$가 성립한다. 따라서 ⑤는 참이다.

오답분석

① $t \rightarrow p$의 역이므로 참인지 거짓인지 알 수 없다.

② $s \rightarrow r$의 역이므로 참인지 거짓인지 알 수 없다.

③ $s \rightarrow q$의 이이므로 참인지 거짓인지 알 수 없다.

④ $\sim q \rightarrow \sim r$이 참이므로 $\sim q \rightarrow r$은 거짓이다.

08   정답 ③

명제가 참이면 대우 명제도 참이다. 즉, '을이 좋아하는 과자는 갑이 싫어하는 과자이다.'가 참이면 '갑이 좋아하는 과자는 을이 싫어하는 과자이다.'도 참이다. 따라서 갑은 비스킷을 좋아하고, 을은 비스킷을 싫어한다.

09   정답 ④

$p=$'도보로 걸음', $q=$'자가용 이용', $r=$'자전거 이용', $s=$'버스 이용'이라고 하면 $p \rightarrow \sim q$, $r \rightarrow q$, $\sim r \rightarrow s$이며, 두 번째 명제의 대우인 $\sim q \rightarrow \sim r$이 성립함에 따라 $p \rightarrow \sim q \rightarrow \sim r \rightarrow s$가 성립한다. 따라서 '도보로 걷는 사람은 버스를 탄다.'는 명제는 반드시 참이다.

10   정답 ④

D가 산악회 회원인 경우와 아닌 경우로 나누어보면 다음과 같다.

• D가 산악회 회원인 경우

네 번째 조건에 따라 D가 산악회 회원이면 B와 C도 산악회 회원이 되며, A는 두 번째 조건의 대우에 따라 산악회 회원이 될 수 없다. 따라서 B, C, D가 산악회 회원이다.

• D가 산악회 회원이 아닌 경우

세 번째 조건에 따라 D가 산악회 회원이 아니면 B가 산악회 회원이 아니거나 C가 산악회 회원이어야 한다. 그러나 첫 번째 조건의 대우에 따라 C는 산악회 회원이 될 수 없으므로 B가 산악회 회원이 아님을 알 수 있다. 따라서 B, C, D 모두 산악회 회원이 아니다. 이때 최소 한 명 이상은 산악회 회원이어야 하므로 A는 산악회 회원이다.

따라서 항상 옳은 것은 ④이다.

11   정답 ⑤

첫 번째 진술의 대우 명제는 '영희 또는 서희가 서울 사람이 아니면 철수 말이 거짓이다.'이다. 따라서 서희가 서울 사람이 아니라면, 철수 말은 거짓이므로 두 번째 진술에 의해, 창수와 기수는 서울 사람이고 영희가 서울 사람인지 아닌지는 알 수 없다.

12   정답 ③

C사원은 10개의 도장에서 2개의 도장이 모자라므로 현재 8개의 도장을 모았으며, A사원은 C사원보다 1개의 도장이 적으므로 현재 7개의 도장을 모은 것을 알 수 있다. 또한 B사원은 A사원보다 2개 적은 5개의 도장을 모았으며, D사원은 무료 음료 한 잔을 포함하여 3잔을 주문하였으므로 10개의 도장을 모은 쿠폰을 반납하고, 새로운 쿠폰에 2개의 도장을 받았음을 추론할 수 있다. 따라서 D사원보다 6개의 도장을 더 모은 E사원은 8개의 도장을 받아 C사원의 도장 개수와 동일함을 알 수 있다.

13   정답 ⑤

월요일에 먹는 영양제는 비타민 B와 칼슘, 마그네슘 중에 하나일 수 있으나, 마그네슘의 경우 비타민 D보다 늦게 먹고, 비타민 B보다는 먼저 먹어야 하므로 월요일에 먹는 영양제로 마그네슘과 비타민 B 둘 다 불가능하다. 따라서 K씨가 월요일에 먹는 영양제는 칼슘이 된다. 또한 비타민 B는 화요일 또는 금요일에 먹을 수 있으나, 화요일에 먹게 될 경우 마그네슘을 비타민 B보다 먼저 먹을 수 없게 되므로 비타민 B는 금요일에 먹는다. 나머지 조건에 따라 K씨가 요일별로 먹는 영양제를 정리하면 다음과 같다.

월	화	수	목	금
칼슘	비타민 C	비타민 D	마그네슘	비타민 B

따라서 회사원 K씨가 월요일에는 칼슘, 금요일에는 비타민 B를 먹는 것을 알 수 있다.

14   정답 ②

윤희를 거짓말을 사람이라고 가정하자. 그러면 윤희의 한 말은 거짓이므로, 두 사람 모두 진실을 사람이어야 한다. 그러나 가정과 모순이 되므로 윤희는 거짓말을 사람이 아니다. 즉, 윤희의 말이 참이므로 주형이는 거짓말을 사람이다.

15   정답 ⑤

문제에 제시된 조건에 따르면 수녀는 언제나 참이므로 A가 될 수 없고, 왕은 언제나 거짓이므로 C가 될 수 없다. 따라서 수녀는 B 또는 C이고, 왕은 A 또는 B가 된다.

ⅰ) 왕이 B이고 수녀가 C라면, A는 농민인데 거짓을 말해야 하는 왕이 A를 긍정하므로 모순이다.

ⅱ) 왕이 A이고 수녀가 B라면, 항상 참을 말해야 하는 수녀가, 자신이 농민이라고 거짓을 말하는 왕의 말이 진실이라고 하므로 모순된다.

ⅲ) 왕이 A이고 수녀가 C라면, B는 농민인데 이때 농민은 거짓을 말하는 것이고 수녀는 자신이 농민이 아니라고 참을 말하는 것이므로 성립하게 된다.

따라서 A는 왕, B는 농민, C는 수녀이다.

16   정답 ③

제시된 어휘는 상하 관계이다. 문장 안에는 낱말이 있고, 태양계 안에는 행성이 있다.

17   정답 ③

제시된 어휘는 인과 관계이다. '충격'이 있으면 '혼절'을 하게 되고, '감사'한 일이 있으면 '사례'를 하게 된다.

18   정답 ③

규칙은 세로로 적용된다. 위쪽 도형과 가운데 도형을 더하면 아래쪽 도형이 되고 색칠된 부분이 중복되는 경우 흰색으로 바뀐다.

19   정답 ③

규칙은 세로로 적용된다. 세로로 첫 번째 도형과 두 번째 도형을 겹쳤을 때의 도형이 세 번째 도형이다.

20   정답 ③

규칙은 가로로 적용된다. 첫 번째 도형과 두 번째 도형을 합친 후, 겹치는 부분을 색칠한 도형이 세 번째 도형이다.

21   정답 ①

• 문자표

A	B	C	D	E	F	G	H	I	J
K	L	M	N	O	P	Q	R	S	T
U	V	W	X	Y	Z				
0	1	2	3	4	5	6	7	8	9

• 규칙

◎ : 1234 → 12344
♣ : 12345 → 1245
■ : 각 자릿수 −1
▽ : 1234 → 2143

D5N8 → 5D8N → 5D8NN
       ▽   ◎

22   정답 ③

WB16 → WB166 ♣ WB66 → VA55
     ◎   ♣   ■

23   정답 ③

XQ5M → WP4L → WP4LL
     ■   ◎

24   정답 ②

RS94 → SR49 → SR499 → RQ388
    ▽   ◎   ■

25   정답 ④

마지막 문단에 따르면, 모든 동물이나 식물종을 보존할 수 없는 것과 같이 언어 소멸 역시 막기 어려운 측면이 있으며, 그럼에도 불구하고 이를 그저 바라만 볼 수는 없다고 하였다. 즉, 언어 소멸 방지의 어려움을 동물이나 식물종을 완전히 보존하기 어려운 것에 비유한 것이지, 언어 소멸 자체가 자연스럽고 필연적인 현상인 것은 아니다.

오답분석

① 첫 번째 문단에 따르면, 전 세계적으로 3,000개의 언어가 소멸해 가고 있으며, 이 중에서 약 600개의 언어는 사용자 수가 10만 명을 넘으므로 비교적 안전한 상태이다. 따라서 나머지 약 2,400개의 언어는 사용자 수가 10만 명이 넘지 않는다고 추측할 수 있다.

② 두 번째 문단의 마지막 문장에 의해, 히브리어는 지속적으로 공식어로 사용할 의지에 따라 부활한 언어임을 알 수 있다.

③ 마지막 문단 두 번째 줄의 '가령, 어떤 ~ 초래할 수도 있다.'를 통해 알 수 있다.

⑤ 두 번째 문단에서 '토착 언어 사용자들의 거주지가 파괴되고 종족 말살과 동화(同化)교육이 이루어지며, 사용 인구가 급격히 감소하는 것' 이외에도 전자 매체의 확산이 언어 소멸의 원인이 된다고 하였다. 따라서 타의적·물리적 압력에 의해서만 언어 소멸이 이루어지는 것은 아님을 알 수 있다.

26   정답 ①

멜서스에 따르면 인구가 증가하면 식량이 부족해지고, 기근, 전쟁, 전염병으로 인구가 조절된다고 주장했기 때문에 ①은 멜서스와 반대된다.

오답분석

② 멜서스는 인구 증가에 따른 부작용을 막기 위해 인구 증가를 미리 억제해야 한다고 주장했으므로, 멜서스의 인구 억제방식은 적극적임을 알 수 있다.

③ 멜서스는 '하루 벌어 하루 먹고사는 하류계급'으로 노동자를 언급했으며, 또한 하류계급은 '성욕을 참지 못한다.'고 극단적으로 표현한 점을 봐서 상류계급과 하류계급으로 사회구조를 봤음을 유추할 수 있다.

④ 멜서스는 인간의 평등과 생존권을 옹호하는 모든 사상과 이론은 '자연법칙에 위배되는 유해한' 것으로 주장했기 때문에 당대 대중 빈곤을 위해 노력했던 사람들에게 비판받았을 것임을 유추할 수 있다.
⑤ 멜서스의 주장은 비록 극단적인 편견으로 가득 찬 빗나간 화살이었지만, 인구구조의 변화와 그 사회현상을 새로운 시각으로 접근했다는 점에서 학문적으로 평가 받을 수 있다.

27 정답 ④

맷 스폰하이머와 줄리아 리소프의 연구는 오스트랄로피테쿠스가 육식을 하였음을 증명하였으므로, 육식 여부로 오스트랄로피테쿠스와 사람을 구분하던 과거의 방법이 잘못되었음을 증명한 것이라 볼 수 있다.

오답분석

① 두 번째 문단 마지막 문장에서 오스트랄로피테쿠스의 식단에서 풀을 먹는 동물이 큰 부분을 차지했다는 결론을 내렸다고 했을 뿐, 풀을 전혀 먹지 않았는지는 알 수 없다.
② 오스트랄로피테쿠스의 진화과정과 육식의 관계를 알 수 있을 만한 부분은 없다.
③ 단일 식품을 섭취하는 것이 위험하다고 했을 뿐, 단일 식품을 섭취하는 동물은 없다고 보기는 어렵다.
⑤ 마지막 문단에서 동물 뼈에 이로 씹은 흔적 위에 도구로 자른 흔적이 겹쳐있고 무기를 가진 인간의 흔적이라고 한 것으로 보아 무기로 사냥을 했음을 알 수 있다.

28 정답 ②

제시문을 통해 국가 주요 정책이나 환경에 대한 관심이 상표 출원에 많은 영향을 미치고 있음을 알 수 있다.

오답분석

① 환경과 건강에 대한 관심이 증가하면서 앞으로도 친환경 관련 상표 출원은 증가할 것으로 유추할 수 있다.
③ 친환경 상표가 가장 많이 출원된 제품이 화장품인 것은 맞지만 그 안전성에 대해서는 언급하고 있지 않기 때문에 유추하기 어렵다.
④ 2007년부터 2017년까지 영문자 ECO가 상표 출원실적이 가장 높았으며 그다음은 그린, 에코 순이다. 본문의 내용만으로는 유추하기 어렵다.
⑤ 출원건수는 상품류를 기준으로 한다. ECO 달세제, ECO 별세제는 모두 친환경 세제라는 상품류에 속하므로 단류 출원 1건으로 계산한다.

29 정답 ②

제시문에서는 저작권 소유자 중심의 저작권 논리를 비판하며 저작권의 의의를 가지려면 저작물이 사회적으로 공유되어야 한다고 주장하고 있다. 따라서 이 주장에 대한 비판으로 ②가 가장 적절하다.

30 정답 ②

기계화ㆍ정보화의 긍정적인 측면보다는 부정적인 측면을 부각시키고 있는 본문을 통해 기계화ㆍ정보화가 인간의 삶의 질 개선에 기여하고 있음을 경시한다고 지적할 수 있다.

01	02	03	04	05	06	07	08	09	10
②	⑤	①	②	①	④	④	①	⑤	②
11	12	13	14	15	16	17	18	19	20
⑤	⑤	③	④	⑤	①	④	②	④	⑤
21	22	23	24	25	26	27	28	29	30
④	②	④	⑤	④	⑤	④	③	④	①

01 정답 ②

오답분석

① 조절 구멍을 연 상태에서 삽입한다.
③ 멸균 장갑을 착용한다.
④ 안쪽에서 바깥쪽으로 소독한다.
⑤ 3% 과산화수소에 담가 분비물을 제거한 후 멸균수로 헹군다.

02 정답 ⑤

인연고 투어

• 하안검 : 대상자는 위를 보고 하안검 '내측에서 외측으로' 투약
• 상안검 : 대상자는 아래를 보고 상안검 '내측에서 외측으로' 투약
• 안연고 투여 후 적어도 1분 동안은 눈 감고 있기

03 정답 ①

금전이나 명예 때문이 아니라 일 자체에 즐거움과 의미를 부여하는 동기에 의해 일을 성취하는 경우 이를 성취동기라고 한다.

04 정답 ②

간호 관리자의 기능

• 지휘기능 : 일정한 목적을 보다 효과적으로 실현하기 위하여 집단행동의 전체를 통솔하는 것을 말한다. 지도 및 조정, 동기부여, 방향을 제시하며 인도해 주는 기능이다.
• 기획기능 : 조직이 달성해야 할 목표를 설정하고 설정한 목표를 효율적으로 달성하기 위한 구체적인 행동방안을 선택하는 것이다.
• 조직기능 : 기획단계에서 목표가 제시되면, 목표 달성을 위해 일을 세분화하여 구성원에게 배분하고, 자원을 할당하며, 산출 결과를 조정하는 단계이다. 활동, 물품, 재원, 인력을 활용하여 유기적으로 결합시켜 목적을 달성하도록 하는 관리기능이다.
• 인사기능 : 모집, 선발, 채용, 오리엔테이션, 인력개발, 업무분담, 스케줄 등을 포함한다.
• 통제기능 : 계획에 따라 활동을 조직하여 실제 결과가 계획된 대로 지속되는지 확인하고, 계획과의 편차가 발생하였을 때 시정조치를 취하는 일련의 과정이다.

05 정답 ①

정의의 원칙(분배적 원칙)

부족한 의료자원의 분배와 관련하여 누가 적절한 의료를 받을 것인지, 누가 그 비용을 지불할 것인지 결정하는 것이다. 응급환자분류체계 적용하기가 이에 속한다.

06 정답 ④

학습이론의 종류

• 구성주의 학습이론 : 학습자가 지식을 구축하여 각자 개인적 목적에 맞는 지식을 구성한다는 이론이다. 지식의 권위자를 특정하지 않고 구성원들에게 권위를 균등하게 분산하고, 그들 간의 협상과 협업을 강조함으로써 집단지성에 의한 공동체 지식을 구축해 나가는 것을 중요시한다.
• 완전학습이론 : 학교 교육과정 속에 규정되어 있는 대부분의 교육목표들은 거의 모든 학생들에 의하여 성공적으로 달성될 수 있는 것으로 보고, 이를 성취하기 위하여 수업절차가 학생 개개인의 능력과 학습속도에 대하여 최적의 것이 되도록 구성되어야 한다고 주장하는 이론이다.
• 행동주의 학습이론 : 자극과 반응의 연합을 통해 학습이 이루어지면서 점진적인 행동이 형성된다는 이론이다. 고전적 조건형성, 조작적 조건형성 등이 대표적이다.
• 인지주의 학습이론 : 학습자는 경험을 이해하려고 하는 능동적 존재이며, 학습은 사람의 정신구조(인지구조)가 변화하는 것이라는 이론이다.
• 인본주의 학습이론 : 인간의 자유의지와 자아실현을 강조하여, 자유로운 의지에 의하여 자신의 행동을 결정하고 책임을 지면서 자신의 무한한 성장과 발전 가능성을 실현하도록 인도하는 학습을 추구하는 이론이다.

07 정답 ④

두개내압 상승(정상치 5 ~ 13mmHg)으로 인해 호흡 중추인 연수가 압박되어 호흡장애가 나타날 수 있으므로 기도개방 유지가 필요하다.

08 정답 ①

골다공증 발생 위험 요인

• 성별 : 여성, 특히 폐경기 여성의 경우 같은 나이의 남성보다 6 ~ 8배 발생률이 높다.
• 연령 : 60세 이상 고령자
• 골격과 체중 : 키가 작은 사람이나 마른 사람
• 생활습관 : 흡연과 음주를 하는 사람, 활동량이 적은 사람
• 영양상태 : 식이요법을 시행하는 젊은 여성, 채식주의자, 인스턴트 식품 장기 복용자
• 무월경 : 조기폐경이나 수술에 의한 인공폐경, 원인 미상의 장기적 무월경 환자
• 질병 및 약물 : 부신 호르몬제를 사용하거나 갑상선 질환이 있는 경우, 류머티스 관절염, 수술이나 질병으로 장기간 누워 지낸 경우

09　정답 ⑤

순환 혈액량 부족으로 인한 급성 핍뇨성 신부전을 의심할 수 있다.

오답분석

① 말초혈관은 수축된다.
② 피부의 혈액순환은 감소한다.
③ 심박출량은 감소한다.
④ 중심정맥압은 감소한다.

10　정답 ②

아세트아미노펜(Acetaminophen, 상품명 타이레놀)의 대표적인 부작용은 간독성으로, 급성 간염 시에는 가능한 복용을 피해야 한다.

11　정답 ⑤

의료기관 입원 환자의 권리

• 인간의 존엄성을 유지할 권리
• 치료과정에 대해 설명을 충분히 들을 권리
• 사적인 일에 간섭받지 않을 권리
• 의료보장의 개선을 나라에 요구할 권리
• 개인 신상 비밀을 보호받을 권리
• 배울 권리
• 진료받을 권리
• 참가와 협동할 권리

12　정답 ⑤

사용자 책임

타인을 사용하여 어느 사무에 종사하게 한 자는 피용자가 그 사무 집행에 관하여 제삼자에게 가한 손해를 배상할 책임이 있다고 민법 제756조에 규정되어 있다.

13　정답 ③

출혈이나 성문의 부종, 후두신경 손상으로 급성 호흡기 폐쇄가 올 수 있다. 이때는 기관 내 삽관이나 절개술을 해주지 않으면 위험하게 되므로 기관 절개 세트와 산소를 환자 침상 옆에 준비해 두어 응급상황에 대비한다.

14　정답 ④

고나트륨혈증의 증상

• 신경계 : 혼돈, 경련, 혼수, 진전, 과반사, 발작
• 심혈관계 : 보상성 빈맥, 체위성 저혈압, 고혈압, 경정맥 팽창, 말초정맥 충혈, 심잡음, 부정맥
• 체중증가, 부종
• 호흡계 : 호흡곤란, 수포음, 흉막심출
• 신장 : 다뇨(저혈량성), 핍뇨(고혈량성)
• 갈증, 발열, 체온 상승
• 검사 : 혈장 삼투압>295mOsm/kg

15　정답 ⑤

호흡의 화학적 조절(Chemical Regulation)

• 호흡, 맥박이 빠르면 저혈압
• 저산소혈증이면 과도환기
• 체온이 상승 시 호흡수 증가
• 체내 탄산가스 농도 증가 시 호흡수 증가
• 동맥혈 내 수소이온 농도 증가 시 호흡수 증가

16　정답 ①

일과성 허혈성 발작(Transient Ischemic Attack, TIA)의 증상

• 시각장애 : 흐린 시야, 복시, 한쪽 실명, 좁은 시야
• 운동장애 : 손, 팔, 다리의 일시적 마비나 허약감, 일시적 보행 장애
• 감각장애 : 일시적 무감각증(얼굴, 팔, 손), 현훈
• 언어장애 : 실어증, 구음장애

17　정답 ④

사이클로스포린(Cyclosporine)은 면역억제제로, 이식 수술을 받은 환자의 거부반응을 조절할 수 있다.

오답분석

① 혈관확장제
② 베타차단제
③ 항경련제
⑤ 진통해열제

18　정답 ②

환자의 숫자가 많을 때는 대량 출혈 및 기도 폐색, 호흡곤란 등 긴급을 요하는 환자부터 우선 처치한다.

19　정답 ④

오답분석

① 수포는 보통 단측성으로 발생한다.
② 스테로이드 사용은 필수는 아니며, 쓰더라도 가능한 한 단기간 사용한다.
③ 개인위생과 재발은 큰 연관성이 없다.
⑤ 항생제는 세균성 합병증이 있는 경우 외에는 사용하지 않는다.

20　정답 ⑤

탈수 시 맥압 감소, 요비중 증가, 소변량 감소, 헤모글로빈 및 헤마토크릿 증가, 구강점막 건조 소견을 보인다.

21 　　　　　　　　　　　　　정답 ④

과민대장증후군을 진단할 때는 기능적인 진단명으로, 빈혈이나 혈변, 백혈구 상승, 체온 상승, 점액변, 대장 점액의 분비 감소 등 기질적인 원인이나 문제가 없어야 한다.

22 　　　　　　　　　　　　　정답 ②

중년 남성, 음주력, 증상 등으로 보아 역류성 식도염(Reflux Esophagitis)으로 인한 식도자극과 관련된 통증을 우선적으로 의심할 수 있다.

23 　　　　　　　　　　　　　정답 ④

알코올성 간경화증 환자의 암모니아 수치가 증가한 상태(정상치 80 ~ 100ug/dL)로 의식 수준, 손떨림 등 간성뇌증(Hepatic Encephalopathy)의 가능성을 우선적으로 사정해야 한다.

24 　　　　　　　　　　　　　정답 ⑤

혈압이 낮고 맥박은 높으며 중심정맥압(CVP), 폐모세혈관쐐기압(PCWP) 모두 감소된 상태로 순환혈액량 부족이 의심되므로 투여 수액량을 증가시켜야 한다.

25 　　　　　　　　　　　　　정답 ④

주로 얼굴 근육을 지배하는 제7뇌신경(Facial Nerve, 얼굴신경)의 손상을 의심해 볼 수 있다.

26 　　　　　　　　　　　　　정답 ⑤

혈소판 저하, 급성 신부전 의심 소견으로 출혈 경향 확인이 필요하다.

27 　　　　　　　　　　　　　정답 ④

갈색세포종은 부신에 카테콜아민을 분비하는 종양이 생겨 혈압 상승, 빈맥, 두통, 흉통 등의 증상이 발생하는 질환으로, 소변에서 카테콜아민 대사 산물(노르메타네프린, 메타네프린) 수치가 증가한다.

28 　　　　　　　　　　　　　정답 ③

절개 부위가 나은 후에는 팔을 적절하게 움직이는 것이 회복에 도움이 된다.

29 　　　　　　　　　　　　　정답 ④

용혈반응(Hemolysis)은 대표적인 수혈 부작용 중 하나로 ABO 혹은 다른 적혈구 항원 – 항체 부적합으로 인하여 발생한다. 용혈성 수혈 부작용이 의심되는 경우, 즉시 수혈을 중단하고 생리식염수를 대신 주입한다.

30 　　　　　　　　　　　　　정답 ①

오답분석

② 소변 색과는 큰 상관이 없다.
③ 피리독신 보충제는 금한다.
④ 단백질 투여를 제한한다.
⑤ 레보도파와 섬유소 식이는 큰 연관은 없으나, 파킨슨병 환자는 보통 변비가 있어 고섬유소 식이를 권한다.

제2회 정답 및 해설

제 1 영역 수리논리

01	02	03	04	05	06	07	08	09	10
④	②	⑤	⑤	②	⑤	①	①	②	⑤
11	12	13	14	15	16	17	18	19	20
③	③	③	④	④	③	③	①	①	⑤

01 정답 ④

거슬러 올라간 거리를 x km, 내려간 거리를 $(7-x)$ km라고 하자.

- 배를 타고 거슬러 올라갈 때의 속력
  : (배의 속력)−(강물의 속력)$=20-10=10$ km/h
- 배를 타고 내려갈 때의 속력
  : (배의 속력)+(강물의 속력)$=5+10=15$ km/h

이동할 때 걸린 시간은 40분$=\dfrac{2}{3}$시간이므로

$$\dfrac{x}{10}+\dfrac{7-x}{15}=\dfrac{2}{3}$$

$\therefore x=6$

02 정답 ②

1~3의 숫자가 적힌 카드 중 하나 이상을 뽑을 확률은 1−(세 번 모두 4~10의 숫자가 적힌 카드를 뽑을 확률)과 같다.

$$\therefore 1-\left(\dfrac{7}{10}\times\dfrac{6}{9}\times\dfrac{5}{8}\right)=1-\dfrac{7}{24}=\dfrac{17}{24}$$

03 정답 ⑤

2017년 노령연금 수급자 대비 유족연금 수급자 비율은 $\dfrac{485,822}{2,748,455}$ $\times100≒17.7\%$이며, 2019년 노령연금 수급자 대비 유족연금 수급자 비율은 $\dfrac{563,996}{2,947,422}\times100≒19.1\%$이다. 따라서 노령연금 수급자 대비 유족연금 수급자 비율은 2019년이 2017년보다 더 높다.

오답분석

① 조사기간 동안 유족연금 수급자 수는 매년 증가했다.

② $\dfrac{563,996}{2,947,422}\times100≒19.1\%$이므로 20% 미만이다.

③ 2019년에는 346명, 2020년에는 301명이 전년 대비 증가했다. 따라서 가장 많이 증가한 해는 2019년이다.

④ 2022년의 장애연금 수급자와 노령연금 수급자 수의 차이는 $3,706,516-75,486=3,631,030$으로 가장 크다.

Tip 일일이 계산을 해보지 않더라도, 그래프 사이 간격을 통해 2022년이 가장 크게 차이나는 것을 알 수 있다.

04 정답 ⑤

자녀가 없는 가구 중 상·재해보장보험에 가입한 가구 수와 자녀가 2명인 가구 중 연금보험에 가입한 가구 수는 구체적 수치를 구할 수 없으며, 이 두 항목을 도출하는 데 바탕이 되는 공통요소도 존재하지 않는다.

오답분석

① 전체 가구 중 질병보장보험에 가입한 가구 수는 전체의 81.8%이며, 사망보장보험에 가입한 가구 수는 전체의 19.8%이다. 기준이 되는 가구 수는 동일하므로 구체적 수치를 알지 못해도 배수 비교는 가능하다. $\dfrac{81.8}{19.8}=4.134.130$이므로 4배 이상이다.

② 자녀 수가 1명인 가구 중 각 보험에 가입한 가구의 비율을 합하면 262.9%로 200%를 초과한다. 따라서 자녀 수가 1명인 가구 중 3개 이상의 보험에 중복 가입한 가구가 반드시 있으며, 3가지 항목이 50% 이상이므로 3개 보험을 가진 가구가 분명 존재함을 알 수 있다.

③ 민영생명보험에 가입한 가구 중 실손의료보험에 가입한 가구의 비중은 58.2%로, 민영생명보험에 가입하지 않은 가구 중 실손의료보험에 가입한 가구의 비율인 24.7%의 2.4배$\left(≒\dfrac{58.2}{24.7}\right)$이다.

05

실용성 전체 평균점수 $\frac{103}{6} \fallingdotseq 17$점보다 높은 방식은 ID / PW 방식, 이메일 및 SNS 방식, 생체인증 방식 총 3가지이다.

오답분석

① 생체인증 방식의 선호도 점수는 $20+19+18=57$점이고, OTP 방식의 선호도 점수는 $15+18+14=47$점, I-pin 방식의 선호도 점수는 $16+17+15=48$점이다. 따라서 생체인증 방식의 선호도는 나머지 두 방식의 선호도 합보다 $47+48-57=38$점 낮다.

③ 유효기간이 '없음'인 방식들은 ID / PW 방식, 이메일 및 SNS 방식, 생체인증 방식이며, 세 인증수단 방식의 간편성 평균점수는 $\frac{16+10+18}{3} \fallingdotseq 15$점이다.

④ 공인인증서 방식의 선호도가 51점일 때, 보안성 점수는 $51-(16+14+3)=18$점이다.

⑤ 유효기간이 '없음'인 방식들은 ID / PW 방식, 이메일 및 SNS 방식, 생체인증 방식이며, 실용성 점수는 모두 18점 이상이다.

06

정답 ⑤

7급국이 전체 우체국 중 차지하는 비율은 2018년에 $\frac{47}{3,640} \times 100 \fallingdotseq 1.3\%$, 2021년에 $\frac{16}{3,506} \times 100 \fallingdotseq 0.5\%$로 2018년에 비해 2021년에 감소하였다.

오답분석

① 5급국의 수는 2018년부터 2022년까지 전년 대비 '증가 – 증가 – 증가 – 감소 – 감소'하였으나, 6급국의 수는 '증가 – 감소 – 감소 – 증가 – 불변'하였으므로 증감 추이가 상이하다.

② 4급국 수의 2020년 전년 대비 증가율은 $\frac{138-120}{120} \times 100=15\%$이므로 20% 미만이다.

③ 2019년 취급국 수는 별정국 수보다 $\frac{810-754}{754} \times 100 \fallingdotseq 7.4\%$ 더 많으므로 15% 미만이다.

④ 출장소 수 대비 군우국 수의 비율은 2020년에 $\frac{21}{104} \times 100 \fallingdotseq 20.2\%$, 2021년에 $\frac{21}{100} \times 100=21\%$로 2021년에 전년 대비 증가하였다.

07

정답 ①

- 고속국도 하루평균 버스 교통량의 증감 추이
  : 증가 – 감소 – 증가 – 감소
- 일반국도 하루평균 버스 교통량의 증감 추이
  : 감소 – 감소 – 감소 – 감소

따라서 고속국도와 일반국도의 하루평균 버스 교통량의 증감 추이는 같지 않다.

오답분석

② 제시된 자료를 통해 확인할 수 있다.

③ 국가지원지방도의 각 연도별 하루평균 버스 교통량의 전년 대비 증감률을 구하면 다음과 같다.

- 2020년 : $\frac{226-219}{219} \times 100 \fallingdotseq 3.20\%$
- 2021년 : $\frac{231-226}{226} \times 100 \fallingdotseq 2.21\%$
- 2022년 : $\frac{240-231}{231} \times 100 \fallingdotseq 3.90\%$

따라서 2022년에 국가지원지방도의 하루평균 버스 교통량의 전년 대비 증감률이 가장 컸다.

④ 2018 ~ 2022년의 일반국도와 국가지원지방도의 승용차 평균 교통량의 합을 구하면 다음과 같다.

- 2018년 : $7,951+5,169=13,120$대
- 2019년 : $8,470+5,225=13,695$대
- 2020년 : $8,660+5,214=13,874$대
- 2021년 : $8,998+5,421=14,419$대
- 2022년 : $9,366+5,803=15,169$대

따라서 고속국도의 하루평균 승용차 교통량은 일반국도와 국가지원지방도의 하루평균 승용차 교통량의 합보다 항상 많음을 알 수 있다.

⑤ 2022년 일반국도와 국가지원지방도의 하루평균 화물차 교통량의 합은 $2,757+2,306=5,063$대이고, $5,063 \times 2.5=12,657.5 < 13,211$이다. 따라서 2022년 고속국도의 화물차 하루평균 교통량은 2022년 일반국도와 국가지원지방도의 화물차 하루평균 교통량의 합의 2.5배 이상이다.

08

정답 ①

전체 질문 중 '보통이다' 비율이 가장 높은 질문은 37%인 네 번째 질문이며, '매우 그렇다' 비율이 가장 높은 질문은 21%인 두 번째 질문이다.

오답분석

② 두 번째 질문에 '매우 그렇다'를 선택한 직원 수 $1,600 \times 0.21 =336$명이고, '보통이다'를 선택한 직원 수는 $1,600 \times 0.35= 560$명이다. 따라서 '매우 그렇다'라고 선택한 직원 수는 $560-336=224$명이 적다.

③ 전체 질문에서 '그렇다'를 선택한 평균 비율은 $\frac{78}{5}=15.6\%$이고, '매우 그렇지 않다'를 선택한 평균 비율은 $\frac{97}{5}=19.4\%$이므로 '매우 그렇지 않다' 평균 비율이 3.8%p 높다.

④ 마지막 질문에서 '그렇지 않다'를 택한 직원 수(1,600×0.09 =144명)는 '매우 그렇지 않다'를 택한 직원 수(1,600×0.19 =304명)보다 $\frac{304-144}{304}×100≒52.6\%$ 적다.

⑤ 만족도 설문지 질문 중 세 번째 '지방이전 후 출·퇴근 교통에 만족합니까?' 질문에 '그렇지 않다'와 '매우 그렇지 않다'의 비율 합이 가장 높다.

09 정답 ②

ㄱ. 응답자 2,000명 중 남성을 x명, 여성을 y명이라고 하면, 주유 할인을 선택한 응답자는 2,000×0.2=400명이므로 0.18x+0.22y=400으로 나타낼 수 있다.

$x+y=2,000 \cdots$ ㉠

$0.18x+0.22y=400 \cdots$ ㉡

㉠과 ㉡을 연립하여 풀면 $x=1,000$, $y=1,000$으로 남성과 여성의 비율이 동일함을 알 수 있다.

ㄹ. 가장 많은 남성 응답자(24%)가 영화관 할인을 선택하였으며, 여성 역시 가장 많은 응답자(23%)가 영화관 할인을 선택하였다.

오답분석

ㄴ. 남성의 경우 응답자의 18%인 180명이 편의점 할인을 선택하였고, 여성의 경우 7%인 70명이 편의점 할인을 선택하였다. 따라서 편의점 할인 서비스는 여성보다 남성 응답자가 더 선호하는 것을 알 수 있다.

ㄷ. 남성 응답자 수는 1,000명이므로 온라인 쇼핑 할인을 선택한 남성은 1,000×0.1=100명이다.

10 정답 ⑤

전년 대비 하락한 항목은 2020년 외부청렴도, 정책고객평가, 종합청렴도, 2021년 내부청렴도, 2022년 내부청렴도, 정책고객평가이다.

소수점 둘째 자리에서 반올림하여 항목별 하락률을 구하면 다음과 같다.

• 2020년

– 외부청렴도 : $\frac{8.35-8.56}{8.56}×100≒-2.5\%$

– 정책고객평가 : $\frac{6.90-7.00}{7.00}×100≒-1.4\%$

– 종합청렴도 : $\frac{8.21-8.24}{8.24}×10≒-0.36\%$

• 2021년

– 내부청렴도 : $\frac{8.46-8.67}{8.67}×100≒-2.4\%$

• 2022년

– 내부청렴도 : $\frac{8.12-8.46}{8.46}×100≒-4.0\%$

– 정책고객평가 : $\frac{7.78-7.92}{7.92}×100≒-1.8\%$

따라서 전년 대비 가장 크게 하락한 항목은 2022년 내부청렴도이다.

오답분석

① • 4년간 내부청렴도 평균

: $\frac{8.29+8.67+8.46+8.12}{4}≒8.4$

• 4년간 외부청렴도 평균

: $\frac{8.56+8.35+8.46+8.64}{4}≒8.5$

따라서 최근 4년간 내부청렴도의 평균이 외부청렴도의 평균보다 낮다.

② 2020 ~ 2022년 외부청렴도와 종합청렴도의 증감 추이는 '감소 - 증가 - 증가'로 같다.

③ · ④ 주어진 자료를 통해 알 수 있다.

11 정답 ③

• 일본의 2020년 대비 2022년 음악 산업 수입액의 증가율

: $\frac{2,761-2,650}{2,650}×100≒4.2\%$

• 일본의 2020년 대비 2022년 음악 산업 수출액의 증가율

: $\frac{242,370-221,739}{221,739}×100≒9.3\%$

따라서 2020년 대비 2022년 음악 산업 수출액의 증가율은 수입액의 증가율보다 크다.

오답분석

① 제시된 자료의 수출액, 수입액의 전년 대비 증감률을 통해 알 수 있다.

② 2020년에 비해 2021년의 수입액이 감소한 지역은 일본, 북미, 기타이며 2021년의 전체 수입액도 2020년에 비해 감소했다.

④ 연도별 동남아 시장의 수출액을 수입액으로 나누어 보면 다음과 같다.

• 2020년 : 38,166÷63≒605.81

• 2021년 : 39,548÷65≒608.43

• 2022년 : 40,557÷67≒605.33

따라서 매해 동남아 시장의 음악 산업 수출액은 수입액의 600배를 넘었다.

Tip 자료에 제시된 값과 선택지에 제시된 값 중 계산이 간단한 것을 선택한다.

위에 계산된 것처럼 63, 65, 67로 나누는 것보다 선택지에 제시된 600을 63, 65, 67에 곱하면 훨씬 빠르게 답을 구할 수 있다.

⑤ 2022년의 북미 시장과 유럽 시장의 음악 산업 수입액의 합을 구하면 2,786+7,316=10,102천 달러이다.

따라서 2022년 전체 음악 산업 수입액 중 북미 시장과 유럽 시장의 음악 산업 수입액이 차지하는 비중은 $\frac{10,102}{13,397}×100$ ≒75.4%이다.

12

2014 ~ 2022년까지 전년 대비 사기와 폭행의 범죄건수 증감추이는 다음과 같이 서로 반대이다.

구분	사기	폭행
2014년	감소	증가
2015년	감소	증가
2016년	감소	증가
2017년	감소	증가
2018년	감소	증가
2019년	감소	증가
2020년	증가	감소
2021년	증가	감소
2022년	감소	증가

오답분석

① 2014 ~ 2022년 범죄별 발생건수의 1 ~ 5위는 '절도 - 사기 - 폭행 - 살인 - 방화' 순이나 2013년의 경우 '절도 - 사기 - 폭행 - 방화 - 살인' 순으로 다르다.

② 2013 ~ 2022년 동안 발생한 방화의 총 발생건수는 $5+4+2+1+2+5+2+4+5+3=33$천 건으로 3만 건 이상이다.

④ 2015년 전체 범죄발생건수는 $270+371+148+2+12=803$천 건이며, 이 중 절도의 범죄건수가 차지하는 비율은 $\frac{371}{803} \times 100 = 46.2\%$로 50% 미만이다.

⑤ 2013년 전체 범죄 발생건수는 $282+366+139+5+3=795$천 건이고, 2022년에는 $239+359+156+3+14=771$천 건이다. 2013년 대비 2022년 전체 범죄발생건수 감소율은 $\frac{771-795}{795} \times 100 = -3\%$로 5% 미만이다.

13

전체 조사자 중 20·30대는 $1,800+2,500+2,000+1,400=7,700$명이므로, 전체 조사자 20,000명 중 $\frac{7,700}{20,000} \times 100 = 38.5\%$이다.

오답분석

① 운전면허 소지현황 비율이 가장 높은 연령대는 남성은 75%로 40대이고, 여성도 54%로 40대이다.

② 70대 여성의 운전면허 소지비율은 12%로 남성인 25%의 절반 이하이다.

④ 50대 운전면허 소지자는 다음과 같다.
- 남 : $1,500\times0.68=1,020$명
- 여 : $1,500\times0.42=630$명

따라서 50대 운전면허 소지는 $1,020+630=1,650$명이다.

⑤ 60·70대 여성 운전면허 소지자는 다음과 같다.
- 60대 여성 : $2,000\times0.24=480$명
- 70대 여성 : $1,000\times0.12=120$명

따라서 70대 여성 운전면허 소지자는 60대 여성 운전면허 소지자의 $\frac{120}{480} \times 100 = 25\%$이다.

14

20·30대 여성의 운전면허소지자를 구하면 다음과 같다.
- 20대 여성 : $2,000\times0.22=440$명
- 30대 여성 : $1,400\times0.35=490$명

따라서 20·30대 여성의 운전면허소지자는 $440+490=930$명이다. 이는 전체 조사자의 $\frac{930}{20,000} \times 100 = 4.65\%$이다.

오답분석

① 조사에 참여한 60·70대는 다음과 같다.
- 남성 : $1,500+1,200=2,700$명
- 여성 : $2,000+1,000=3,000$명

따라서 여성이 남성보다 더 많다.

② 40대 여성과 남성의 운전면허소지자를 구하면 다음과 같다.
- 40대 여성 : $1,600\times0.54=864$명
- 40대 남성 : $2,000\times0.75=1,500$명

따라서 40대 여성의 운전면허소지자는 40대 남성의 운전면허 소지자의 $\frac{864}{1,500} \times 100 = 57.6\%$이다.

③ 20대 남성과 70대 남성의 운전면허소지자를 구하면 다음과 같다.
- 20대 남성 : $1,800\times0.38=684$명
- 70대 남성 : $1,200\times0.25=300$명

따라서 20대 남성의 운전면허소지자는 70대 남성의 $\frac{684}{300} = 2.28$배이다.

⑤ 20대는 여성이 2,000명, 남성이 1,800명으로 여성이 많고, 50대에서는 남성·여성 조사자가 1,500명으로 동일하며, 60대에서는 남성이 1,500명, 여성이 2,000명으로 여성이 남성보다 많다.

15

쇠고기(등심)의 평균가격은 16,400원으로 이는 최고가·최저가의 평균값인 $\frac{18,800+14,200}{2}=16,500$원보다 낮다.

오답분석

① 2020년 대비 2022년의 평균가가 가장 많이 오른 것을 구하면 다음과 같다.
- 쇠고기(불고기용) : $5,500-4,500=1,000$원
- 쇠고기(등심) : $16,400-14,500=1,900$원
- 돼지고기 : $3,600-2,500=1,100$원

- 닭고기 : $10,800-7,800=3,000$원
- 계란 : $7,200-5,800=1,400$원

따라서 2020년 대비 2022년의 평균가가 가장 많이 오른 것 닭고기이다.

② 2021년의 돼지고기 전년 대비 최저가 증가율은
$\dfrac{2,100-1,600}{1,600}\times100=31.25\%$이다.

③ 닭고기의 규격은 1kg, 돼지고기의 규격은 100g이므로 동일한 규격으로 변환하여 비교하면 다음과 같다.
- 돼지고기 1kg 최저가 : $2,400\times10=24,000$원
- 닭고기 1kg 최저가 : 7,700원

따라서 동일한 규격에서의 닭고기 최저가는 돼지고기 가격보다 낮다.

⑤ 각 연도 계란의 최고가와 최저가의 차이를 구하면 다음과 같다.
- 2020년 : $7,800-3,600=4,200$원
- 2021년 : $8,200-4,000=4,200$원
- 2022년 : $9,200-4,800=4,400$원

따라서 계란의 최고가와 최저가의 차이가 가장 큰 연도는 2022년이다.

16　　　　　　　　　　　　정답 ③

2022년 쇠고기(불고기용)의 최저가는 4,000원, 최고가는 6,400원이다. 따라서 최저가는 최고가 $\dfrac{4,000}{6,400}\times100=62.5\%$이다.

오답분석

① 2020년 돼지고기의 최고가는 3,500원이고 최저가는 1,600원이므로, 최고가는 최저가의 2배인 $1,600\times2=3,200$원보다 크다.

② 2022년 계란 최저가는 4,800원이고 2021년 계란 최저가는 4,000원이므로, $\dfrac{4,800-4,000}{4,000}\times100=20\%$ 증가하였다.

④ 쇠고기(불고기용)의 2022년 각 항목별 전년 대비 증가액은 다음과 같다.
- 최고가 : $6,400-6,200=200$원
- 최저가 : $4,000-3,800=200$원
- 평균 : $5,500-5,200=300$원

따라서 쇠고기(불고기용)의 2022년 전년 대비 증가액은 500원 미만이다.

⑤ 2020년 닭고기 1kg의 평균가는 7,800원이고, 소고기(등심) 1kg은 145,000원이다. 따라서 $145,000\div7,800\fallingdotseq18.6$이므로 15배 이상 차이가 난다.

17　　　　　　　　　　　　정답 ③

2020~2022년의 S사와 M사의 드라마 평균시청률을 보면, 2022년은 S사가 높지만, 2020년과 2021년은 M사가 높으므로, 적절하지 않은 내용이다.

오답분석

① 2019년부터 2022년까지의 S사의 예능 평균시청률은 7.8%, 9.2%, 11.4%, 13.1%로 전년 대비 증가하고 있다.

② 2019년부터 2022년까지 M사 예능 증감 추이는 '감소 – 감소 – 증가 – 증가'이고, 드라마 증감 추이는 '증가 – 증가 – 감소 –감소'로 서로 반대이다.

④ 2022년 K사, S사, M사 드라마 평균시청률은 $12.8+13.0+11.7=37.5\%$이고, M사 드라마가 차지하는 비율은 $\dfrac{11.7}{37.5}\times100=31.2\%$이다.

⑤ 2018부터 2022년까지 K사의 교육프로그램 평균시청률은 $\dfrac{3.2+2.8+3.0+3.4+3.1}{5}=3.1\%$이다.

18　　　　　　　　　　　　정답 ①

2018부터 2020년까지 예능 평균시청률은 K사가 S사와 M사보다 높다.
- 2018년 : K사 12.4%, S사 7.4%, M사 11.8%
- 2019년 : K사 11.7%, S사 7.8%, M사 11.3%
- 2020년 : K사 11.4%, S사 9.2%, M사 9.4%

오답분석

② 2022년 M사의 교육프로그램의 평균시청률은 2.3%로 다큐멘터리 평균시청률 2.1%보다 높다.

③ 2020년 S사의 평균시청률은 예능프로그램이 9.2%이고, 드라마가 11.5%이므로, 예능프로그램 평균시청률은 드라마 평균시청률의 $\dfrac{9.2}{11.5}\times100=80\%$에 해당한다.

④ 2018년부터 2022년까지 K사의 다큐멘터리 시청률과 S사·M사의 다큐멘터리 시청률을 합한 값을 비교하면 다음과 같다.
- 2018년 : K사 5.1%, S사+M사 $2.4+2.4=4.8\%$
- 2019년 : K사 5.3%, S사+M사 $2.8+2.2=5.0\%$
- 2020년 : K사 5.4%, S사+M사 $3.1+2.3=5.4\%$
- 2021년 : K사 5.2%, S사+M사 $2.7+2.4=5.1\%$
- 2022년 : K사 5.1%, S사+M사 $2.6+2.1=4.7\%$

따라서 2020년에는 K사의 다큐멘터리 시청률과 S사 M사의 다큐멘터리 시청률을 합한 값과 같다.

⑤ 각 연도별 드라마 시청률을 높은 순서대로 정리하면 다음과 같다.
- 2018년 : S사 – M사 – K사
- 2019년 : S사 – M사 – K사
- 2020년 : M사 – K사, S사
- 2021년 : M사 – S사 – K사
- 2022년 : S사 – K사 – M사

따라서 2022년에는 S사의 드라마 시청률이 1위이다.

19

정답 ①

② 2020년도 최고 비율이 자료보다 낮다.
③ 2017년과 2018년의 최고비율 수치가 자료보다 낮다.
④ 2017년과 2018년의 평균 스크린 대 바디 비율이 자료보다 낮다.
⑤ 2015년 최고비율이 자료보다 낮고, 2017년 최고비율은 높다.

Tip 자료를 그래프로 변경하는 유형의 경우 선택지의 제목을 먼저 확인해서 단순히 증가와 감소만 판단하여 풀 수 있는 문제인지를 확인한다.

구분	평균	최고비율
2013년	–	–
2014년	증가	증가
2015년	증가	감소
2016년	증가	증가
2017년	증가	증가
2018년	증가	증가
2019년	증가	증가
2020년	감소	감소
2021년	증가	증가
2022년	증가	감소

20

정답 ⑤

3월의 개체 수는 1월과 2월의 개체 수를 합한 것과 같고, 4월의 개체 수는 2월과 3월을 합한 것과 같다. 즉, 물고기의 개체 수는 피보나치수열로 증가하고 있다.
n을 월이라고 하고 A물고기의 개체 수를 a_n이라고 하자.
$a_1 = 1$, $a_2 = 1$, $a_n = a_{n-1} + a_{n-2}(n \geq 3)$

구분	개체 수
1월	1
2월	1
3월	2
4월	3
5월	5
6월	8
7월	13
8월	21
9월	34
10월	55
11월	89
12월	144

따라서 12월의 A물고기 수는 144마리이다.

제**2**영역 추리

01	02	03	04	05	06	07	08	09	10
②	③	④	②	④	①	①	③	②	②
11	12	13	14	15	16	17	18	19	20
⑤	④	⑤	①	⑤	②	①	⑤	⑤	④
21	22	23	24	25	26	27	28	29	30
⑤	④	①	④	③	③	⑤	①	④	⑤

01

정답 ②

'하루에 두 끼를 먹는 어떤 사람도 뚱뚱하지 않다.'를 다르게 표현하면 '하루에 두 끼를 먹는 모든 사람은 뚱뚱하지 않다.'이다. 따라서 전제2와 연결하면 '아침을 먹는 모든 사람은 하루에 두 끼를 먹고, 하루에 두 끼를 먹는 사람은 뚱뚱하지 않다.'이고, 이를 정리하면 ②가 된다.

02

정답 ③

'A세포가 있다.'를 p, '물체의 싱을 김지하다.'를 q, 'B세포가 있다.'를 r, '빛의 유무를 감지하다.'를 s라 하면, 전제1, 2, 결론은 각각 p → ~q, ~r → q, p → s이다. 전제2의 대우와 전제1에 따라 p → ~q → r이 되어 p → r이 성립하고, 결론 p → s가 되기 위해서는 r → s가 추가로 필요하다. 따라서 빈칸에 들어갈 명제는 r → s의 ③이다.

03

정답 ④

'키가 작은 사람'을 A, '농구를 잘하는 사람'을 B, '순발력이 좋은 사람'을 C라고 하면, 전제1과 결론은 다음과 같은 벤다이어그램으로 나타낼 수 있다.

1) 전제1

2) 결론

결론이 참이 되기 위해서는 B와 공통되는 부분의 A와 C가 연결되어야 하므로 A를 C에 모두 포함시켜야 한다. 즉, 다음과 같은 벤다이어그램이 성립할 때 마지막 명제가 참이 될 수 있으므로 빈칸에 들어갈 명제는 '키가 작은 사람은 모두 순발력이 좋다.'의 ④이다.

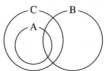

① 다음과 같은 경우 성립하지 않는다.

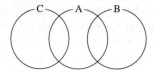

③ 다음과 같은 경우 성립하지 않는다.

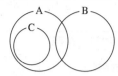

04

정답 ②

다음의 논리 순서를 따라 주어진 조건을 정리하면 쉽게 접근할 수 있다.

- 첫 번째, 네 번째 조건 : A는 반드시 F와 함께 외근을 나간다.
- 두 번째 조건 : F는 A와 외근을 나가므로 B는 반드시 D와 함께 외근을 나간다. 즉, C는 E와 함께 외근을 나간다.

따라서 A와 F, B와 D, C와 E가 함께 외근을 나간다.

05

정답 ④

다음의 논리 순서를 따라 주어진 조건을 정리하면 쉽게 접근할 수 있다.

- 첫 번째 조건 : 파란공은 가장 가볍거나 두 번째 또는 네 번째로 가볍다.
- 두 번째 조건 : 빨간공은 가장 가볍거나 두 번째 또는 세 번째로 가볍다.
- 세 번째 조건 : 흰공은 가장 가볍거나 네 번째 또는 다섯 번째로 가볍다.
- 네 번째 조건 : 검은공은 파란공과 빨간공보다 가벼우므로 가장 가볍거나 두 번째로 가볍다.
- 다섯 번째 조건 : 노란공은 흰공보다 가벼우므로 세 번째 조건에 의해 흰공이 가장 무겁고, 파란공은 노란공보다 가벼우므로 두 번째로 무거울 수 없다. 즉, 노란공이 두 번째로 무겁고 파란공은 두 번째로 가볍다.

따라서 위 사실을 종합하면 무거운 순서대로 '흰공 – 노란공 – 빨간공 – 파란공 – 검은공'이다.

①·⑤ 빨간공은 두 번째로 무겁지 않다.
②·③ 검은공은 빨간공과 파란공보다는 가볍다.

06

정답 ①

ⅰ) A상자 첫 번째 안내문이 참, 두 번째 안내문이 거짓인 경우
B, D상자 첫 번째 안내문, C상자 두 번째 안내문이 참이다.
따라서 ①·②가 참, ③·④·⑤가 거짓이다.

ⅱ) A상자 첫 번째 안내문이 거짓, 두 번째 안내문이 참인 경우
B, C상자 첫 번째 안내문, D상자 두 번째 안내문이 참이다.
따라서 ①·③·⑤가 참, ②가 거짓, ④는 참인지 거짓인지 알 수 없다.

그러므로 항상 옳은 것은 ①이다.

07

정답 ①

주어진 조건에 따라 간호사 A ~ H가 앉을 수 있는 경우는 A – B – D – E – C – F – H – G이다. 여기서 D와 E의 자리를 서로 바꿔도 모든 조건이 성립하고, A – G – H와 D – E – C를 통째로 바꿔도 모든 조건이 성립한다. 따라서 총 경우의 수는 2×2＝4가지이다.

08

정답 ③

주어진 조건을 나타내면 다음과 같다.

김부장 / 이과장	박차장	이과장 / 김부장
이사원 / 김사원	유대리	김사원 / 이사원

조건에 의해, 각각 1행과 2행의 2열에 앉는 사람은 양옆과 모두 한 직급씩 차이가 나야 하므로 중간에 끼어 있는 직급이거나, 양옆보다 모두 높거나 낮아야 한다. 또한 1행 1열의 계급은 2행 1열의 계급보다 높아야 하므로, 1행의 직급 구성과 2행의 직급 구성을 유추할 수 있다. 따라서 상위의 세 직급이 1행에 앉고, 하위 세 직급이 2행에 앉으며, 최하위 직급이 두 명 있는 2행은 양 옆에 최하위 직급인 사원을 배치하고, 차례대로 구성되어 있는 1행은 가운데 직급인 차장을 2열에 놓는다.

따라서 박차장 뒤에는 유대리가 앉는다.

09

정답 ②

ⅰ) 강대리의 말이 진실이라면 박사원의 말도 진실이 된다. 이때, 박사원의 말이 진실이라면 유사원이 워크숍에 참석하지 않았다는 이사원의 말은 거짓이 된다. 이사원의 말이 거짓이라면 김대리의 말 역시 거짓이 된다. 거짓말을 하는 사람은 2명뿐이므로 유사원의 말도 참이다. 진실인 진술에 따라 워크숍에 참석한 사람은 강대리, 김대리, 유사원, 이사원이므로 워크숍에 참석하지 않은 사람은 박사원이 된다.

ⅱ) 강대리의 말이 거짓이라면 박사원의 말도 거짓이 된다. 박사원의 말이 거짓이라면 이사원과 김대리의 말은 사실이 된다. 그러나 김대리의 말이 사실이라면 불참 사유를 세 사람이 들었다는 유사원의 말은 거짓이 된다. 결국 강대리, 박사원, 유사원 총 3명이 거짓말을 하게 되므로 2명만 거짓말을 한다는 조건이 성립하지 않는다.

따라서 거짓말을 하는 사람은 이사원과 김대리이며, 워크숍에 참석하지 않은 사람은 박사원이다.

10
정답 ②

첫 번째, 두 번째 조건에 따라 로봇은 3번 - 1번 - 2번 - 4번 또는 3번 - 2번 - 1번 - 4번 순서이며, 사용 언어는 세 번째, 네 번째, 다섯 번째 조건에 따라 중국어 - 영어 - 한국어 - 일본어 또는 일본어 - 중국어 - 영어 - 한국어 순서이다. 제시된 조건에 의해 3번 로봇의 자리는 정해지게 되는데, 3번 로봇은 일본어를 사용하지 않는다고 하였으므로 사용 언어별 순서는 중국어 - 영어 - 한국어 - 일본어 순서이다. 또한, 2번 로봇은 한국어를 사용하지 않는다고 하였으므로 3번 - 2번 - 1번 - 4번 순서이다. 따라서 정리하면 다음과 같다.

3번 로봇 (중국어)	2번 로봇 (영어)	1번 로봇 (한국어)	4번 로봇 (일본어)

11
정답 ⑤

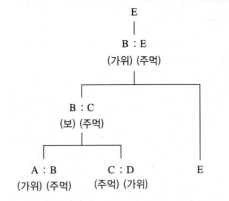

12
정답 ④

C사원과 E사원의 근무 연수를 정확히 알 수 없으므로 근무 연수가 높은 순서대로 나열하면 'B - A - C - E - D' 또는 'B - A - E - C - D'가 된다. 따라서 근무 연수가 가장 높은 B사원의 경우 주어진 조건에 따라 최대 근무 연수인 4년 차에 해당한다.

13
정답 ⑤

C를 4번에 고정시키고, 그 다음 세 명을 사이에 두고 앉는 E와 D를 기준으로 경우의 수를 정리하면 다음과 같다.

구분	1	2	3	4	5	6
경우 1	D	F	B	C	E	A
경우 2	D	B	F	C	E	A
경우 3	A	D	F	C	B	E
경우 4	B	D	F	C	A	E

따라서 C가 4번에 앉았을 때 E는 항상 C보다 오른쪽에 앉아 있다.

14
정답 ①

영업1팀과 마케팅3팀이 위 · 아래로 인접해 있다고 하였으므로, 이 두 팀의 위치를 기준으로 파악해야 한다. 만약 영업1팀이 1층, 마케팅3팀이 2층이라면 세 번째 · 네 번째 · 일곱 번째 조건에 따라 1층에는 영업1 · 2 · 3팀과 총무팀, 개발팀이 모두 위치해야 하는데, 개발팀의 한쪽 옆이 비어있어야 하므로 조건에 맞지 않는다. 따라서 마케팅3팀이 1층, 영업1팀이 2층인 경우의 수만 따져가며 모든 조건을 조합하면 다음과 같이 두 가지 경우의 수가 있음을 알 수 있다.

(2층)	영업1팀	영업3팀	영업2팀	총무팀	
(1층)	마케팅 3팀	마케팅 1팀	개발팀		마케팅 2팀

(2층)		영업2팀	총무팀	영업3팀	영업1팀
(1층)	마케팅 2팀		개발팀	마케팅 1팀	마케팅 3팀

두 가지 경우에서 총무팀과 영업3팀은 인접할 수도, 그렇지 않을 수도 있으므로 ①은 옳지 않다.

15
정답 ②

세 번째, 네 번째, 다섯 번째 조건에 의해 8등(꼴찌)이 될 수 있는 사람은 A 또는 C인데, C는 7등인 D와 연속해서 들어오지 않았으므로 8등은 A이다. 또한 두 번째 조건에 의해 B는 4등이고, 네 번째 조건에 의해 E는 5등이다. 마지막으로 첫 번째 조건에 의해 C는 6등이 될 수 없으므로 1, 2, 3등 중에 하나이다.

16
정답 ②

제시된 단어는 반의 관계이다. 참신(斬新)은 '새롭고 산뜻함'을 뜻하는 말로 '낡아서 새롭지 못함'을 뜻하는 진부(陳腐)와 반의 관계이고, '매우 조심스러움'을 뜻하는 신중(愼重)은 '조심성 없고 가벼움'을 뜻하는 경솔(輕率)과 반의 관계이다.

17
정답 ①

①은 크기가 작아지는 순서로 나열되어 있다.

오답분석

② · ③ · ④ · ⑤는 크기가 커지는 순서로 나열되어 있다.

18
정답 ⑤

규칙은 가로로 적용된다. 첫 번째 도형과 두 번째 도형의 색이 칠해진 부분을 합친 것이 세 번째 도형이다.

19 정답 ⑤

규칙은 가로로 적용된다. 첫 번째 도형을 y축으로 대칭하면 두 번째 도형이고, 두 번째 도형을 시계 방향으로 90° 회전하면 세 번째 도형이다.

20 정답 ④

규칙은 세로로 적용된다. 두 번째 도형에서 첫 번째 도형을 빼낸 모양이 세 번째 도형이다.

21 정답 ⑤

• 문자표

A	B	C	D	E	F	G	H	I	J
K	L	M	N	O	P	Q	R	S	T
U	V	W	X	Y	Z				
0	1	2	3	4	5	6	7	8	9

• 규칙

☆ : 각 자릿수 +1
□ : -2, +2, -2, +2
● : 1234 → 4321
▲ : 숫자는 문자로, 문자는 숫자로 변환

89ㅂㄱ → 61ㄹㄷ → ㄷㄹ16 → ㄹㅁ27
           □   ●   ☆

22 정답 ④

E7H6 → 5G8F → 3I6H
      ▲   □

23 정답 ①

KㅂㄹH → HㄹㅂK → IㅁㅅL
       ●   ☆

24 정답 ④

75J1 → 57H3 → 68I4 → FH9D
      □   ☆   ▲

25 정답 ③

수소 원자와 헬륨 원자는 양성자 및 헬륨 원자핵과 전자가 결합해야 만들어지는 것이지, 양성자와 헬륨 원자핵이 결합하여 만들어지는 것이 아니다.

오답분석

① '대폭발 우주론에서는 우주가 약 137억 년 전 밀도와 온도가 매우 높은 상태의 대폭발로부터 시작하였다고 본다.'는 내용에서 알 수 있다.
② '양(+)의 전하를 가지고 있는 양성자 및 헬륨 원자핵'이라는 설명에서 알 수 있다.
④ '온도가 높은 상태에서는 전자가 원자핵에 쉽게 붙들리지 않기 때문에 양성자 및 헬륨 원자핵과 전자가 결합해야 만들어지는 수소 원자와 헬륨 원자가 잘 만들어지지 않았지만, 온도가 내려가자 자유 전자가 양성자 및 헬륨 원자핵에 붙들려 결합된다.'는 설명에서 온도가 높아질수록 수소 원자와 헬륨 원자는 만들어지지 않는다는 것을 알 수 있다.
⑤ '전자가 양성자에 붙들리지 않은 채 자유롭게 우주공간을 움직일 수 있다가 온도가 내려가자 자유 전자가 양성자 및 헬륨 원자핵과 결합했다.'는 설명에서 알 수 있다.

26 정답 ③

저장강박증이 있는 사람들은 물건에 대한 애정이 없어서 관리를 하지 않는다.

27 정답 ⑤

제시문은 진정한 자유란 무엇인지에 대한 대립적인 두 의견을 소개하고 있다. 벌린은 어떠한 간섭도 받지 않는 '소극적 자유'를 진정한 자유라고 보고 있고, 스키너는 간섭의 부재가 진정한 자유를 의미하지 않는다고 했다. 국민이든 국가의 조직체이든 원하는 목표를 실현하기 위해 그 의지에 따라 권력을 행사하는 데 제약을 받지 않는 것이 진정한 자유라고 했다. 따라서 개인의 자유이든 공동선을 추구하는 국가이든 둘 다 제약을 받지 않고 목표를 실현하기 위해 노력할 것이므로 오히려 양립을 추구한다.

28 정답 ①

마지막 문단의 설명처럼 선거 기간 중 여론 조사 결과의 공표 금지 기간이 과거에 비해 대폭 줄어든 것은 국민들의 알 권리를 보장하기 위한 것이다. 그러므로 공표 금지 기간이 길어질수록 알 권리는 약화된다.

29

제시문에서는 사유 재산에 대한 개인의 권리 추구로 다수가 피해를 입게 된다면 사익보다 공익을 우선시하여 개인의 권리가 제한되어야 한다고 주장한다. 따라서 이러한 주장에 대한 반박으로는 개인인 땅 주인이 권리를 행사함에 따라 다수인 마을 사람들에게 발생하는 피해가 법적으로 증명되어야만 권리를 제한할 수 있다는 ④가 가장 적절하다.

30
정답 ⑤

바우마이스터에 따르면 개인은 자신이 가지고 있는 제한된 에너지를 자기 조절 과정에 사용하는데, 이때 에너지를 많이 사용한다고 하더라도 긴박한 상황을 대비하여 에너지의 일부를 남겨 두기 때문에 에너지가 완전히 고갈되는 상황은 벌어지지 않는다. 즉, L씨는 식단 조절 과정에 에너지를 효율적으로 사용하지 못하였을 뿐, 에너지가 고갈되어 식단 조절에 실패한 것은 아니다.

오답분석
① 밴두라에 따르면 인간은 자기 조절 능력을 선천적으로 가지고 있으며, 자기 조절은 세 가지의 하위 기능인 자기 검열, 자기 판단, 자기 반응의 과정을 통해 작동한다.
② 밴두라에 따르면 자기 반응은 자신이 한 행동 이후에 자신에게 부여하는 정서적 현상을 의미하는데, 자신이 지향하는 목표와 관련된 개인적 표준에 부합하지 않은 행동은 죄책감이나 수치심이라는 자기 반응을 만들어 낸다.
③ 밴두라에 따르면 선천적으로 자기 조절 능력을 가지고 있는 인간은 가치 있는 것을 획득하기 위해 행동하거나 두려워하는 것을 피하기 위해 행동한다.
④ 바우마이스터에 따르면 자기 조절은 개인적 표준, 모니터링, 동기, 에너지로 구성된다. L씨의 건강관리는 개인의 목표 성취와 관련된 개인적 표준에 해당하며, 이를 위해 L씨는 자신의 행동을 관찰하는 모니터링 과정을 거쳤다.

제3영역 직무상식

01	02	03	04	05	06	07	08	09	10
①	④	④	⑤	①	①	②	④	④	①
11	12	13	14	15	16	17	18	19	20
④	④	②	⑤	③	⑤	④	④	①	②
21	22	23	24	25	26	27	28	29	30
③	②	②	①	②	③	⑤	⑤	②	①

01
정답 ①

오답분석
② 똑바로 누운 자세에서는 손목은 신전시키고 손가락은 모양이 자연스럽게 구부러지도록 적당한 크기의 핸드롤을 손에 쥐어 준다.

02
정답 ④

계단 목발보행
• 오르기 : 양쪽 목발을 한 손으로 잡고 다른 한 손은 계단 난간을 잡고 상체를 밀어올려 계단 위로 올라간다. 계단 오를 때 정상 하지를 다음 계단에 먼저 올린다.
• 내려오기 : 양쪽 목발을 한 손에 잡고 다른 한 손은 계단 난간을 잡고 먼저 목발을 한 계단 내려놓고 상체를 내린다. 또 계단 내려갈 때 약한 하지를 먼저 내린다.
• 목발을 걸을 때는 앞 6 ~ 10inch, 옆 4 ~ 6inch의 적당한 위치에 둔다.
• 겨드랑이에서 손가락 2 ~ 3마디 거리를 둔다(상완신경총 손상 예방).
• 대상자 도와줄 때 다친 부위에서 서서 도와준다.
• 팔꿈치는 20 ~ 30° 구부려 준다.

03
정답 ④

정맥류가 심한 환자의 증상
• 원발성 정맥류의 임상증상은 서 있으면 다리가 아프다든가, 경련성 동통과 다리의 궤양 또는 발목이 붓는다는 등 막연한 증상을 호소하는 경우가 많다.
• 습진성 피부염이나 피부궤양도 일어날 수 있으며, 광범위한 정맥류가 있는 경우 환자의 체위 변화에 따라 급격한 혈류량 변화를 초래하여 갑자기 일어설 때 어지럽거나 실신하기도 한다.
• 혈전후성 정맥류의 임상적인 특징은 원발성 때와는 달리 깊고 굵게 튀어나오는 정맥류는 드물고 피부 또는 피하조직의 2차적 변화인 습진, 하지부종과 거친 피부, 피하지방 괴사 또는 피부궤양이 발생하는 경우가 많다.

호만 징후(Homan's Sign)
비정맥의 혈전증에 의해서 발을 강제로 뒤쪽으로 굽히면 무릎의 뒤쪽에서 동통 혹은 불쾌감을 느낀다.

04 정답 ⑤
말초혈관 질환자의 순환증진을 위한 간호중재
- 말초혈관성 질환의 종류 : 버거씨병, 레이노씨병, 폐쇄성 동맥경화증
- 따뜻한 옷으로 보온하도록 한다.
- 상처가 나면 치유가 잘 되지 않으므로 반드시 신발을 신는다.
- 꼭 끼는 옷, 허리끈, 양말, 거들 등의 사용을 금한다.
- 버거알렌 운동을 매일 하고, 혈관수축제는 투여를 금한다.
- 금연해야 하며, 추위 노출을 금한다.

05 정답 ①
기획의 개념
목표를 달성하기 위한 장래의 행동에 관하여 일련의 결정을 하는 과정으로 미래지향적, 계속적인 과정, 의사결정과 연결, 목표지향적, 목표를 위한 수단적 특징이 있다.

기획의 필요성
- 기획은 변화 요소를 감소시키기보다는 변화에 대처할 수 있는 기준을 제공하며, 불확실성을 감소시키기 위하여 필요하다.
- 기획은 합리성, 효율성, 책임성, 효과성을 증진시키기 위하여 필요하다.

06 정답 ①
오답분석
ㄹ 액성 약물이 변질된 경우 약국에 반납해야 한다.

07 정답 ②
정관절제술 후의 치료와 주의사항
- 수술 후 절대안정을 취할 필요는 없고, 일상생활이 가능하지만 자전거 타기나 심한 운동은 피하는 것이 좋다.
- 시술 후 24시간 뒤에 샤워는 할 수 있고 목욕 후 상처를 깨끗이 보존하는 것이 중요하다.
- 음낭부종 시 부종의 경감을 위해 지지대나 바인더로 음낭을 올려주고 찬 물주머니를 대어주면 통증을 감소시킬 수 있다.

08 정답 ④
SLE(전신성 홍반성 낭창) 환자의 교육내용
- 강한 광선을 피하고 자외선 차단제를 사용한다.
- 사람이 많이 모이는 곳을 피하고 감기나 다른 바이러스성 질환에 감염되지 않도록 한다.
- 지방과 염분을 제한한다.

- 산염기 평형유지와 뼈 손실예방을 위해 칼슘, 마그네슘을 충분히 섭취한다.
- 면역계 기능에 도움이 되는 비타민 C와 아연 등을 충분히 섭취한다.
- 빈혈예방을 위한 철분, 비타민 B_{12}, 엽산 등을 충분히 섭취한다.
- 스트레스 관리에 유의한다.
- 비타민 B군(특히 맥주효모, 난황, 통곡식류나 육류에 많은 B_5)을 비롯한 모든 영양소를 골고루 섭취한다.

09 정답 ④
초음파 검진 시 주의 사항
- 산부인과 검사 시는 배뇨를 참게 한다(투과성 용이하게).
  - 방광 내 Urine을 충만시켜야만 투과가 용이하며 심부자궁 및 장기 등의 확인이 용이하다. 인위적으로는 생리식염수를 주입한다.
  - 위장을 검사하기 위해서는 다량의 물을 먹인 후 검사하기도 한다. 또한 물로 찬 위를 음창(Sonic Window)으로 사용하여 췌장이나 하부 담관을 검사할 수도 있다.
  - 골반강을 검사하기 위해서는 방광을 물로 채워 음창으로 이용한다. 물은 아주 좋은 음창으로 오줌으로 찬 방광을 통해서 방광 뒤에 있는 자궁, 직장같은 장기를 용이하게 검사할 수 있고 방광이 충만되면 골반강 내에 있는 공기로 찬 장관을 위로 밀어 올려 방해 없이 검사를 용이하게 할 수 있다.
- 임신초기(태아기관 형성기)에는 장시간 초음파 검사를 하지 않는 것이 좋다.

10 정답 ①
수두 환아의 간호
- 수두 환자를 치료하는 데 가장 중요한 요인은 합병증의 발생 위험도라 할 수 있는데 합병증이 동반하지 않는 경우 가장 흔한 증상은 가려움증과 발열이다.
- 소아에게는 대증요법으로, Acetaminophen, 항히스타민제, Calamine 외용 로션 등을 사용한다.
- 환아가 긁지 않도록 면으로 만든 벙어리장갑을 사용하고, 팔꿈치 억제대를 적용한다.
- 목욕은 비누를 사용하지 않으며 미지근한 물로 중조, 전분목욕을 시킨다.

수두 간호중재
- 병원 내 격리(수포가 사라질 때까지 일주일 정도)
- 대증요법
- 느슨한 가피 제거
- 2차 감염 예방 위해 항생제 투여
- 긁을 수 없도록 장갑을 끼우거나 손톱을 짧게 깎기
- 소양증 완화 : 피부 병변 전분 목욕, 칼라민 로션 도포
- 오염된 물품 소독, 침구와 의복 청결 유지
- 소양증에서 관심을 돌리기 위해 재미있는 게임을 시킴
- 비누를 사용하지 않은 차가운 스펀지 목욕

11 정답 ④

종양의 크기는 2cm ~ 5cm이며, 결절도 없고 전이도 되지 않았다는 의미이다.

종양의 크기 및 전이

- 종양의 크기를 종양(Tumor)의 머리글자를 따서 T, 림프절로의 전이는 림프절(Lymph Node)의 절(Node)의 머리글자를 따서 N, 다른 장기로의 원격전이는 전이(Metastasis)의 머리글자를 따서 M이라고 표시한다.
- 종양의 크기 T는 다시 세분하여 종양의 크기가 2cm 이하인 경우를 T_1, 2cm보다 크고 5cm 이하인 경우를 T_2, 5cm보다 큰 경우를 T_3, 갈비뼈나 피부, 주위 근육에까지 침범한 경우를 T_4라고 한다.
- 림프절 전이 N도 다시 세분하여 림프절의 전이가 없는 경우를 N_0, 같은 쪽 겨드랑이 림프절로 전이가 되어 있으나 운동성이 있는 경우를 N_1, 전이가 되어 있으면서 주위 조직에 붙어 있어 움직이지 않는 경우를 N_2, 흉골밑의 림프절에 전이가 있는 경우를 N_3라고 한다.

12 정답 ④

중년기 대상자의 성

- 중년기는 40 ~ 64세까지로 인생의 성취를 완성하는 시기이다.
- 성호르몬의 감소로 생식기가 위축되고, 배란과 월경이 정지된다.
- 폐경기 증상으로는 불안정, 위축성 질염, 생식력 상실, 심리적 타격 등이 있다.
- 일시적인 충혈현상이 오기 때문에 성적 충동이 현저히 감소하는 것은 아니다.

13 정답 ②

대사성 산증

- 주로 HCO_3의 부족에 의해서 발생하며 산증의 정도가 심해짐에 따라 대상자는 허약감, 권태 또는 둔한 두통을 경험하며, 오심, 복통도 나타날 수 있다.
- 혈액과 소변에 당이 증가하고 케톤혈증이 있다. 당뇨병성 산증 대상자는 호흡시 과일향의 아세톤 냄새와 과다한 수분소실 증상인 갈증, 건조한 점막, 소동 저하 증상인 피부긴장도 소실과 쇼크를 나타낼 수 있다.
- 대사성 산증은 심한 설사, 당뇨성 케톤산증, 약물중독, 신부전 등으로 인해서 초래된다.

14 정답 ⑤

호흡기계 질환에 있어 수분섭취량 증가와 가습기 적용 목적

- 호흡기계의 분비물을 액화
- 기도의 건조 방지
- 적절한 전해질의 균형 유지

15 정답 ③

기관절개술을 한 기도에서 분비물을 흡인하기 전에 0.5 ~ 0.2ml의 생리식염수를 주입하면 분비물을 묽게 하고 기침반사의 효과를 높일 수 있다.

16 정답 ⑤

항정신병 약물의 부작용

시력 장애, 근긴장 이상, 광선과민증, 심장계의 기립성 저혈압, 파킨슨병, 정좌불능증, 경련, 피부계의 전신피부병 등

17 정답 ④

늑막(흉곽)천자 간호를 받는 급성늑막염 환자의 간호

- 검사과정은 무균적으로 하고, 천자시 측와위 또는 좌위에서 팔과 어깨를 올린다.
- 삼출액을 너무 빨리 뽑으면 종격동의 변위가 올 수 있으므로 천천히 흡인해야 한다.
- 환자를 상두대(Over Bed Table)에 머리와 팔을 대고 엎드리게 하고 검사 중에 움직이지 않게 한다.
- 1,200ml 이상 제거시 순환혈량의 부족증상을 관찰한다.
- 검사 후 출혈이나 배액량이 과도한지 검사부위의 드레싱을 자주 관찰한다.
- 검사 후 호흡곤란, 청색증, 심한 기침, 기흉의 증상 등이 있는지 관찰한다.
- 검사 후 삼출액이 새지 않도록 1시간 정도 천자부위가 위로 가도록 측와위를 취하게 한다.

18 정답 ④

울혈성 심부전 환자의 간호

- 안정 : 심부전은 신체가 필요로 하는 충분한 혈액량을 공급하지 못하기 때문에 생기는 것이다. 운동을 제한하여 안정을 취하면 그 요구량이 줄기 때문에 심장의 부담이 줄어든다.
- 염분과 수분의 제한 : 심부전의 증세는 혈관의 충혈과 이에 따르는 세포외액의 증가는 염분에 기인하기 때문에 염분제한은 심부전 치료에 있어서 기본요법이다. 수분은 부수적 조건에 불과하다.
- 식사시 염분제한이 가장 중요하고 음식을 소량씩 자주 먹는 것이 좋다.

19 정답 ①

요로전환수술의 증상

- 요로전환수술 후에 장에 의한 전해질의 재흡수가 일어나 소변 배설량이 섭취량보다 적게 된다.
- 장음이 없으면 장폐색 때문이고 누공이 피부로 돌출되거나, 피부 아래 복벽 안으로 퇴축하는 것은 합병증이 발생한 징후이다.
- 루가 거무스레하고 청색을 띠면 혈액공급이 안 되는 것을 나타내는 것이다. 루의 부종은 수술 직후에 예상될 수 있는 증상이다.

20

신결석의 재발을 예방하기 위한 간호중재
- 요관에서 크기가 작은 결석을 씻어 보내기 위해 다량의 수분 섭취를 권장한다.
  - 최소한 하루에 3L의 물은 뇨를 희석하여 새로운 결석 형성을 방해한다.
  - 잠자기 직전 배뇨하고 수분을 섭취하게 하며 밤에도 깨어 배뇨한 뒤 다시 수분을 섭취시켜 소변을 희석시킨다.
- 단백질과 우유 속에 함유된 락토오스는 장에서 칼슘의 흡수를 증가시키기에 칼슘(Ca)이 많이 함유된 우유 및 유제품, 치즈, 멸치, 뱅어포, 초콜릿, 흑설탕 등은 제한한다.
- 일반식사에서 하루 칼슘의 섭취량은 약 600 ～ 900mg이지만 칼슘을 400mg 이하로 제한한다.
- 비타민 D도 칼슘흡수를 촉진하는 조건이 되므로 필요 이상의 섭취는 피하는 것이 좋다.
- 식단 작성시 염분이 많은 식품은 제한한다.
- 활동을 하면 결석 배출이 용이해지므로 결석이 있으면 누워 있지 말고 가능한 한 움직이는 것이 좋다.
- 결석이 있을 경우에는 자세에 따라 갑작스런 통증이 일어날 수 있으므로 사다리를 오르거나 지붕 위에 올라가서 일하는 등의 위험한 일을 피한다.

결석종류에 따른 식이요법
- 수산칼슘결석과 인산칼슘결석 : 우유(칼슘), 수산(시금치), 동물성 단백질 제한, 식이섬유소 권장
- 요산결석 : 퓨린식품 제한(육류의 내장, 전곡, 두류 등)
- 시스틴결석 : 고단백식 제한

21

2차 예방사업이다.

오답분석

①·②·④·⑤ 1차 예방사업

22

일차보건의료의 성공적인 요건
- 지역주민의 건강요구에 적합한 보건의료 전달체계를 확립한다.
- 정부책임하에 모든 사업의 계획, 실천과정을 마을 단위에서부터 중앙행정 수준까지 즉 사회, 경제 및 보건개발사업을 서로 상호 관련성을 갖고 운영해야 한다.

23

근치유방절제술 후 피부이식을 하는 경우 압박 드레싱을 적용하는 이유는 이식한 피부가 원래 피부 조직에 잘 부착되도록 하기 위해서이다.

24

실어증 환자의 간호중재
- 조용함이 중요하다 : 주위의 소음이나 여러 사람과의 대화는 실어증 환자가 말하고 이해하는 데에 어려움을 준다.
- 천천히 그리고 또박또박 말한다 : 천천히 그리고 또박또박, 보통 때의 목소리와 억양으로 말한다. 실어증 환자가 이해하지 못했을 경우에는 말을 바꾸어 하거나 다른 의사소통 수단을 이용한다.
- 간단한 '예 – 아니오'로 대답할 수 있는 질문이 도움을 준다 : 간단한 말이나 표현이 실어증 환자가 이해하기에 좋다. 일반적인 질문은 실어증 환자에게 너무 어렵다. 질문을 할 때에는 '예'와 '아니오'로 대답할 수 있는 문장을 사용한다.
- 비언어적 표현을 이용한다 : 억양이나 얼굴표정, 몸 동작 이외에도 그림이나 문자 혹은 그 밖의 다른 수단을 이용한다. 이러한 것들이 실어증 환자가 말을 이해하는 데에 도움을 준다.

25

총비경구 영양요법
구강섭취나 위관영양만으로 영양적 요구를 충분히 충족시키지 못할 경우나 과도한 이화작용을 동반한 섭취나 소화장애를 가진 환자는 과영양액이라 불리는 총비경구 영양요법의 대상자가 된다.
- 주입속도
  - 주입속도를 정확히 조절하고 30분 ～ 1시간마다 확인해야 한다.
  - 주입속도가 갑자기 감소하면 인슐린이 남아돌게 되어 저혈당증이 발생할 수 있다.
  - 지나치게 빠르면 체액이 혈관 내로 유입되어 세포성 탈수, K 결핍, 순환과다의 가능성을 야기한다.
  - 환자의 영양적 요구가 빠른 속도를 요할 경우 비경구적으로 인슐린을 보충한다.
- 부작용 : 말초정맥에 투여 시 염증과 혈전증이 발생할 수 있다.

26

구조적인 문제가 없는 일차성 월경통(Primary Dysmenorrhea)의 경우 프로스타글란딘 생성을 억제하는 비스테로이드소염제(NSAID)를 대증요법으로 사용한다.

27

성장통이 의심되는 상태로 휴식이나 전신 목욕, 마사지 등으로 완화시킬 수 있다.

28

예방의 종류
- 1차 예방 : 질병 발생 자체를 예방(생활습관 교정, 사고 예방, 예방접종 등)
- 2차 예방 : 질병을 조기에 발견하여 진행을 예방(건강검진 등)
- 3차 예방 : 질병 발생 후 합병증 및 후유증 예방(만성질환 관리, 재활치료 등)

29 정답 ②

집단가정은 사회생활에 적응하기 힘든 장애인이나 노숙자 등이 자립할 때까지 소규모 시설에서 공동으로 생활할 수 있게 하는 제도이다.

오답분석

① 위탁가정 : 친부모의 사정으로 친가정에서 아동을 양육할 수 없는 경우, 일정 기간 위탁가정을 제공하여 보호하고 양육하는 아동복지제도
③ 중간치료소 : 약물중독 치료를 위한 시설로, 중독치료를 받는 환자들이 입원 치료 후에 일상생활로 돌아가기 전 과도기적 생활환경을 위한 시설

30 정답 ①

사후간호

• 사망은 의사를 통해 확인해야 하며, 이 확인이 있은 후에는 생명 유지를 위한 장치를 모두 제거한다. 사망한 시간과 확인한 의사 명을 정확히 기록한다.
• 의사는 사망확인서에 서명을 하고, 간호사에게는 의사가 사망확인서에 서명을 했는지 확인해야 하는 책임이 있다.
• 간호사에게는 법적으로 사체에 이름표를 붙여야 할 책임이 있다.
• 보통 삽입된 관을 제거하나, 부검이 예정된 경우에는 일단 유지한다.
• 사망 후 괄약근 이완으로 대소변이 나올 수 있으므로 둔부 밑에 흡수성 패드를 대 준다.
• 머리와 어깨 밑에 작은 베개나 접은 타월을 괴어 주거나 머리 부분을 10 ~ 15° 정도 올려 혈액이 얼굴 부위에 퍼져 변색되는 것을 방지한다.

제3회 정답 및 해설

제 1 영역 수리논리

01	02	03	04	05	06	07	08	09	10
④	②	③	④	④	④	⑤	②	②	②
11	12	13	14	15	16	17	18	19	20
⑤	③	③	④	②	⑤	④	②	②	⑤

01
정답 ④

프로젝트를 끝내는 일의 양을 1이라고 가정한다. 혼자 할 경우 서 주임은 하루에 할 수 있는 일의 양은 $\frac{1}{24}$이고, 김대리는 $\frac{1}{16}$이며, 함께 할 경우 $\frac{1}{24}+\frac{1}{16}=\frac{5}{48}$만큼 할 수 있다. 문제에서 함께 한 일수는 3일간이며, 김대리 혼자 한 날을 x일이라 하면 총 일의 양에 대한 방정식은 다음과 같다.

$\frac{5}{48}\times3+\frac{1}{16}\times x=1 \rightarrow \frac{5}{16}+\frac{1}{16}\times x=1 \rightarrow \frac{1}{16}\times x=\frac{11}{16}$
$\rightarrow x=11$

따라서 김대리가 혼자 일하는 기간은 11일이고, 보고서를 제출할 때까지 3+11=14일이 걸린다.

Tip 전체 일의 양을 꼭 1로 둘 필요는 없다. 분수 계산이 어렵다면 1이 아닌 각 사람이 걸리는 시간의 공배수로 가정할 수도 있다.

02
정답 ②

80팀을 5팀씩 묶어서 리그전으로 진행하면 16개의 리그가 만들어진다. 한 리그에 속한 5명이 서로 한 번씩 경기를 진행하면 4+3+2+1=10회의 경기가 진행된다. 즉, 리그전으로 진행되는 경기 수는 10×16=160회이다.

다음으로 토너먼트 방식으로 경기를 진행하면 16팀이 경기에 참가하게 된다. 토너먼트 경기 수는 참가 팀이 n팀이라고 하면 $(n-1)$번이므로 총 16-1=15회의 경기가 진행된다. 즉, 최종 우승팀이 나올 때까지의 경기 수는 160+15=175회이다.

우승팀의 상금은 175×2,000=350,000원이고, 준우승팀의 상금은 175×1,000=175,000원이다. 따라서 총 상금은 350,000+175,000=525,000원이다.

03
정답 ③

아동복지시설과 여성복지시설의 의료진 수의 차이는 2018년 45,088-1,842=43,246명, 2019년 48,212-2,112=46,100명, 2020년 49,988-2,329=47,659명, 2021년 50,218-2,455=47,763명, 2022년 52,454-2,598=49,856명으로 매년 증가하고 있다.

오답분석

① 2019년부터 2022년까지 전년 대비 의료진 수 증가율은 2019년 $\frac{56,988-52,800}{52,800}\times100≒7.9\%$, 2020년 $\frac{59,897-56,988}{56,988}$ $\times100≒5.1\%$, 2021년 $\frac{61,538-59,897}{59,897}\times100≒2.7\%$, 2022년 $\frac{64,796-61,538}{61,538}\times100≒5.3\%$이다.

따라서 전년 대비 의료진 수 증가율이 가장 큰 해는 2019년이다.

② 2018년부터 2022년까지 의료진 수가 많은 순대로 나열하면 아동복지시설 - 노인복지시설 - 장애인복지시설 - 여성복지시설 - 정신요양시설 - 노숙인복지시설 순으로 동일하다.

④ 2018년부터 2022년까지 노인복지시설 의료진 수 대비 장애인복지시설 의료진 수의 비율을 구하면, 2018년 $\frac{1,949}{2,584}\times100$ ≒75.4%, 2019년 $\frac{2,332}{2,924}\times100≒79.8\%$, 2020년 $\frac{2,586}{3,332}$ $\times100≒77.6\%$, 2021년 $\frac{2,981}{3,868}\times100≒77.1\%$, 2022년 $\frac{3,355}{4,102}\times100≒81.8\%$로 2022년에 처음으로 80%를 넘었다.

⑤ 2020년 아동복지시설의 의료진 수는 49,988명이며, 아동복지시설 외의 의료진 수는 59,897-49,988=9,909명이다. 이에 아동복지시설의 의료진 수는 아동복지시설 외의 의료진 수의 약 49,988÷9,909≒5.0배이다.

04

구단별 유효슈팅 대비 골의 비율을 구하면 다음과 같다.

구단	유효슈팅	골	(골)÷(유효슈팅)×100
울산	48	16	33.3
전북	69	18	26.1
상주	32	11	34.4
포항	33	9	27.3
대구	39	13	33.3
서울	27	5	18.5
성남	31	6	19.4

따라서 상주가 34.4%로 가장 높다.

오답분석

① 슈팅과 유효슈팅, 골 개수 상위 3개 구단은 '전북, 대구, 울산'으로 동일하다.

② 경기당 평균 슈팅 개수가 가장 많은 구단은 18.7개로 전북이고, 가장 적은 구단은 6.8개로 서울이므로 그 차이는 $18.7-6.8=11.9$개이다. 또 평균 유효슈팅 개수가 가장 많은 구단도 11.5개로 전북이고 가장 적은 구단은 3.0개로 서울이다. 이들의 차이는 $11.5-3.0=8.5$개이다.

③ 골의 개수가 적은 하위 두 팀은 5개인 서울과 6개인 성남으로 골 개수의 합은 $5+6=11$개이다. 이는 전체 골의 개수인 $16+18+11+9+13+5+6=78$개의 약 $\frac{11}{78}\times100≒14.1\%$이므로 15% 이하이다.

⑤ 슈팅 대비 골의 비율은 전북이 약 $\frac{18}{112}\times100≒16.1\%$, 성남이 약 $\frac{6}{69}\times100≒8.7\%$로 그 차이는 약 $16.1-8.7=7.4\%p$로 10%p 미만이다.

05

싱가포르는 독일보다 수입금액은 적지만 수입중량이 크다.

오답분석

① 2019 ~ 2022년 동안 수출금액은 매년 감소했고, 수출중량 추이는 '감소 – 증가 – 감소'이다.

② 2022년 5개국 수입금액 총합은 $39,090+14,857+25,442+12,852+18,772=111,013$천 달러로 전체 수입금액의 $\frac{111,013}{218,401}\times100≒50.8\%$를 차지한다.

③ 무역수지는 수출금액에서 수입금액을 제외한 것으로 2019년부터 2022년까지 무역수지는 다음과 같다.
• 2019년 : $24,351-212,579=-188,228$천 달러
• 2020년 : $22,684-211,438=-188,754$천 달러
• 2021년 : $22,576-220,479=-197,903$천 달러
• 2022년 : $18,244-218,401=-200,157$천 달러
따라서 매년 전년 대비 감소함을 알 수 있다.

⑤ 2022년 5개 국가에서 무역수지가 가장 낮은 국가는 미국이다.
• 미국 : $518-39,090=-38,572$천 달러
• 중국 : $6,049-14,857=-8,808$천 달러
• 말레이시아 : $275-25,442=-25,167$천 달러
• 싱가포르 : $61-12,852=-12,791$천 달러
• 독일 : $1-18,772=-18,771$천 달러

06

ㄴ. 2021년 11월 운수업과 숙박 및 음식점업의 국내카드 승인액의 합은 $159+1,031=1,190$억 원으로, 도매 및 소매업의 국내카드 승인액의 40%인 $3,261\times0.4=1,304.4$억 원보다 작다.

ㄹ. 2021년 9월 협회 및 단체, 수리 및 기타 개인 서비스업의 국내카드 승인액은 보건업 및 사회복지 서비스업 국내카드 승인액의 $\frac{155}{337}\times100≒46.0\%$이다.

오답분석

ㄱ. 교육 서비스업의 2022년 1월 국내카드 승인액의 전월 대비 감소율은 $\frac{145-122}{145}\times100≒15.9\%$이다.

ㄷ. 2021년 10월부터 2022년 1월까지 사업시설관리 및 사업지원 서비스입의 국내카드 승인액의 전월 대비 증감 추이는 '증가 – 감소 – 증가 – 증가'이고, 예술, 스포츠 및 여가관련 서비스업은 '증가 – 감소 – 감소 – 감소'이다.

07

㉠ 2012년에 비해 2022년에 커피 수입량이 증가한 국가는 유럽, 러시아, 캐나다, 한국으로 총 네 곳이고, 감소한 국가는 미국, 일본, 호주로 총 세 곳이다.

㉡ 커피 수입량이 가장 많은 상위 2개 국가는 모두 유럽과 미국으로 동일하다. 각 연도의 상위 2개 국가의 커피 수입량의 합계가 전체 수입량에서 차지하는 비율을 구하면 다음과 같다.
• 2022년 : $\frac{48,510+25,482}{113,836}\times100≒65.0\%$
• 2017년 : $\frac{44,221+26,423}{109,598}\times100≒64.5\%$
• 2012년 : $\frac{40,392+26,228}{105,341}\times100≒63.2\%$
따라서 65% 이하이다.

㉢ 한국의 커피 수입량과 호주의 커피 수입량을 비교해 보면, 2022년에는 한국이 호주의 $4,982÷1,350≒3.7$배, 2017년에는 $4,881÷1,288≒3.8$배, 2012년에는 $4,922÷1,384≒3.6$배이므로 모두 3.5배 이상이다.

㉣ 2012년 대비 2022년의 커피 수입량의 증가율은 캐나다가 $\frac{8,842-7,992}{7,992}\times100≒10.6\%$, 러시아가 $\frac{11,382-10,541}{10,541}\times100≒8.0\%$로 캐나다가 러시아보다 높고, 증가량 역시 캐나다가 $8,842-7,992=850$, 러시아가 $11,382-10,541=841$로 캐나다가 러시아보다 많다.

28 GSAT 삼성병원 간호사

08

정답 ②

인천광역시의 총가구 중 무주택 가구가 차지하는 비중은 $\frac{450,057}{1,080,285}$ $\times 100 \fallingdotseq 41.7\%$이므로 적절한 설명이다.

오답분석

① 전국 총가구 중 전라북도와 경상남도의 총가구가 차지하는 비중은 $\frac{728,871+1,292,998}{19,673,875} \times 100 \fallingdotseq 10.3\%$이므로 적절하지 않은 설명이다.

③ 총가구 중 주택소유 가구의 비중은 충청북도의 경우 $\frac{362,726}{629,073}$ $\times 100 \fallingdotseq 57.7\%$이며, 강원도의 경우 $\frac{345,955}{620,729} \times 100 \fallingdotseq 55.7\%$ 이다. 충청북도가 강원도보다 $57.7-55.7=2\%$p 더 크므로 적절하지 않은 설명이다.

④ 부산광역시의 주택소유 가구 대비 무주택 가구의 비율은 $\frac{562,912}{791,489} \times 100 \fallingdotseq 71.1\%$이다. 따라서 적절하지 않은 설명이다.

⑤ 세종특별자치시의 무주택 가구 수는 48,400가구로, 광주광역시의 무주택 가구 수의 20%인 $247,469\times0.2=49,493.8$가구 보다 작다. 따라서 적절하지 않은 설명이다.

09

정답 ②

한국의 소방직 공무원과 경찰직 공무원의 인원 수 격차는 2020년이 $66,523-39,582=26,941$명, 2021년이 $72,392-42,229=30,163$명, 2022년이 $79,882-45,520=34,362$명으로 매년 증가하고 있다.

오답분석

① 한국의 전년 대비 전체 공무원의 증가인원 수는 2021년이 $920,291-875,559=44,732$명, 2022년이 $955,293-920,291=35,002$명으로 2021년이 2022년도보다 많다.

③ 2020년 대비 2022년 한국과 미국의 소방직과 경찰직 공무원의 증가인원 수는 다음과 같다.

(단위 : 명)

국가	구분	2020년	2022년	증가인원 수
한국	소방직 공무원	39,582	45,520	$45,520-39,582$ $=5,938$
	경찰직 공무원	66,523	79,882	$79,882-66,523$ $=13,359$
미국	소방직 공무원	220,392	340,594	$340,594-220,392$ $=120,202$
	경찰직 공무원	452,482	531,322	$531,322-452,482$ $=78,840$

따라서 2020년 대비 2022년 증가인원 수는 한국은 소방직 공무원이 경찰직보다 적지만, 미국은 그 반대임을 알 수 있다.

④ 미국의 소방직 공무원의 전년 대비 증가율은 2021년이 약 $\frac{282,329-220,392}{220,392} \times 100 \fallingdotseq 28.1\%$이고, 2022년이 약 $\frac{340,594-282,329}{282,329} \times 100 \fallingdotseq 20.6\%$로, 2021년이 2022년보다 약 $28.1-20.6=7.5\%$p 더 높다.

⑤ 미국 경찰직 공무원이 미국 전체 공무원 중 차지하는 비율은 2020년 $\frac{452,482}{1,882,428} \times 100 \fallingdotseq 24.0\%$, 2021년 $\frac{490,220}{2,200,123} \times 100 \fallingdotseq 22.3\%$, 2022년 $\frac{531,322}{2,586,550} \times 100 \fallingdotseq 20.5\%$로 매년 감소하고 있다.

10

정답 ②

승용차의 경우 부산은 34.7km/대이며, 세종은 38.1km/대로 세종이 더 길지만 합계 1일 평균 주행거리는 40.1km/대로 동일하다.

오답분석

① 세종을 제외한 1일 평균 주행거리 최댓값을 갖는 차종은 특수차이고, 최솟값은 승용차이다. 특수차와 승용차의 주행거리 차이와 승합차의 주행거리를 비교하면 다음과 같다.

(단위 : km/대)

구분	차이	승합차
서울	$60.6-31.7=28.9$	54.6
부산	$196.6-34.7=161.9$	61.2
대구	$92.5-33.7=58.8$	54.8
인천	$125.6-39.3=86.3$	53.9
광주	$114.2-34.5=79.7$	53.2
대전	$88.9-33.5=55.4$	54.5
울산	$138.9-32.5=106.4$	62.5

따라서 최솟값의 차이는 승합차의 1일 평균 주행거리보다 긴 지역은 '부산, 대구, 인천, 광주, 대전, 울산', 6곳으로 5곳 이상이다.

③ 세종은 특수차종의 1일 평균 주행거리는 39.9km/대로 가장 짧고, 승합차는 울산과 부산 다음으로 세 번째로 기므로 8개 지역 중 상위 40%($8\times0.4=3.2$위)이다.

④ 부산은 차종별 1일 평균 주행거리 상위 50%인 4위 안에 모든 차종이 포함된다.

차종	순위
승용차	인천>세종>부산>광주
승합차	울산>부산>세종>대구
화물차	광주>대전>부산=서울
특수차	부산>울산>인천>광주

⑤ 항구도시는 부산, 인천, 울산이며, 항구도시와 세종 중에서 차종별 1일 평균 주행거리가 가장 긴 지역은 모두 항구도시 중 하나이다.

11

- 2022년 11월 일본어선과 중국어선의 한국 EEZ 내 어획량 합
  : $2,176+9,445=11,621$톤
- 2022년 11월 중국 EEZ와 일본 EEZ 내 한국어선 어획량 합
  : $64+500=564$톤

$564×20=11,280<11,621$이므로 20배 이상이다.

오답분석

① 2022년 12월 중국 EEZ 내 한국어선 조업일수는 전월 대비 증가하였다.

② 주어진 자료로는 알 수 없다.

③ • 2022년 12월 일본 EEZ 내 한국어선의 조업일수 : $3,236$일
  • 2022년 12월 중국 EEZ 내 한국어선의 조업일수 : $1,122$일
  $1,122×3=3,366>3,2360$이므로 3배 이하이다.

④ • 2022년 12월 일본어선의 한국 EEZ 내 입어척수당 조업일수
  : $\frac{277}{57}≒4.86$일
  • 2021년 12월 일본어선의 한국 EEZ 내 입어척수당 조업일수
  : $\frac{166}{30}≒5.53$일

12

20~30대 청년들 중에서 자가에 사는 청년은 $\frac{5,657}{80,110}×100≒$

7.1%이며, 20대 청년 중에서 자가의 비중은 $\frac{537+795}{13,874+15,258}×$

$100=\frac{1,332}{29,132}×100≒4.6\%$이므로 전체 청년 인원 대비 자가 비

율보다 20대 청년 중에서 자가가 차지하는 비율이 더 낮다.

오답분석

① 20~24세 전체 가구 수 중 월세 비중은 $\frac{5,722}{13,874}×100≒$

41.2%이고, 자가는 $\frac{537}{13,874}×100≒3.9\%$이다.

② 20~24세를 제외한 연령대 청년 중에서 무상이 차지하는 비중

은 $\frac{13,091-5,753}{80,110-13,874}×100=\frac{7,338}{66,236}×100≒11.1\%$로 월

세 비중 $\frac{45,778-5,722}{80,110-13,874}×100=\frac{40,056}{66,236}×100≒60.5\%$

보다 낮다.

④ 연령대가 높아질수록 자가를 가진 청년들은 늘어나지만 30~

34세에서 자가 비율은 $\frac{1,836}{21,383}×100≒8.6\%$로 35~39세의

자가 비율 $\frac{2,489}{29,595}×100≒8.4\%$보다 높다. 또한 월세 비중은

다음과 같다.

- 20~24세 : $\frac{5,722}{13,874}×100≒41.2\%$
- 25~29세 : $\frac{7,853}{15,258}×100≒51.5\%$

- 30~34세 : $\frac{13,593}{21,383}×100≒63.6\%$

- 35~39세 : $\frac{18,610}{29,595}×100≒62.9\%$

따라서 연령대가 높아질수록 계속 낮아진다고 볼 수 없다.

⑤ 20~30대 연령대에서 월세에 사는 25~29 연령대가 차지

하는 비율은 $\frac{7,853}{80,110}×100≒9.8\%$로 10% 미만이다. 또한,

전체 청년 수의 10%는 8,011명이고 25~29 연령대가 월세

에 사는 청년 7,853명보다 많음으로 적절하지 않다는 것을 알

수 있다.

13

2020~2022년 가정 어린이집을 이용하는 0~2세 영유아 수의
전년 대비 차이는 다음과 같다.

- 2020년 : $222,332-193,412=28,920$명 증가
- 2021년 : $269,243-222,332=46,911$명 증가
- 2022년 : $298,470-269,243=29,227$명 증가

따라서 가정 어린이집을 이용하는 0~2세 영유아 수는 2021년에
전년 대비 가장 크게 증가했다.

오답분석

① 2019~2022년 0~2세와 3~4세 국·공립 어린이집 이용
영유아 수는 꾸준히 증가하고 있다.

② 2019~2022년 부모협동 어린이집과 직장 어린이집을 이용
하는 영유아 수는 모든 연령대에서 꾸준히 증가하고 있다.

④ 법인 어린이집을 이용하는 5세 이상 영유아 수는 매년 감소하
고 있다.

⑤ 3~4세 영유아가 가장 많이 이용하는 곳을 순서대로 나열한
상위 3곳은 매년 '민간 어린이집, 국·공립 어린이집, 법인 어
린이집' 순서이다.

14

- 2019년 전체 어린이집 이용 영유아 수의 합
  : $501,838+422,092+211,521=1,135,451$명
- 2022년 전체 어린이집 이용 영유아 수의 합
  : $739,332+455,033+154,364=1,348,729$명

따라서 2019년과 2022년 전체 어린이집 이용 영유아 수의 차는
$1,348,729-1,135,451=213,278$명이다.

15

정답 ②

부산광역시와 인천광역시는 2022년에 2017년 대비 어가인구가 각각 약 23%, 27% 감소하였으므로 적절한 설명이다.

① 2022년 대구광역시는 어가인구 중 여자와 남자 수가 같았고, 울산광역시, 충청남도, 경상북도, 제주특별자치도는 어가인구 중 여자가 남자의 수보다 많았다.

③ 2017년에는 $844 \times 4 = 3,376 > 3,039$이므로 강원도 어가 수는 경기도 어가 수의 4배 미만이다.

④ 2017년에 어가 수가 두 번째로 많은 지역은 충청남도이고, 2022년에 어가인구가 두 번째로 많은 지역은 경상남도로 동일하지 않다.

⑤ 2022년 제주특별자치도의 남자 어가인구 수는 4,634명이고 전라북도 남자 어가인구 수는 3,259명이다. $3,259 \times 1.5 = 4,888.5 > 4,634$이므로 적절하지 않은 설명이다.

16

정답 ⑤

ⓒ 대전의 경우 어가가 소멸하였으므로 적절하지 않은 설명이다.

ⓔ 서울특별시만이 어가인구가 증가하였으므로 적절하지 않은 설명이다.

ⓐ 2017년 해수면어업 종사 가구가 가장 많은 구역은 전라남도이므로 적절한 내용이다.

ⓑ 가구 수가 가장 적은 행정구역은 대전이 맞으며, 가구, 인구 측면에서 모두 최저이다.

17

정답 ④

ㄱ. 운행연수가 4년 이하인 차량 중 부적합률이 가장 높은 차종은 화물차가 아닌 특수차이다.

ㄷ. 표의 경우, 4년 이하와 15년 이상을 제외하고는 모두 2년 단위로 항목이 구분되어 있다. 따라서 1년 단위로 운행연수를 구분할 수는 없으므로 운행연수에 따른 부적합률은 판단할 수 없다. 예를 들어, 승합차 중 운행연수가 7~8년에 해당하는 차량의 경우, 운행연수가 7년인 차량과 8년인 차량의 수가 동일하다고 가정하자. 7년인 차량의 부적합률이 12.9%, 8년인 차량의 부적합률이 12.5%인 경우 운행연수가 7~8년인 차량의 부적합률은 표와 같이 12.7%이지만, 운행연수가 7년으로 더 낮은 차량의 부적합률이 8년인 차량보다 더 높게 된다. 따라서 제시된 자료만 참고하여 명확히 알 수 없으므로 적절하지 않은 설명이다.

ㄹ. 운행연수가 13~14년인 차량 중 화물차의 부적합률 대비 특수차의 부적합률의 비율은 $\frac{16.2}{23.5} \times 100 ≒ 69\%$이다.

18

정답 ②

ⓐ 운행연수가 15년 이상인 차량의 부적합률은 운행연수가 4년 이하인 부적합률보다 높다.

ⓒ 모든 운행연수를 합한 화물차의 부적합률은 18.2%로 가장 높으며, 모든 운행연수를 합한 부적합률이 13.8%인 가장 낮은 차종은 승용차이고 4.4%p의 차이를 보인다.

ⓑ 자료를 보면 가장 우측 맨 아래 항목이 15.2%로 15% 이상임을 알 수 있다.

ⓔ 특수차의 경우 15년 이상인 차량의 부적합률은 18.7%로, 4년 이하인 차량의 부적합률 8.3%의 $\frac{18.7}{8.3} ≒ 2.25$로 2.5배 미만이므로 적절한 설명이다.

19

정답 ②

① 자료보다 2000년 원/달러 절상률 수치가 낮다.

③ 자료보다 2008년 엔/달러 절상률 수치는 낮고, 원/100엔 절상률 수치는 높다.

④・⑤ 자료에서 1995년은 원/100엔 절상률 > 원/달러 절상률 > 엔/달러 절상률 순으로 수치가 높다.

20

정답 ⑤

병준이가 추가되면 총 인원은 7명으로 전체 1대1 대화방 수는 $\frac{N(N-1)}{2} = \frac{7 \times 6}{2} = 21$개이고, N명의 1대1 대화방 수는 2개가 추가되어 $7 + 2 = 9$개이다. 따라서 밀도는 $\frac{9}{21} = \frac{3}{7}$이 되어 기존 밀도인 $\frac{7}{15}$보다 낮아진다.

① 모두 SNS에 참여할 때 전체 1대1 대화방 수는 첫 번째 조건에 대입하면 $\frac{N(N-1)}{2} = \frac{6 \times 5}{2} = 15$개이다.

② 영희와 수민이가 동민이와 각각 1대1 대화를 추가할 때 2개의 방이 더 생기므로 밀도는 $\frac{7+2}{15} = \frac{9}{15} = \frac{3}{5}$이다.

③ 5명이 참여할 때 만들어지는 전체 1대1 대화방 수는 $\dfrac{5 \times 4}{2} =$ 10개이지만, (철수, 영희), (영희, 철수)처럼 중복된 인원 2사람이 발생한다. 따라서 1대1 대화방 수는 5개이다.

④ 6명의 SNS 1대1 대화방 밀도는 $\dfrac{7}{15}$로 $\dfrac{1}{2}\left(=\dfrac{7.5}{15}\right)$ 미만이다.

제2영역 추리

01	02	03	04	05	06	07	08	09	10
③	⑤	②	③	③	④	④	②	③	④
11	12	13	14	15	16	17	18	19	20
③	③	④	④	②	②	③	②	③	⑤
21	22	23	24	25	26	27	28	29	30
④	④	①	③	①	②	①	②	⑤	⑤

01
정답 ③

'영화를 좋아한다.'를 A, '드라마를 좋아한다.'를 B, '음악을 좋아한다.'를 C라 하면, 전제1과 결론은 각각 A → ~B, C → ~A이다. 이때, 전제1의 대우는 B → ~A이므로 결론이 참이 되려면 C → B 또는 ~B → ~C가 필요하다. 따라서 빈칸에 들어갈 명제는 '드라마를 싫어하는 사람은 음악을 싫어한다.'가 적절하다.

02
정답 ⑤

'좋은 자세로 공부한다.'를 A, '허리의 통증이 심하지 않다.'를 B, '공부를 오래한다.'를 C, '성적이 올라간다.'를 D라고 하면, 전제1은 ~B → ~A, 전제2는 C → D, 결론은 ~D → ~A이므로 결론이 도출되기 위해서는 빈칸에 ~C → ~B 또는 B → C가 필요하다. 따라서 대우 명제인 ⑤가 답이 된다.

03
정답 ②

'환율이 오른다.'를 A, 'X주식을 매도하는 사람'을 B, 'Y주식을 매수하는 사람'을 C라고 하면, 전제1과 전제2를 다음과 같은 벤다이어그램으로 나타낼 수 있다.

1) 전제1

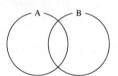

2) 전제2

이를 정리하면 다음과 같은 벤다이어그램이 성립한다.

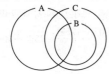

따라서 '환율이 오르면 어떤 사람은 Y주식을 매수한다.'라는 결론이 도출된다.

04 정답 ③

우선 E는 애완동물이 없기 때문에 1층과 2층에는 입주할 수 없다. 그리고 5층에는 D가 살고 있기 때문에 남은 층은 3, 4, 6, 7층이다. A는 개를 키우고 있기 때문에 1층이나 2층에 살고 있을 것이고 남은 B와 C가 어느 층에 살고 있을지를 유추해야 하는데 B는 A보다 높은 홀수 층에 살고 있으므로 3층이나 7층에 살고 있다. 그런데 B의 바로 아래층에 사는 C가 애완동물이 없으므로 C는 6층에 살고 있다. 따라서 B는 7층에 산다. 즉, E가 입주할 수 있는 층은 3층 또는 4층이다.

05 정답 ③

달리기를 잘한다. → 영어를 잘한다. → 부자이다.
따라서 달리기를 잘하는 '나'는 부자이다.

06 정답 ④

첫 번째, 두 번째 조건에 의해 A·B·C·D가 각각 입지 않는 색상도 서로 겹치지 않음을 알 수 있다. A가 빨간색을 입지 않고 C가 초록색을 입지 않으므로 B와 D는 노란색이나 파란색을 입지 않아야 하는데, D가 노란색 티셔츠를 입으므로 D는 파란색을 입지 않고, B는 노란색을 입지 않았다. 그러면 티셔츠 중 초록색, 빨간색, 파란색이 남는데, C는 초록색은 입지 않고 빨간색 바지를 입었으므로 파란색 티셔츠를 입고, A는 빨간색을 입지 않으므로 초록색 티셔츠를 입으며, B는 빨간색 티셔츠를 입는다. 또한, C는 초록색을 입지 않으므로 노란색 모자를 쓴다. 그러면 노란색 중 남은 것은 바지인데, B는 노란색을 입지 않으므로 A가 노란색 바지를 입고, 파란색 모자를 쓴다. 다음으로 모자 중에는 빨간색과 초록색, 바지 중에는 파란색과 초록색이 남는데, B가 이미 빨간색 티셔츠를 입고 있으므로 D가 빨간색 모자를 쓰고 B가 초록색 모자를 쓰며, D는 파란색을 입지 않으므로 초록색 바지를, B는 파란색 바지를 입는다. 이를 표로 정리하면 다음과 같다.

구분	A	B	C	D
모자	파란색	초록색	노란색	빨간색
티셔츠	초록색	빨간색	파란색	노란색
바지	노란색	파란색	빨간색	초록색

따라서 B의 모자와 D의 바지는 초록색으로 서로 같다.

07 정답 ④

주어진 조건을 표로 나타내면 다음과 같다.

구분	월	화	수	목	금
A	○		×	○	
B	○	×	×	○	○
C	○		×	○	
D	○		○	○	
E	○	○	×	○	×

따라서 수요일에 야근하는 사람은 D이다.

08 정답 ②

ⅰ) A의 진술이 참일 경우

구분	대전지점	강릉지점	군산지점
A		○	○
B		○	
C		○	○

세 사람 중 누구도 대전지점에 가지 않았으므로 세 사람이 각각 다른 지점에 출장을 다녀왔다는 조건에 부합하지 않는다. 따라서 A의 진술은 거짓이다.

ⅱ) B의 진술이 참일 경우

구분	대전지점	강릉지점	군산지점
A	○		
B			○
C		○	

A는 대전지점에, B는 군산지점에, C는 강릉지점에 다녀온 것이 되므로 세 사람이 각각 다른 지점에 출장을 다녀왔다는 조건에 부합한다.

ⅲ) C의 진술이 참일 경우

구분	대전지점	강릉지점	군산지점
A	○		
B		○	
C	○		

세 사람 중 누구도 군산지점에 가지 않았고 A와 C가 모두 대전지점에 갔으므로 세 사람이 각각 다른 지점에 출장을 다녀왔다는 조건에 부합하지 않는다. 따라서 C의 진술은 거짓이다.

따라서 B의 진술이 참이 되고 이를 바르게 나열한 것은 ②이다.

09
정답 ③

제시된 조건을 정리하면 ㉠ A대리>B사원>C과장>D사원, ㉡ G사원>F대리>B사원, ㉢ G사원>F대리>E부장, ㉣ E부장은 가장 낮은 점수를 받지 않았다는 것이다. ㉠·㉡에 따르면 B사원보다 높은 사람은 A대리, G사원, F대리 3명, B사원보다 낮은 사람은 C과장, D사원 2명이므로, B사원을 4등과 5등에 두고 생각해보면 다음과 같은 가능한 경우가 나온다.

• B사원이 4등일 때 6가지

1등	2등	3등	4등	5등	6등	7등
G사원	F대리	A대리	B사원	C과장	E부장	D사원
G사원	F대리	A대리	B사원	E부장	C과장	D사원
G사원	A대리	F대리	B사원	E부장	C과장	D사원
G사원	A대리	F대리	B사원	C과장	E부장	D사원
A대리	G사원	F대리	B사원	E부장	C과장	D사원
A대리	G사원	F대리	B사원	C과장	E부장	D사원

• B사원이 5등일 때 4가지

1등	2등	3등	4등	5등	6등	7등
G사원	F대리	E부장	A대리	B사원	C과장	D사원
G사원	F대리	A대리	E부장	B사원	C과장	D사원
G사원	A대리	F대리	E부장	B사원	C과장	D사원
A대리	G사원	F대리	E부장	B사원	C과장	D사원

따라서 C과장이 5등일 때 B사원은 4등임을 알 수 있다.

오답분석
① B사원이 4등이면 G사원은 2등도 될 수 있다.
② 자신의 등수를 확실히 알 수 있는 사람은 D사원(7등) 한 명이다.
④ B사원이 4등일 때, E사원이 5등이 될 수도 있다.
⑤ F대리가 3등일 때, A대리는 1등 또는 2등이 될 수 있다.

10
정답 ④

• 첫 번째 조건 : A가 받는 상여금은 75만 원이다.
• 두 번째, 네 번째 조건 : (B의 상여금)<(C의 상여금), (B의 상여금)<(D의 상여금)<(E의 상여금)이므로 B가 받는 상여금은 25만 원이다.
• 세 번째 조건 : C가 받는 상여금은 50만 원 또는 100만 원이다.
이를 정리하여 가능한 경우를 표로 나타내면 다음과 같다.

구분	A	B	C	D	E
경우 1	75만 원	25만 원	50만 원	100만 원	125만 원
경우 2	75만 원	25만 원	100만 원	50만 원	125만 원

따라서 C의 상여금이 A보다 많은 경우는 경우 2로 이때, B의 상여금(25만 원)은 C의 상여금(100만 원)의 25%이다.

오답분석
① 모든 경우에서 A를 제외한 나머지 네 명의 상여금 평균은
$$\frac{25만+50만+100만+125만}{4}=75만 \text{ 원이므로 A의 상여금과}$$
같다.
② 어떠한 경우에서도 A와 B의 상여금은 각각 75만 원, 25만 원이므로 A의 상여금이 반드시 B보다 많다.
③ C의 상여금은 경우 1에서 50만 원으로 두 번째로 적고, 경우 2에서 100만 원으로 두 번째로 많다.
⑤ C의 상여금이 D보다 적은 경우는 경우 1로 이때, D의 상여금(100만 원)은 E의 상여금(125만 원)의 80%이다.

11
정답 ③

다음의 논리 순서를 따라 주어진 조건을 정리하면 쉽게 접근할 수 있다.
• 두 번째 조건 : 홍보팀은 5실에 위치한다.
• 첫 번째 조건 : 홍보팀이 5실에 위치하므로, 마주보는 홀수실인 3실 또는 7실에 기획조정 1팀과 미래전략 2팀 각각 위치한다.
• 네 번째 조건 : 보안팀은 남은 홀수실인 1실에 위치하고, 이에 따라 인사팀은 8실에 위치한다.
• 세 번째 조건 : 7실에 미래전략 2팀, 3실에 기획조정 1팀이 위치한다.
• 다섯 번째 조건 : 2실에 기획조정 3팀, 4실에 기획조정 2팀이 위치하고, 남은 6실에는 자연스럽게 미래전략 1팀이 위치함을 알 수 있다.
이 사실을 종합하여 주어진 조건에 따라 사무실을 배치하면 다음과 같다.

1실 보안팀	2실 기획조정 3팀	3실 기획조정 1팀	4실 기획조정 2팀
복도			
5실 홍보팀	6실 미래전략 1팀	7실 미래전략 2팀	8실 인사팀

따라서 기획조정 1팀(3실)은 기획조정 2팀(4실)과 3팀(2실) 사이에 위치한다.

오답분석
① 인사팀은 8실에 위치한다.
② 미래전략 2팀과 기획조정 3팀은 복도를 사이에 두고 위치한다.
④ 미래전략 1팀은 6실에 위치한다.
⑤ 홍보팀이 있는 라인에서 가장 높은 번호의 사무실은 8실로 인사팀이 위치한다.

12
정답 ③

• 두 번째, 세 번째, 여섯 번째 조건 : A는 주황색, B는 초록색(C와 보색), C는 빨간색 구두를 샀다.
• 일곱 번째 조건 : B와 D는 각각 노란색 / 남색 또는 남색 / 노란색(B와 D는 보색) 구두를 샀다.
• 다섯 번째 조건 : 남은 구두는 파란색과 보라색 구두인데 A가 두 켤레를 구매하였으므로, C와 D는 각각 한 켤레씩 샀다.
• 네 번째 조건 : A는 파란색, B는 보라색 구두를 샀다.

이 사실을 종합하여 주어진 조건을 표로 정리하면 다음과 같다.

A	B	C	D
주황색	초록색	빨간색	남색 / 노란색
파란색	노란색 / 남색		
	보라색		

따라서 A는 주황색과 파란색 구두를 구매하였다.

13
정답 ④

주어진 조건에서 적어도 한 사람은 반대를 한다고 하였으므로, 한 명씩 반대한다고 가정하고 접근한다.
• A가 반대한다고 가정하는 경우
  첫 번째 조건에 의해 C는 찬성하고 E는 반대한다. 네 번째 조건에 의해 E가 반대하면 B도 반대한다. 이것은 두 번째 조건에서 B가 반대하면 A가 찬성하는 것과 모순되므로 A는 찬성한다.
• B가 반대한다고 가정하는 경우
  두 번째 조건에 의해 A는 찬성하고 D는 반대한다. 세 번째 조건에 의해 D가 반대하면 C도 반대한다. 이것은 첫 번째 조건과 모순되므로 B는 찬성한다.
두 경우에서의 결론과 네 번째 조건의 대우(B가 찬성하면 E도 찬성한다)를 함께 고려하면 E도 찬성함을 알 수 있다. 그리고 첫 번째 조건의 대우(E가 찬성하거나 C가 반대하면, A와 D는 모두 찬성한다)에 의해 D도 찬성한다. 따라서 다섯 번째 조건에 의해 C를 제외한 A, B, D, E 모두 찬성한다.

14
정답 ④

한 분야의 모든 인원이 한 팀에 들어갈 수 없으므로 가와 나는 한 팀이 될 수 없다.

오답분석
① 한 분야의 모든 사람이 한 팀에 들어갈 수 없기 때문에 갑과 을이 한 팀이 되는 것과 상관없이 가와 나는 반드시 다른 팀이어야 한다.
② 두 팀에 남녀가 각각 2명씩 들어갈 수도 있지만, (남자 3명, 여자 1명), (여자 3명, 남자 1명)인 경우도 있다.
  예 (a, c, 나, 을), (b, 가, 갑, 병) 인 경우 각 팀에는 남녀가 각각 2명씩 포함되지 않는다.
③ a와 c는 성별이 다르기 때문에 같은 팀으로 구성될 수 있다.
⑤ c와 갑이 한 팀이 되면, 그 팀의 인원은 5명이 된다.

15
정답 ②

A와 C가 공통적으로 'D가 훔쳤다.'라고 하고 있으므로 먼저 살펴보면, 'D가 훔쳤다.'가 참일 경우 D의 '나는 훔치지 않았다.'와 'A가 내가 훔쳤다고 말한 것은 거짓말이다.'가 모두 거짓이 되므로, 한 가지만 거짓이라는 문제의 조건에 어긋난다. 따라서 'D가 훔쳤다.'는 거짓이고, A의 진술에 따라 A와 C는 훔치지 않았으며, D의 발언에서 'E가 훔쳤다.'가 거짓이므로 E도 훔치지 않았다. 따라서 지갑을 훔친 사람은 B이다.

16
정답 ②

제시된 단어의 대응 관계는 유의 관계이다.
'참하다'는 '성질이 찬찬하고 얌전하다.'는 뜻으로 '성품이나 태도가 침착하고 단정하다.'라는 뜻인 '얌전하다'와 유의 관계이다. 따라서 '단아하며 깨끗하다.'는 뜻을 가진 '아결(雅潔)하다'와 유의 관계인 단어는 '성품이 고상하고 순결하다.'라는 뜻인 '고결(高潔)하다'이다.

오답분석
① 반성(反省)하다 : 자신의 언행에 대하여 잘못이나 부족함이 없는지 돌이켜 보다.
③ 도도하다 : 잘난 체하여 주제넘게 거만하다.
④ 아름답다 : 보이는 대상이나 음향, 목소리 따위가 균형과 조화를 이루어 눈과 귀에 즐거움과 만족을 줄 만하다.
⑤ 결심(決心)하다 : 할 일에 대하여 어떻게 하기로 마음을 굳게 정하다.

17
정답 ③

능동사와 그 능동사에 접사가 결합하여 남에 의해 그 동작을 당하게 되는 것을 나타내는 피동사의 관계이다.

오답분석
①·②·④·⑤는 주동사와 그 주동사에 접사가 결합하여 그 동작을 하도록 시키는 것을 나타내는 사동사의 관계이다.

18
정답 ②

규칙은 가로로 적용된다. 첫 번째 도형에서 수직으로 반을 자른 후 왼쪽 부분이 두 번째 도형이고, 두 번째 도형에서 수평 방향으로 반을 자른 후 아래쪽 부분이 세 번째 도형이다.

19
정답 ③

규칙은 가로로 적용된다. 첫 번째 도형에 색이 칠해진 부분과 두 번째 도형에 색이 칠해진 부분을 합치면 세 번째 도형이 된다.

20 정답 ⑤

규칙은 가로로 적용된다. 첫 번째 도형의 색칠된 부분과 두 번째 도형의 색칠된 부분을 합치면 세 번째 도형이 된다.

21 정답 ④

• 문자표

A	B	C	D	E	F	G	H	I	J	K	L	M	N
O	P	Q	R	S	T	U	V	W	X	Y	Z		
ㄱ	ㄴ	ㄷ	ㄹ	ㅁ	ㅂ	ㅅ	ㅇ	ㅈ	ㅊ	ㅋ	ㅌ	ㅍ	ㅎ

• 규칙

□ : 1234 → 4321
▲ : 1234 → 2413
☆ : 각 자릿수마다 +1

4HQ1　→　5IR2　→　I25R
　　　　☆　　　　　▲

22 정답 ④

6D3R　→　R3D6　→　S4E7
　　　　□　　　　☆

23 정답 ①

7ET9　→　E97T　→　T79E
　　　　▲　　　　□

24 정답 ③

HEDP　→　PDEH　→　QEFI　→　EIQF
　　　　□　　　　☆　　　　▲

25 정답 ①

언어는 한 나라의 상징이다. 그 상징에는 역사와 문화가 담겨 있기에 조선어학회 투쟁은 단순한 말글 투쟁이 아니라 독립운동으로 기억해야 한다.

26 정답 ②

중국 범종은 종신의 중앙 부분에 비해 종구가 나팔처럼 벌어져 있는 반면, 한국 범종은 종구가 항아리처럼 오므라져 있다고 하였다. 즉 중국 범종은 종신 중앙 부분의 지름이 종구의 지름보다 작다.

오답분석

① 제시문에서 언급된 상원사 동종, 성덕대왕 신종, 용주사 범종이 모두 국보로 지정되어 있다고 하였다.
③ 땅속으로 음파를 밀어 넣어 주려면 뒤에서 받쳐주는 지지대가 있어야 하는데, 한국 범종에서는 거대한 종신이 이 역할을 하고 있으며, 이를 음향공학에서는 뒷판이라고 한다고 하였다.
④ 한국 범종은 종신과 대칭 형태로 바닥에 커다란 반구형의 구덩이를 파두는데, 바로 여기에 에밀레종이나 여타 한국 범종의 숨은 진가가 있다고 하였다.
⑤ 땅을 거쳐 나온 저주파 성분은 종신 꼭대기에 있는 음통관을 거쳐 나온 고주파 성분과 조화를 이루면서 장중하고 그윽하며 은은히 울려 퍼지는 여음이 발생한다고 하였다.

27 정답 ①

필자는 관상의 원리가 받아들일 만하다면, 얼굴이 검붉은 사람은 육체적 고생을 하지만, 실제로 주위에서 얼굴이 검붉지만 육체적 고생을 하지 않고 편하게 살아가는 사람을 얼마든지 볼 수 있다고 말한다. 즉, 필자는 '관상의 원리는 받아들일 만한 것이 아니다.'라고 주장함을 추론할 수 있으므로 ㄱ은 적절하다.

오답분석

ㄴ · ㄷ. 관상의 원리가 받아들일 만하다고 생각하는 사람에게는 적절하지 않다.

28 정답 ②

제시문은 박람회의 여러 가지 목적 중 다양성을 통한 주최 국가의 '이데올로기적 통일성'을 표현하려는 의도를 설명하고 있다.

ㄱ. 첫 번째 문단에서는 경제적 효과, 두 번째 문단에서는 사회적 효과, 즉 다양성을 통한 '이데올로기적 통일성'을 표현하려 한다고 했으므로 일치하는 내용이다.
ㄴ. 다양성을 통해 '이데올로기적 통일성'을 표현하여 정치적 무기로 사용한다고 했으므로 적절한 추론이다.
ㄷ. 마지막 문단에서 당시의 '사회적 인식'을 기초로 해서 당시의 기득권 사회가 이를 그들의 합법적인 위치의 정당성과 권력을 위해 진행하고 있는 투쟁에서 의식적으로 조작된 정치적 무기로서 조직, 설립, 통제를 위한 수단으로 사용하고 있다는 점에서 일치하는 내용이다.

29 정답 ⑤

보기의 김교사는 교내 정보 알림판이 제 기능을 하지 못하는 문제를 해결하기 위해 알림판을 인포그래픽으로 만들 것을 건의하였다. 설문 조사 결과에 따르면 알림판에 대한 학생들의 무관심이 문제 상황에 대한 가장 큰 원인이 되므로 김교사는 학생들의 관심을 끌기 위한 방안을 제시한 것임을 알 수 있다. 따라서 김교사는 인포그래픽의 관심 유발 효과를 고려한 것임을 알 수 있다.

Tip 먼저 보기부터 읽어 지문에서 확인해야 하는 내용을 미리 파악해놓으면 필요한 내용에 집중할 수 있다.

30 정답 ⑤

보기에 나타난 C형 간염 바이러스는 사람에 따라 증세가 나타나거나 나타나지 않기도 하고, 나중에 나타나기도 하므로 만성감염의 상태에 해당하는 것을 알 수 있다. 따라서 C형 간염 바이러스에 감염된 사람은 감염성 바이러스가 숙주로부터 계속 배출되어 증세와 상관없이 항상 다른 사람에게 옮길 수 있다.

오답분석
① 만성감염은 감염성 바이러스가 항상 검출되는 감염 상태이므로 적절하지 않다.
② 증상이 사라졌다가 특정 조건에서 다시 바이러스가 재활성화되는 것은 잠복감염에 대한 설명이므로 적절하지 않다.
③ 반드시 특정 질병을 유발한다는 것은 지연감염에 대한 설명이므로 적절하지 않다.
④ 프로바이러스는 잠복감염 상태의 바이러스를 의미하므로 적절하지 않다.

제3영역 직무상식

01	02	03	04	05	06	07	08	09	10
④	④	⑤	④	①	①	③	③	③	①
11	12	13	14	15	16	17	18	19	20
④	①	①	①	②	①	⑤	④	②	⑤
21	22	23	24	25	26	27	28	29	30
③	④	①	①	①	④	④	④	⑤	③

01 정답 ④

외과적 무균법
• 고압증기로 소독한 멸균포의 유효기간은 1 ~ 2주이다.
• 외과적 손 씻기에서는 손 끝을 위로하여 씻는다.
• 구멍난 장갑은 사용하지 못한다.
• 소독간호사와 순환간호사의 옷이 닿지 않게 한다.
• 멸균통 뚜껑이 아래로 하여 든다.

오답분석
① 물품의 멸균성에 의심이 가면 그 물품은 오염되었다고 간주한다.
② 손 소독을 했어도 장갑이 찢어지면 안전을 위협한다.
③ 소독간호사의 팔이 순환간호사의 옷에 닿으면 오염되었다고 간주한다.
⑤ 멸균된 통의 뚜껑을 열 때는 뚜껑의 안쪽이 아래를 향하도록 들거나 뚜껑을 완전히 뒤집어서 옆에 내려놓는다.

02 정답 ④

심부전 동반시 디지털리스를 투여하며 심실세동을 예방하기 위해 Lidocaine, Quinidine, Procainamide 같은 항부정맥제를 사용한다. Lidocaine, Procainamide는 저혈압, 쇼크, 중증의 심부전, 동성서맥, 방실 전도 장애 대상자에게는 사용하지 않는다.

03 정답 ⑤

백혈병의 증상
• 정상 백혈구가 감소한다.
• 빈혈에 의한 만성 피로감, 허약감, 식욕부진 등이 나타난다.
• 혈소판 감소에 의한 출혈(잇몸, 코, 피부의 점막 출혈 등)이 나타난다.
• 전신의 림프절 종대, 비종대, 간종대 등이 나타난다.
• 세포의 골수 내 증식으로 골격의 통증을 초래한다.
• 중추신경계의 침범으로 두통, 오심, 구토, 유두수종(Papilledema), 뇌신경 마비, 발작, 혼수 등을 유발한다.

04 정답 ④

쇼크환자의 적절한 체위는 하지를 45° 상승해야 하며, 머리는 가슴과 같거나 다소 높게 유지한다.

05 정답 ①

대한민국 정부수립기의(1948년 전후) 간호사항
- ICN 정회원국 인정(1948)
- 국군 간호장교단 조직(1948)
- 간호사업과 설치(1948)
- ICN 최초 한국대표 파견(1949)

06 정답 ①

오답분석
ⓔ 환자 가족에게는 비밀을 유지할 필요가 없다.

07 정답 ③

3점 보행(Three Point Gait)
한쪽 다리가 약해서 체중부하를 못해서 다른 한쪽 다리는 튼튼하여 전체 체중유지가 가능할 때, 균형을 잡을 수 있어야 하기 때문에 양쪽 목발로 허약한 쪽 다리를 지지하면서 동시에 나가고 그 뒤에 강한 쪽 다리를 내딛는다.

08 정답 ③

고관절의 내회전을 예방하기 위해 장골능에서 대퇴의 중간부위까지 베개를 대준다.

09 정답 ③

철분결핍성 빈혈은 임신중기 이후에 혈액수치가 10g/dl, Hct 30% 이하일 때를 말하며 보통 15%의 임신부에서 나타난다. 대개 임신을 하면 생리적으로도 혈색소 및 적혈구의 농도가 감소하는 경향을 나타내며, 임신시에 필요한 철분량은 많아지나 철분의 보급이 충분하지 못하기 때문이다.

10 정답 ①

아동의 건강력에 포함되는 내용
- 가족력 : 가족 구성원, 가계성 유전질환, 가족 사회력
- 현재 병력 : 발병시기와 주 호소의 특성을 파악(종류, 특성, 부위, 중증도, 기간, 영향요인, 과거치료, 현재치료), 증상의 현 상태와 현재 치료받고자 하는 이유
- 발달력 : 운동발달 수준, 언어발달 수준, 지적 발달 수준, 사회적 발달 수준, 일상생활 활동에 관련된 현재 발달 상태(영양, 배설, 수면, 놀이, 안전, 치아건강, 성격, 훈육, 성)

- 출생력(산전, 산후) : 출생환경, 분만특성, 출생 시 아기상태, 수유방법, 입원시 체중감소나 증가량 등

11 정답 ④

화상의 응급처치법
- 의복 위에 뜨거운 물이 엎질러졌거나 불이 붙었을 경우에는 무리해서 옷을 벗지 말고 찬물을 붓거나 바닥에 굴린다.
- 감염방지를 위하여 청결한 거즈 등을 사용하여 화상부위를 덮는다.
- 물집은 터뜨리지 않는다.
- 화공약품에 의한 화상은 적어도 1시간 정도 접촉부위를 세척한다.
- 안면화상에서 부종에 의한 호흡곤란 예방을 위해 반좌위로 눕혀 운반한다.
- 전기감전의 경우 절연체를 이용하여 환자를 떼어주는 것이 필요하다.
- 1도 화상인 경우 즉시 찬물로 세척하여 냉찜질하고, 중증화상은 모르핀이나 데메롤을 사용하여 통증을 조절한다.

12 정답 ①

정맥혈전증의 예방법
- 수술 후 가능한 빨리 침상에서 일어나고, 능동적으로 다리운동을 한다.
- 수술 전과 후에 압박스타킹을 착용하고, 탈수가 되지 않게 물을 많이 마신다.
- 장기간 서 있지 않고, 장기간 서 있는 경우 압박스타킹을 신는다.
- 다리를 간헐적으로 압박해주는 공기압박부츠를 착용한다.
- 장기간 비행기나 자동차 여행을 할 경우 충분히 물을 마시고, 가능한 걸으며 앉아 있는 동안에도 다리 운동을 한다.
- 밴드 스타킹이나 코르셋 착용을 금한다.

13 정답 ①

무과립세포증 환자의 간호
- 감염 예방을 위하여 안정을 취하고, 방문객을 제한하고 격리한다.
- 고단백, 고비타민, 고탄수화물 식이를 한다.
- 하루에 2,500ml 이상으로 수분을 섭취한다.
- 병실에 꽃이나 화분을 놓지 않는다.
- 변비예방을 위하여 관장보다는 변비완화제를 사용한다.

14 정답 ①

파킨슨병 환자 치료
- 약물치료법 : 파킨슨병 치료의 목표는 일상생활을 무리 없이 영위할 수 있도록 하는 것이다. 따라서 파킨슨병 약물치료의 원칙은 이러한 목표를 달성할 수 있는 최소 용량의 약물을 사용하는 것이다. 증상을 완전히 없애기 위해서 처음부터 많은 약물을 복용하게 되면 약으로 인한 부작용이 빨리 나타날 수 있기 때문에 조심하여야 한다.

- 비약물치료법 : 운동치료(반복적 물리치료, 자세교정, 보행훈련, 호흡훈련 및 말하기 등), 언어치료, 작업치료, 건강한 식습관과 영양에 대한 교육 등이 필요할 수 있다.
- 파킨슨 치료약물 중 레보도파는 약물의 작용을 방해하기 때문에 단백질 음식 섭취를 제한해야 한다. 단 레보도파 약물이 들어가지 않는다면 단백질 섭취가 필요하다.

15　　　　　　　　　　　　　　　정답 ②

㉠ 1,500g 미만 : 극소 저체중아
㉢ 임신 28 ~ 38주 사이에 난 아기 : 조산아

16　　　　　　　　　　　　　　　정답 ①

선천성 유문협착증의 사정내용

담즙이 섞이지 않는 사출성의 구토이며 그로 인해 탈수증상과 불안정한 모습을 보인다.

유문협착증 증상

- 수유 직후 담즙 섞이지 않은 투사성 구토
- 올리브 크기의 덩어리가 우측 상복부(RUQ)에서 촉진
- 수유 동안 좌측에서 우측으로 연동운동 발생
- 대사성 알칼리증
- 수유 후에도 배고픔 호소하며 보챔
- 체중 감소, 탈수 및 농축된 소변, 변비가 나타남

17　　　　　　　　　　　　　　　정답 ⑤

류마티스성 관절염의 재활간호

- 증세치료로서 아스피린 등 비스테로이드성 소염진통제를 장기간 지속적으로 투여하여 동통을 감소시키고, 소염시킴으로써 관절의 변형을 극소화한다. 그러나 이러한 약제들이 잘 듣지 않을 경우에는 스테로이드제, 금염(Gold Salt)제, 항암제 등도 투여한다.
- 급성기에 절대안정으로 관절을 휴식하고 보호한다.
- 관절보호를 위해 크고 강한 근육을 사용한다.
- 무릎관절 등에 보조기를 착용하여 관절에 무리한 힘을 주는 것을 피해야 한다.

18　　　　　　　　　　　　　　　정답 ④

인공호흡기 환자의 간호중재

- 인공호흡기의 작동상태를 관찰한다.
- 기구의 멸균소독이 중요하다.
- 분비물 흡인 및 가습기를 사용한다.
- 흡인 전후 반드시 고농도 산소를 공급한다(심근의 저산소증과 부정맥을 예방한다).
- 자세 및 운동 : 머리를 약간 낮춘 자세 좌우 측위
- 근육 긴장도 ROM 유지 : 사지 운동이 필수적이다(호흡양상에 영향을 준다).

19　　　　　　　　　　　　　　　정답 ②

구내염 환자의 간호중재

- 여성에게 흔하게 발생한다.
- 생리식염수로 가글링한다.
- 원인 : 정서적 요인, 비타민 결핍증, 음식 알레르기, 바이러스성 감염
- 증상 : 심한 통증, 저작, 발음 곤란, 고열
- 예후 : 감염되지 않으며 1 ~ 2주일 내 자연 치유

20　　　　　　　　　　　　　　　정답 ⑤

신장생검 후 간호중재

- 24시간 소변 수집, 소변의 색 관찰
- 활력징후 측정
- 검사 후 자세 : 출혈 감소를 위해 앙와위로 8시간 이상 안정을 취한다.
- 생검 후 24시간 동안 혈뇨, 옆구리 통증, 발한 관찰
- 적어도 2주 동안 무거운 것을 들지 않는다.

21　　　　　　　　　　　　　　　정답 ③

우울상태

- 불안감, 죄책감, 초조감, 자기비하, 무기력, 절망감
- 신체증상 : 식욕이 저하되고, 체중은 현저히 감소(1개월 체중의 5% 이상)

22　　　　　　　　　　　　　　　정답 ④

우리나라 의료보장의 범위와 대상

- 의료보험(사회보험 방식) : 소득계층 대상(정기소득, 부정기소득계층으로 구분)
- 의료보호(공적 부조의 방식) : 소득이 없거나 적은 계층 대상
- 산업재해보상보험 : 근로자 중 업무상 재해를 당한 자
- 공무상 요양 및 국가유공자 원호
  - 공무원, 사립학교 교직원 중 공무 또는 직무 수행 중 상해를 입은 자
  - 국가유공자는 상이군경, 독립유공자, 4.19 의거부상자 등이 대상

23　　　　　　　　　　　　　　　정답 ①

수술 후 3일간은 소변량이 상당히 많기 때문에 수분과 전해질 불균형을 예방하기 위해 집중치료를 하며, 소변량 감소가 오는지를 파악하기 위해 시간당 배설량을 관찰한다.

24 정답 ①

요추간판 탈출증
- 가장 일반적이면서 고통스러운 증상은 하지로 방사되는 통증이며, 사람에 따라서는 이 방사통을 '땡긴다', '저린다'라고 표현하기도 한다.
- 처음부터 이 방사통이 발생하는 수도 있지만 처음에는 하부요통만 호소하다가 며칠 후에 방사통을 호소하기도 한다.
- 방사통은 압박된 신경이 지배하는 영역에 나타나는데 기침, 재채기 또는 힘을 줄 때 더 심해진다. 이것은 이러한 동작으로 뇌척수액압이 올라서 신경을 한층 더 압박시키기 때문이며, 신체적으로 안정을 취하고 있으면 완화가 되나 몸을 움직이면 재발 또는 악화되는 특징이 있다.

25 정답 ①

구조적 척추측만증
- 척추 자체에 문제가 있어서 생기는 측만증이다. 기능적 측만증이 오래되어 구조적으로 가역성이 없어지면 구조적 측만증으로 발전한다는 것이 카이로플락틱의 견해이다.
- 상체를 숙일 때에는 척추가 펴지는 측만증이며 특히, 해부학적 구조의 이상으로 생기는 측만증이다.
- 서 있을 때 견갑골 위치가 다르고, 골반의 경사가 비내칭이다.
- 허리를 앞으로 구부리면 흉곽의 높이가 비대칭이고, 만곡도가 심한 경우 숨쉬기가 불편하다.

26 정답 ④

폐경 후 골밀도 감소, 에스트로겐 및 프로게스테론 감소, 난포자극호르몬 증가, 고밀도지질단백질(HDL) 감소 등의 변화가 발생할 수 있다.

27 정답 ④

오답분석
① 일주일에 3 ~ 4회 정도면 충분하며, 목욕을 좋아하더라도 하루 1회만 씻긴다.
② 신생아가 안정감을 느낄 수 있도록 얼굴이나 가슴을 먼저 씻기는 것이 좋다.
③ 처음에는 5 ~ 10분 정도만 씻기도록 한다.
⑤ 물로만 씻기거나 필요시 중성 또는 약산성 비누를 사용한다.

28 정답 ④

대상영속성은 물체가 가려져 보이지 않아도 있다는 것을 인지하는 것이다. 까꿍놀이, 물건 감추고 찾기 놀이 등이 대상영속성 개념 발달에 도움이 된다.

29 정답 ⑤

공공부조란 국가 및 지방자치단체의 책임하에 생활유지 능력이 없거나 생활이 어려운 국민의 최저 생활을 보장하고 자립을 지원하는 제도(의료보호법과 생활보호법)로, 대표적으로 의료보호자에 대한 의료급여를 들 수 있다.

30 정답 ③

치료적 관계의 단계
- 상호작용 전 단계 : 간호사의 자기탐색 과정
- 초기 단계 : 신뢰감 형성(Rapport), 한계 설정, 계획 수립
- 활동단계 : 행동양식 규명 및 조사, 대상자의 기능 향상, 현실감, 안정감, 자신감 증진
- 종결단계 : 대상자와 간호사 모두 이별로 인한 상실을 극복하는 과정을 학습하며, 이때 부정적인 경험을 한 대상자에게 퇴행이 나타날 수 있다. 더불어 대상자가 종결단계에서 거부감, 무력감, 우울감 등 정서적 외상을 경험할 수 있으므로 상호 관계하는 시간을 서서히 줄이는 것이 좋다.

삼성병원 간호사 GSAT

제4회 정답 및 해설

제1영역 수리논리

01	02	03	04	05	06	07	08	09	10
②	③	③	⑤	①	④	③	④	①	②
11	12	13	14	15	16	17	18	19	20
③	④	⑤	③	④	⑤	⑤	⑤	④	③

01
정답 ②

• 10% 설탕물에 들어있는 설탕의 양 : $\frac{10}{100} \times 480 = 48$g

• 20% 설탕물에 들어있는 설탕의 양 : $\frac{20}{100} \times 120 = 24$g

• 두 설탕물을 섞었을 때의 농도 : $\frac{48+24}{480+120} \times 100 = 12$%

컵으로 퍼낸 설탕물의 양을 xg이라고 하면 컵으로 퍼낸 설탕의
양은 $\frac{12}{100}x$g이다.

컵으로 퍼낸 만큼 물을 부었을 때의 농도는 $\frac{(48+24)-\frac{12}{100}x}{600-x+x}$

$\times 100 = 11$%이므로 $\frac{\left(72-\frac{12}{100}x\right) \times 100}{600} = 11$

$\rightarrow 7,200 - 12x = 600 \times 11$

$\rightarrow 12x = 600$

$\therefore x = 50$

02
정답 ③

• A계열사의 제품이 불량일 확률 : $\frac{3}{10} \times \frac{2}{100} = \frac{6}{1,000}$

• B계열사의 제품이 불량일 확률 : $\frac{7}{10} \times \frac{3}{100} = \frac{21}{1,000}$

• 불량품인 부품을 선정할 확률 : $\frac{6}{1,000} + \frac{21}{1,000} = \frac{27}{1,000}$

따라서 B계열사의 불량품일 확률은 $\frac{21}{27} = \frac{7}{9}$ 이다.

Tip 조건부 확률을 구하는 문제의 경우 표로 나타내어 풀면 실
수를 줄일 수 있다.
전체 부품 생산량을 x개라고 하자.

구분	A계열사	B계열사	합계
불량 ○	$0.006x$	$0.021x$	$0.027x$
불량 ×	$0.294x$	$0.679x$	$0.973x$
합계	$0.3x$	$0.7x$	x

03
정답 ③

2021년 경전선의 공급좌석 수를 x석이라고 하면 $101 = \frac{4,424}{x} \times$
$100 \rightarrow x \fallingdotseq 4,380$이고, 2022년 경전선의 공급좌석 수를 y석이
라고 하면 $106 = \frac{4,606}{y} \times 100 \rightarrow y \fallingdotseq 4,345$이다. 따라서 2022
년 경전선의 공급좌석 수는 전년보다 감소하였다.

오답분석

① 여객 수 합계를 통해 2016년 이후 지속적으로 증가했음을 확
인할 수 있다.

② 2013 ~ 2022년 KTX 좌석 이용률의 평균은
$\frac{75+75+73+72+81+95+95+91+98+97}{10} = 85.2$%
이다.

④ 제시된 자료에서 2018년 이후 전라선의 여객 수는 매년 증가
했음을 확인할 수 있다.
2018 ~ 2022년 전라선의 공급좌석 수를 구하면 다음과 같다.

• 2018년 : $\frac{309 \times 100}{101} \fallingdotseq 306$석

• 2019년 : $\frac{1,771 \times 100}{99} \fallingdotseq 1,789$석

• 2020년 : $\frac{1,954 \times 100}{91} \fallingdotseq 2,147$석

• 2021년 : $\frac{2,244 \times 100}{95} \fallingdotseq 2,362$석

• 2022년 : $\frac{3,142 \times 100}{88} \fallingdotseq 3,570$석

따라서 전라선의 공급좌석 수와 여객 수는 2018년 이후 매년
증가했다.

⑤ 이용률이 100보다 크면 여객 수가 공급좌석 수보다 많다. 2021년 경부선과 경전선의 이용률을 보면 모두 100보다 크다. 따라서 2021년 경부선과 경전선의 여객 수는 공급좌석 수보다 많다.

04　　　　　　　　　　　　　　　정답 ⑤

제시된 자료에 의하여 AJ공항의 국내선 운항 횟수는 1위, 전년 대비 국내선 운항 횟수의 증가율은 5위이다.

오답분석

① 운항 횟수 상위 5개 공항, 전년 대비 운항 횟수 증가율 상위 5개 공항에 명시된 공항은 IC, KH, KP, AJ, CJ, TG 6개로 국제선 운항 공항은 최소 6개이다. 또한 국제선 운항 횟수 상위 5개 공항의 운항 횟수를 제외한 A국 전체 국제선 운항 횟수는 4,650회이다. 이는 국제선 운항 횟수 5위인 CJ보다 많으므로 국제선 운항 횟수가 3,567회 미만인 공항이 둘 이상 존재한다는 것을 알 수 있다. 따라서 국제선 운항 공항은 최소 7개이며 8개 이상인지는 알 수 없다.

② 2022년 KP공항의 국내선 운항 횟수는 56,309회이고, KP공항의 국제선 운항 횟수는 18,643회이다. $56,309 \times \frac{1}{3}$ 늑 18,770회이므로, 2022년 KP공항의 운항 횟수는 국제선이 국내선의 $\frac{1}{3}$ 미만이다.

③ 전년 대비 운항 횟수 증가율 상위 5개 공항에서 MA공항의 국내선 운항 횟수의 증가율이 가장 높지만, MA공항의 국내선 운항 횟수를 알 수 없으므로 증가폭을 구할 수 없다.

④ 국내선 운항 횟수 상위 5개 공항의 국내선 운항 횟수 합은 $65,838+56,309+20,062+5,638+5,321=153,168$회이고, 전체 국내선 운항 횟수 대비 국내선 운항 횟수 상위 5개 공항의 국내선 운항 횟수의 비율은 $\frac{153,168}{167,040} \times 100 ≒ 91.7\%$이다.

05　　　　　　　　　　　　　　　정답 ①

이메일 스팸 수신량이 가장 높은 시기는 2020년 하반기이지만, 휴대전화 스팸 수신량이 가장 높은 시기는 2019년 하반기이다.

오답분석

② 제시된 자료를 통해 모든 기간 이메일 스팸 수신량이 휴대전화 스팸 수신량보다 많음을 확인할 수 있다.

③ 이메일 스팸 수신량의 증가·감소 추이와 휴대전화 스팸 수신량의 증감 추이가 일치하지 않으므로 서로 밀접한 관련이 있다고 보기 어렵다.

④ 이메일 스팸 총수신량의 평균은 0.6통이고 휴대전화 스팸 총수신량의 평균은 약 0.19통이다.

따라서 $\frac{0.6}{0.19} ≒ 3.16$으로 3배 이상이다.

⑤ 컴퓨터 사용량과 이메일 스팸 수신량이 정비례 관계에 있으므로, 컴퓨터 사용량이 증가하면 스팸 수신량도 증가한다. 따라서 스팸 수신량이 가장 높은 2020년 하반기에 국민의 컴퓨터 사용량이 제일 높았을 것이다.

06　　　　　　　　　　　　　　　정답 ④

E과제에 대한 전문가 3의 점수는 $70 \times 5-(100+40+70+80)=60$점이고, A~E과제의 평균점수와 최종점수를 구하면 다음과 같다.

기호	평균점수	최종점수
A	$\dfrac{100+70+60+50+80}{5}$ $=72$점	$\dfrac{70+60+80}{3}=70$점
B	$\dfrac{80+60+40+60+60}{5}$ $=60$점	$\dfrac{60+60+60}{3}=60$점
C	$\dfrac{60+50+100+90+60}{5}$ $=72$점	$\dfrac{60+90+60}{3}=70$점
D	$\dfrac{80+100+90+70+40}{5}$ $=76$점	$\dfrac{80+90+70}{3}=80$점
E	70점	$\dfrac{60+70+80}{3}=70$점

따라서 평균점수와 최종점수가 같은 과제는 B, E이다.

07　　　　　　　　　　　　　　　정답 ③

㉠ 초등학생에서 중학생, 고등학생으로 올라갈수록 스마트폰$(7.2\% \rightarrow 5.5\% \rightarrow 3.1\%)$과 PC$(42.5\% \rightarrow 37.8\% \rightarrow 30.2\%)$의 이용률은 감소하고, 태블릿PC$(15.9\% \rightarrow 19.9\% \rightarrow 28.5\%)$와 노트북$(34.4\% \rightarrow 36.8\% \rightarrow 38.2\%)$의 이용률은 증가하고 있다.

㉢ 태블릿PC와 노트북의 남학생·여학생 이용률의 차이는 다음과 같다.
  • 태블릿PC : $28.1-11.7=16.4\%p$
  • 노트북 : $39.1-30.9=8.2\%p$
따라서 태블릿PC의 남학생·여학생 이용률은 노트북의 $16.4 \div 8.2=2$배이다.

오답분석

㉡ 초·중·고등학생의 노트북과 PC의 이용률의 차이는 다음과 같다.
  • 초등학생 : $42.5-34.4=8.1\%p$
  • 중학생 : $37.8-36.8=1\%p$
  • 고등학생 : $38.2-30.2=8\%p$
따라서 중학생의 노트북과 PC의 이용률 차이가 가장 작다.

08
정답 ④

지환 : 2019년부터 2022년까지 방송수신료 매출액은 전년 대비 '증가 – 감소 – 감소 – 증가'의 추이를 보이고, 프로그램 판매 매출액은 전년 대비 '감소 – 증가 – 증가 – 감소'의 추이를 보이고 있다. 따라서 방송수신료 매출액의 증감 추이와 반대되는 추이를 보이는 항목이 존재한다.

동현 : 각 항목의 매출액 순위는 광고 – 방송수신료 – 기타 사업 – 협찬 – 기타 방송사업 – 프로그램 판매 순서이며, 2018년부터 2022년까지 이 순위는 계속 유지된다.

세미 : 2018년 대비 2022년에 매출액이 상승하지 않은 항목은 방송수신료, 협찬으로 총 2개이다.

오답분석

소영 : 각 항목별로 최대 매출액과 최소 매출액의 차를 구해보면 다음과 같다.
- 방송수신료 : $5,717-5,325=392$천만 원
- 광고 : $23,825-21,437=2,388$천만 원
- 협찬 : $3,306-3,085=221$천만 원
- 프로그램 판매 : $1,322-1,195=127$천만 원
- 기타 방송사업 : $2,145-1,961=184$천만 원
- 기타 사업 : $4,281-4,204=77$천만 원

기타 사업 매출액의 변동폭은 7억 7천만 원이므로, 모든 항목의 매출액이 10억 원 이상의 변동폭을 보인 것은 아니다.

09
정답 ①

㉠ 연령대별 '매우 불만족'이라고 응답한 비율은 10대가 19%, 20대가 17%, 30대가 10%, 40대가 8%, 50대가 3%로 연령대가 높아질수록 그 비율은 낮아진다.

㉢ 연령대별 부정적인 답변을 구하면 다음과 같다.
- 10대 : $28+19=47\%$
- 20대 : $28+17=45\%$
- 30대 : $39+10=49\%$
- 40대 : $16+8=24\%$
- 50대 : $23+3=26\%$

따라서 모든 연령대에서 부정적인 답변이 50% 미만이므로 긍정적인 답변은 50% 이상이다.

오답분석

㉡ '매우만족'과 '만족'이라고 응답한 비율은 다음과 같다.
- 10대 : $8+11=19\%$
- 20대 : $3+13=16\%$
- 30대 : $5+10=15\%$
- 40대 : $11+17=28\%$
- 50대 : $14+18=32\%$

따라서 가장 낮은 연령대는 30대(15%)이다.

㉣ 50대에서 '불만족' 또는 '매우 불만족'이라고 응답한 비율
: $23+3=26\%$
- 50대에서 '만족' 또는 '매우 만족'이라고 응답한 비율
: $14+18=32\%$

따라서 $\frac{26}{32}\times100=81.25\%$로 80% 이상이다.

10
정답 ②

ㄱ. 감염인력 중 의사의 수는 간호인력 수의 $\frac{25}{190}\times100\fallingdotseq$ 13.2%로 15% 미만이다.

ㄷ. 지역사회감염으로 감염된 간호인력의 수의 30%는 76×0.3 $=22.8$명인데, 간호인력 중 감염경로불명 등으로 감염된 인원은 21명으로 이보다 낮다.

오답분석

ㄴ. 일반진료로 감염된 인원들 중에서 간호인력이 차지하는 비율은 $\frac{57}{66}\times100\fallingdotseq86.4\%$로 원내 집단발생으로 감염된 인원들 중 간호인력의 비율인 $\frac{23}{32}\times100\fallingdotseq71.9\%$보다 높다.

ㄹ. 전체 감염 의료인력 중 기타 인원이 차지하는 비중은 $\frac{26}{241}\times$ $100\fallingdotseq10.8\%$로, 지역사회감염 등에 따라 감염된 인원 중 기타 인원이 차지하는 비중인 $\frac{18}{101}\times100\fallingdotseq17.8\%$보다 낮다.

11
정답 ③

㉡ • 15세 이상 외국인 중 실업자의 비율
: $\frac{15.6+18.8}{695.7+529.6}\times100\fallingdotseq2.81\%$
- 15세 이상 귀화허가자 중 실업자의 비율
: $\frac{1.8}{52.7}\times100\fallingdotseq3.42\%$

따라서 15세 이상 외국인 중 실업자의 비율이 귀하허가자 중 실업자의 비율보다 더 낮다.

㉢ $560.5+273.7=834.2>33.8\times20=676$이므로 옳다.

오답분석

㉠ $\frac{695.7+529.6+52.7}{43,735}\times100\fallingdotseq2.92\%$이므로, 국내 인구수 중 이민자의 비율은 4% 이하이다.

㉣ 국내 인구수 중 여성의 경제활동 참가율이 제시되어 있지 않으므로 알 수 없다.

12
정답 ④

2021과 2022년의 총 학자금 대출신청건수를 구하면 다음과 같다.
- 2021년 : $1,921+2,760+2,195+1,148+1,632+1,224$ $=10,880$건
- 2022년 : $2,320+3,588+2,468+1,543+1,927+1,482$ $=13,328$건

따라서 2022년 총 학자금 대출신청건수는 2021년 대비

$$\frac{13,328-10,880}{10,880}\times100=22.5\% \text{ 증가하였다.}$$

오답분석

① 학자금 대출 신청건수가 가장 많은 지역은 2021년은 2,760건으로 인천이고, 2022년도 3,588건으로 인천이다.

② 2022년 학자금 총 대출금액은 (대출 신청건수)×(평균 대출금액)으로 구할 수 있으므로 대구와 부산의 학자금 총 대출금액을 구하면 다음과 같다.
  • 대구 : 2,320×688=1,596,160만 원
  • 부산 : 2,468×644=1,589,392만 원
  따라서 2022년 학자금 총 대출금액은 대구가 부산보다 많다.

③ 대전의 2022년 학자금 평균 대출금액은 376만 원으로 전년인 235만 원 대비 $\frac{376}{235}$=1.6배 증가하였다.

⑤ 2021년 전체학자금 대출신청건수는 10,880건으로 그 중 광주 지역이 차지하는 비율은 $\frac{1,632}{10,880}\times100$=15%이다.

13

정답 ⑤

여자모델과 어자배우의 2000년대 대비 2020년대의 평균데뷔나이 증가율은 다음과 같다.

• 여자모델 : $\frac{23-20}{20}\times100$=15%

• 여자배우 : $\frac{28-25}{25}\times100$=12%

따라서 여자모델의 2000년대 대비 2020년대의 평균데뷔나이 증가율은 여자배우보다 15-12=3%p 더 높다.

오답분석

① 남성가수의 평균데뷔나이는 1990년대가 28세로 가장 높다.

② 배우직업군의 단순평균 평균데뷔나이를 계산하면 다음과 같다.
  • 1980년대 : (20+18)÷2=19
  • 1990년대 : (23+22)÷2=22.5
  • 2000년대 : (24+25)÷2=24.5
  • 2010년대 : (26+26)÷2=26
  • 2020년대 : (25+28)÷2=26.5
  따라서 배우직업군의 단순평균 평균데뷔나이는 매년 높아지고 있다.

③ 남성모델의 평균데뷔나이는 모든 연도에서 25세 이상이고, 여성모델의 평균데뷔나이도 모두 25세 미만이다.

④ 남자개그맨의 평균데뷔나이가 가장 낮은 해는 25세로 2000년대이고, 여자개그맨의 평균데뷔나이가 가장 높은 해는 27세로 2000년이므로 동일하다.

14

정답 ③

여자가수의 1980년대부터 2020년대까지의 단순평균 평균데뷔나이를 구하면, $\frac{18+20+19+20+21}{5}$=19.6세로 20세 미만이다.

오답분석

① 여성배우의 평균데뷔나이가 남성배우보다 높은 연도는 2000년대와 2020년이다.

② 2010년대 ~ 2020년대에 남자 평균데뷔나이가 30대 이상인 직업은 아나운서와 개그맨이다.
  • 2010년 : 남자아나운서 32세, 남자개그맨 30세
  • 2020년 : 남자아나운서 30세, 남자개그맨 31세

④ 남자모델과 여자모델의 1980년대 대비 2020년대 평균데뷔나이 증가율은 다음과 같다.

  • 남자모델 : $\frac{28-25}{25}\times100$=12%

  • 여자모델 : $\frac{23-20}{20}\times100$=15%

  따라서 남자모델이 여자모델보다 낮다.

⑤ 2000년대 남자 평균데뷔나이가 가장 높은 직업은 28세로 아나운서이고, 여자 평균데뷔나이가 가장 높은 직업은 27세로 개그맨이다.

15

정답 ④

20대와 30대에서는 치료제 A가 더 효과적이지만, 40대 이상부터는 치료제 B가 더 효과적이므로 A보다 B가 더 효과적인지는 주어진 조건만으로는 알 수 없다.

오답분석

① 위중환자의 치료제 A 효과율은 87%, 84%, 78%, 64%, 50%로 연령대가 높아질수록 효과율은 낮아지고 있다.

② 치료제 A의 중증환자 효과율은 전 연령대에서 30% 이상이고, 치료제 B의 중증환자 효과율은 전 연령대에서 30% 이하이다.

③ 60대 중증환자에 치료제 B의 효과율은 24%이고, 위중환자에 치료제 B의 효과율은 75%이다. 따라서 전자는 후자의 $\frac{24}{75}\times$ 100=32%이다.

⑤ 치료제 B의 위중환자 단순평균 효과율과 치료제 A의 위중환자 단순평균 효과율을 구하면 다음과 같다.

  • 치료제 B= $\frac{75+77+80+78+75}{5}$=77%

  • 치료제 A= $\frac{87+84+78+64+50}{5}$=72.6%

따라서 차이는 77-72.6=4.4%p이다.

16

20대 위중환자 치료에 사용한 치료제 A의 효과율은 87%, 치료제 B의 효과율은 75%로 전자는 후자의 87÷75=1.16배이다.

오답분석

① 전 연령대에서 경증환자에게 사용한 치료제 A 효과율은 B보다 낮으므로, 치료제 A보다 B를 접종하는 것이 더 효과적이다.

② 연령대별 경증환자에게 사용한 치료제 A와 B의 효과율의 차이를 구하면 다음과 같다.
  - 20대 : 11−6=5%p
  - 30대 : 12−8=4%p
  - 40대 : 10−7=3%p
  - 50대 : 14−9=5%p
  - 60대 : 13−7=6%p

  따라서 경증환자에서 치료제 A와 B의 효과율의 차이가 가장 큰 연령대는 60대이다.

③ 치료제 B의 효과율이 가장 낮은 경증환자 연령대는 10%로 40대이고, 효과율이 가장 높은 위중환자 연령대도 80%로 40대이다.

④ 60대 경증환자에게 사용한 치료제 A의 효과율은 7%이고, 위중환자는 50%이므로 전자는 후자의 $\frac{7}{50}\times100=14\%$이다.

17

2012년 운동과 미술을 중복하여 수강한 초등학생이 없으므로 운동과 미술을 하지 않은 초등학생은 전체의 100−(65+27)=8%이다. 따라서 그 수는 250×0.08=20명이다.

오답분석

① 중학생과 고등학생의 2012년 대비 2022년 입시 교육 증가율을 구하면 다음과 같다.
  - 중학생 : $\frac{77-56}{56}\times100=37.5\%$
  - 고등학생 : $\frac{86.4-64}{64}\times100=35\%$

  따라서 중학생이 고등학생보다 37.5−35=2.5%p 더 높다.

② 2012년에 비해 2022년 입시 교육을 받는 초등학생의 비율이 늘어난 것은 맞지만, 2012년과 2022년의 초등학생 인원수가 제시되어 있지 않으므로, 인원이 늘어났는지는 주어진 자료에서는 알 수 없다.

③ 2012년 초등학생 중 운동과 음악을 수강하는 비율은 각각 65%와 55%이다. 이에 두 비율을 합하면 120%이므로 초등학생 중 최소 20%는 운동과 음악을 중복하여 수강한다.

④ 어학원 수강비율은 유치원생과 초등학생에서 증가하였지만, 중학생과 고등학생은 감소하였다.

18

2012년 대비 2022년 고등학생의 사교육 중 수강비율이 증가한 것은 입시·미술·연기·요리 총 4가지이다.

오답분석

① 2012년과 2022년의 초등학생과 중학생의 입시교육 비율 차는 다음과 같다.
  - 초등학생 : 60−48=12%p
  - 중학생 : 77−56=21%p

  따라서 중학생은 초등학생의 21÷12=1.75배이다.

② 유치원생의 2012년 대비 2022년의 어학원수강 증가율은 $\frac{9.6-6}{6}\times100=60\%$이다.

③ 2012년 대비 2022년 초등학생의 사교육 비율은 입시·어학원을 제외하고 감소하였다.

④ 2012과 2022년 운동 수강 비율을 학년별로 높은 순으로 나열하면 다음과 같다.
  - 2012년 : 초등학생 65%, 유치원생 50%, 중학생 44%, 고등학생 28%
  - 2022년 : 유치원생 58%, 초등학생 52%, 중학생 28%, 고등학생 16%

  따라서 순서가 동일하지 않다.

19

오답분석

① 둘째와 셋째의 수치가 바뀌었다.

② 정선군의 셋째와 다섯째의 수치가 자료보다 낮다.

③ 양양의 첫째 수치가 자료보다 낮다.

⑤ 평창과 철원의 첫째부터 다섯째의 총지원금 수치가 자료보다 높다.

20

연령대별 조사대상자 중 개인컵 사용자 수를 구하면 다음과 같다.
  - 20대 미만 : 4,200×0.17=714명
  - 20대 : 5,800×0.29=1,682명
  - 30대 : 6,400×0.26=1,664명
  - 40대 : 3,600×0.24=864명

따라서 조사대상자 중 개인컵 사용자 수가 가장 많은 연령대는 20대이며, 개인컵 사용률이 가장 높은 연령대도 20대이다.

오답분석

① 남성과 여성의 조사대상자 중 개인컵 사용자 수를 구하면 다음과 같다.
  - 남성 : 11,000×0.1=1,100명
  - 여성 : 9,000×0.22=1,980명

  따라서 조사대상자 중 개인컵 사용자 수는 여성이 남성의 $\frac{1,980}{1,100}=1.8$배에 해당한다.

② 조사대상자 중 20·30대는 각각 5,800명, 6,400명으로 총 12,200명이다. 이는 전체 조사대상자인 20,000명의 $\frac{12,200}{20,000} \times 100 = 61\%$이다.

④ 40대 조사대상자에서 개인컵 사용자 수는 $3,600 \times 0.24 = 864$명으로 이 중 288명이 남성이라면, 여성은 $864 - 288 = 576$명이다. 따라서 여성의 수는 남성의 $\frac{576}{288} = 2$배에 해당한다.

⑤ 수도권 지역의 개인컵 사용률은 37%이고, 수도권 외 지역은 23%이므로 전자는 후자보다 14%가 아닌 14%p 더 높다.

01	02	03	04	05	06	07	08	09	10
③	④	③	④	③	⑤	①	③	④	④
11	12	13	14	15	16	17	18	19	20
③	②	②	③	⑤	①	③	①	⑤	⑤
21	22	23	24	25	26	27	28	29	30
④	⑤	①	⑤	④	⑤	②	①	⑤	③

01
정답 ③

전제1은 '너무 많이 먹으면 살이 찐다.'이고, 결론은 '너무 많이 먹으면 둔해진다.'이다. 따라서 삼단논법이 성립하려면 '살이 찌면 둔해진다.'라는 명제가 필요하다.

02
정답 ④

'용돈을 합리적으로 쓰다.'를 A, '이자가 생기다.'를 B, '저축을 하다.'를 C, '소비를 줄이다.'를 D로 놓고 보면 전제1은 ~C → ~B, 전제3은 ~D → ~C, 결론은 ~D → ~A이므로 결론이 도출되기 위해서는 ~B → ~A가 필요하다. 따라서 대우인 ④가 답이 된다.

03
정답 ③

'환경 보호 단체'를 A, '일회용품을 사용하는 단체'를 B, '에너지 절약 캠페인에 참여하는 단체'를 C라고 하면, 전제1과 전제2를 다음과 같은 벤다이어그램으로 나타낼 수 있다.

1) 전제1

2) 전제2

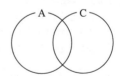

이를 정리하면 다음과 같은 벤다이어그램이 성립한다.

04 정답 ④

E가 수요일에 봉사를 간다면 C는 월요일에 가고, A는 화요일에 가게 되며, B와 D는 평일에만 봉사를 가므로 토요일에 봉사를 가는 사람은 없다.

오답분석

① B가 화요일에 봉사를 간다면 A는 월요일에 봉사를 가고, C는 수요일 또는 금요일에 봉사를 가므로 토요일에 봉사를 가는 사람은 없다.

② D가 금요일에 봉사를 간다면 C는 수요일과 목요일에 봉사를 갈 수 없으므로 월요일이나 화요일에 봉사를 가게 된다. 따라서 다섯 명은 모두 평일에 봉사를 가게 된다.

③ D가 A보다 봉사를 빨리 가면 D는 월요일, A는 화요일에 봉사를 가므로 C는 수요일이나 금요일에 봉사를 가게 된다. C가 수요일에 봉사를 가면 E는 금요일에 봉사를 가게 되므로 B는 금요일에 봉사를 가지 않는다.

⑤ C가 A보다 빨리 봉사를 간다면 D는 목요일이나 금요일에 봉사를 간다.

05 정답 ③

가장 큰 B종 공룡보다 A종 공룡은 모두 크다. 일부의 C종 공룡은 가장 큰 B종 공룡보다 작다. 그러므로 일부의 C종 공룡은 A종 공룡보다 작다.

06 정답 ⑤

다섯 명 중 단 한 명만이 거짓말을 하고 있으므로 C와 D 중 한 명은 반드시 거짓을 말하고 있다.

1) C의 진술이 거짓일 경우

B와 C의 말이 모두 거짓이 되므로 한 명만 거짓말을 하고 있다는 조건이 성립하지 않는다.

2) D의 진술이 거짓일 경우

구분	A	B	C	D	E
출장지역	잠실		여의도	강남	

이때, B는 상암으로 출장을 가지 않는다는 A의 진술에 따라 상암으로 출장을 가는 사람은 E임을 알 수 있다. 따라서 ⑤는 항상 거짓이 된다.

07 정답 ①

첫 번째 조건과 두 번째 조건을 고려하면 E − B − A 또는 E − A − B 순임을 알 수 있다. 여기서 세 번째 조건을 고려하면 D과장이 A사원보다 앞에 있는 경우는 다음 4가지이다.

E − D − B − A, E − D − A − B, D − E − B − A, D − E − A − B

네 번째 조건을 고려하면 E부장과 B사원 사이에 2명이 있어야 하므로 가능한 순서는 5가지 경우로 다음과 같다.

E − D − C − B − A, E − C − D − B − A, E − D − A − B − C, C − E − D − A − B, D − E − C − A − B

마지막으로 다섯 번째 조건을 고려하면 C대리와 A사원 사이에 2명이 있는 순서는 E − C − D − B − A와 C − E − D − A − B이다. 따라서 C대리는 첫 번째 또는 두 번째로 검진을 받을 수 있다.

08 정답 ③

빨간색 컵 − 포도주, 갈색 컵 − 물, 검은색 컵 − 맥주, 노란색 컵 − 주스, 파란색 컵 − 비어 있음

09 정답 ④

첫 번째 ~ 세 번째 명제를 통해 적극적인 사람은 활동량이 많고, 활동량이 많으면 잘 다치고 면역력이 강화된다는 것을 알 수 있다. 또한 두 번째, 네 번째 명제를 통해 활동량이 적은 사람은 적극적이지 않은 사람이며, 적극적이지 않은 사람은 영양제를 챙겨먹는다는 것을 알 수 있다. 그러나 영양제를 챙겨먹으면 면역력이 강화되는지는 알 수 없다.

오답분석

① 첫 번째 명제, 두 번째 명제 대우를 통해 추론할 수 있다.

② 첫 번째 명제, 세 번째 명제를 통해 추론할 수 있다.

③ 두 번째 명제, 첫 번째 명제 대우, 네 번째 명제를 통해 추론할 수 있다.

⑤ 첫 번째 명제 대우, 두 번째 명제를 통해 추론할 수 있다.

10 정답 ④

C, D, F지점의 사례만 고려하면, F지점에서 마카롱과 쿠키를 함께 먹었을 때 알레르기가 발생하지 않았으므로 마카롱은 알레르기 발생 원인이 될 수 없으며, 빵 또는 케이크가 알레르기 발생 원인이 될 수 있다. 따라서 ④는 반드시 거짓이 된다.

오답분석

① A, B, D지점의 사례만 고려한 경우 : 빵과 마카롱을 함께 먹은 경우에는 알레르기가 발생하지 않았으므로, 케이크가 알레르기 발생 원인이 된다.

② A, C, E지점의 사례만 고려한 경우 : 케이크와 쿠키를 함께 먹은 경우에는 알레르기가 발생하지 않았으므로, 빵이 알레르기 발생 원인이 된다.

③ B, D, F지점의 사례만 고려한 경우 : 빵과 마카롱 또는 마카롱과 쿠키를 함께 먹은 경우에 알레르기가 발생하지 않았으므로, 케이크가 알레르기 발생 원인이 된다.
⑤ D, E, F지점의 사례만 고려한 경우 : 케이크와 마카롱을 함께 먹은 경우에 알레르기가 발생하였으므로, 쿠키는 알레르기 발생 원인이 될 수 없다.

11
정답 ③

네 번째, 다섯 번째 사실에 의해 A와 C는 각각 2종류의 서로 다른 동물을 키운다. 또한 첫 번째, 두 번째, 세 번째 사실에 의해 A는 토끼를 키우지 않는다. 따라서 A는 개와 닭, C는 고양이와 토끼를 키운다. 첫 번째 사실에 의해 D는 닭을 키우므로 C는 키우지 않지만 D가 키우는 동물은 닭이다.

오답분석
① 세 번째 사실에 의해 B는 개를 키운다.
② 두 번째 사실에 의해 B는 토끼를 키우지 않지만, 고양이는 키울 수도, 키우지 않을 수도 있다.
④ A, B, D 또는 B, C, D가 같은 동물을 키울 수도 있다.
⑤ B 또는 D는 3가지 종류의 동물을 키울 수도 있다.

12
정답 ②

우선 A는 월요일, E는 목요일에 근무하고, F가 E보다 먼저 근무하므로 F는 화, 수 중에 근무한다. 그런데 G는 A와 연이어 근무하므로 월, 화, 수, 목은 A, G, F, E가 근무한다. 다음으로 F가 근무하고 3일 뒤에 C가 근무하므로 C는 토요일에 근무하며, C가 B보다 먼저 근무하므로 B는 일요일에 근무한다. 따라서 남은 금요일에 D가 근무하고, 금요일의 전날인 목요일과 다음날인 토요일의 당직근무자는 E와 C이다.

월	화	수	목	금	토	일
A	G	F	E	D	C	B

13
정답 ②

먼저 A사원의 말이 거짓이라면 A사원과 D사원 두 명이 3층에서 근무하게 되고, 반대로 D사원의 말이 거짓이라면 3층에는 아무도 근무하지 않게 되므로 조건에 어긋난다. 그러므로 A사원과 D사원은 진실을 말하고 있음을 알 수 있다. 또한 C사원의 말이 거짓이라면 아무도 홍보팀에 속하지 않으므로 C사원도 진실을 말하고 있음을 알 수 있다. 따라서 거짓만을 말하고 있는 사람은 B사원이며, 이때 B사원은 총무팀 소속으로 6층에서 근무하고 있다.

14
정답 ③

첫 번째, 세 번째 조건에 의해 광수는 가운데 집에 산다.
두 번째, 네 번째, 다섯 번째 조건에 의해 광수는 노란 지붕 집에 살고, 원숭이를 키운다.
다섯 번째, 여섯 번째 조건에 의해 원태는 빨간 지붕 집에 살고, 개를 키운다.
따라서 수덕이는 파란 지붕 집에 살고, 고양이를 키운다.
ㄷ. 둘 중에 하나만 맞으면 되므로 옳다.
ㄹ. 수덕이는 고양이를 키우므로 옳다.

오답분석
ㄱ. 원태는 개를 키우므로 옳지 않다.
ㄴ. 광수가 노란 지붕 집에 살고, 원숭이를 키우므로 옳지 않다.
ㅁ. 원태가 농부인지 아닌지는 알 수 없다.

15
정답 ⑤

세 번째 조건에 따라 기획팀 7명은 마임을 하고, 두 번째 조건과 마지막 조건에 따라 춤을 추는 팀은 디자인팀이고 총 6명이다. 따라서 영업팀은 춤을 추지 않으므로 기타 연주를 한다. 즉, 남은 장기자랑은 노래, 기타 연주, 마술이고 신입사원은 6명인데, 그 중에서 마술을 하는 팀은 2명이고 노래를 부르는 팀은 그 2배라고 했으므로 4명이다. 따라서 기타 연주를 하는 영업팀은 1명이며, 첫 번째 조건에 따라 홍보팀은 2명이고 마술을 하며, 노래를 하는 4명은 인사팀이다. 이를 정리하면 다음과 같다.

구분	노래	기타 연주	마술	춤	마임
인사팀	○(4명)				
영업팀		○(1명)			
홍보팀			○(2명)		
디자인팀				○(6명)	
기획팀					○(7명)

따라서 홍보팀에서는 총 2명이 참가하며, 참가 종목은 마술이다.

16
정답 ①

제시된 단어는 유의 관계이다. '흉내'와 '시늉'은 유의어이고, '권장'과 '조장'도 유의어이다.

17

정답 ③

앞의 두 단어가 뒤의 단어인 행위를 하는 데 필요한 도구이다.

오답분석

①·②·④·⑤는 앞의 두 단어가 뒤의 단어를 구성하는 부속품이다.

18

정답 ①

규칙은 가로로 적용된다. 첫 번째 도형을 시계 방향으로 90° 회전한 것이 두 번째 도형이고, 두 번째 도형을 다시 시계 방향으로 90° 회전한 것이 세 번째 도형이다.

19

정답 ⑤

규칙은 세로로 적용된다. 첫 번째 도형을 수직으로 잘랐을 때 오른쪽 부분이 두 번째 도형이 되고, 두 번째 도형을 다시 수평 방향으로 잘랐을 때 아래쪽 부분이 세 번째 도형이 된다.

20

정답 ⑤

규칙은 세로로 적용된다. 첫 번째 도형에서 두 번째 도형이 겹치는 부분을 제외한 나머지 부분이 세 번째 도형이 된다.

21

정답 ④

• 규칙

○ : 왼쪽으로 한 칸씩 이동(맨 앞 문자는 맨 뒤로)
● : 맨 뒤 문자 두 개 삭제
△ : 맨 앞 문자를 앞에 두 개 추가
▲ : 역순으로 배열
♣ : 맨 앞에 xx추가

FTES → FFFTES → FFFT → TFFF
　　　　△　　　　　　●　　　　　▲

22

정답 ⑤

XRTF → xxXRTF → xxXR → xXRx
　　　　♣　　　　　　●　　　　　○

23

정답 ①

nlsE → nl → ln → llln
　　　　●　　　▲　　　△

24

정답 ⑤

KTC → KKKTC → KKK → xxKKK
　　　　△　　　　　●　　　　♣

25

정답 ④

제시문은 분자 상태의 수소와 산소가 결합하여 물이 되는 과정을 설명한 것으로, 수소 분자와 산소 분자가 원자로 분해되고, 분해된 산소 원자 하나와 수소 원자 두 개가 결합하여 물이라는 화합물이 생성된다고 했다.

그러나 산소 분자와 수소 분자가 '각각' 물이 된다고 했으므로 이는 잘못된 해석이다.

26

정답 ⑤

대주가 계약기간이 만료된 뒤 자신의 권리를 이행할 때, 차주는 대주에게 손해를 보장받을 수 없다. 권리금은 전차주와 차주 사이에서 발생한 관행상의 금전으로 법률을 통해 보호받을 수 없으며, 대주는 권리금과 직접적으로 연관되지 않으므로 해당 금액을 지불할 책임 또한 지지 않는다.

오답분석

① 2001년에 상가건물 임대차보호법이 지정되기 전에 대주의 횡포에 대한 차주의 보호가 이루어지지 않았으므로 현재는 보호받을 수 있다는 것을 알 수 있다.
② 권리금은 본래 상대적 약자인 차주가 스스로의 권리를 지키기 위하여 이용하는 일종의 관습으로 평가받고 있다.
③ 권리금은 전차주가 차주에게 권리를 보장받는 관행상의 금전으로, 장기적으로 차주가 상가를 다음 차주에게 이양할 경우 전차주로서 권리금을 요구할 수 있다. 대주는 임차료 외의 권리금과는 관련이 없다.
④ 상대적으로 적은 권리금을 지불하고 높은 매출을 기록했을 때, 직접적인 이득을 보는 사람은 새로운 차주이다. 권리금은 전차주가 해당 임대상가에 투자한 것에 대한 유무형의 대가를 차주가 고스란히 물려받는 경우, 가치가 포함된 일종의 이용 대가이기 때문이다.

27 정답 ②

제시문의 쾌락주의자들은 최대의 쾌락을 산출하는 행위를 올바른 것으로 간주하고, 쾌락을 기준으로 가치를 평가하였다. 또한 이들은 장기적인 쾌락을 추구하였으며, 순간적이고 감각적인 쾌락만을 추구하는 삶은 쾌락주의적 삶으로 여기지 않았다. 따라서 ②는 이러한 쾌락주의자들의 주장에 대한 반박으로 적절하지 않다.

28 정답 ①

마지막 문단에 따르면 와이츠가 말하는 예술의 '열린 개념'은 '가족 유사성'에 의해 성립하며, 와이츠는 '열린 개념'은 무한한 창조성이 보장되어야 하는 예술에 적합한 개념이라고 주장한다. 따라서 ①에서처럼 '아무런 근거 없이 확장된다.'는 것은 적절하지 않다.

오답분석

② 마지막 문단에 따르면 와이츠는 예술을 본질이 아닌 가족 유사성만을 갖는 '열린 개념'으로 보았다. 즉, 예술의 근거를 하나의 공통적 특성이 아닌 구성원 일부의 유사성으로 보았으므로 예술 내에서도 두 대상이 서로 닮지 않을 수 있다.
③ 마지막 문단에 따르면 와이츠는 전통적인 관점에서의 표현이나 형식은 예술의 본질이 아니라 좋은 예술의 기준으로 이해되어야 한다고 보았다.
④ · ⑤ 마지막 문단에 따르면 와이츠가 말하는 '열린 개념'은 '주어진 대상이 이미 그 개념을 이루고 있는 구성원 일부와 닮았다면, 그 점을 근거로 하여 얼마든지 그 개념의 새로운 구성원이 될 수 있을 만큼 테두리가 열려 있는 개념'이다. 따라서 와이츠의 이론은 현대와 미래의 예술의 새로운 변화를 유용하게 설명할 수 있다.

29 정답 ⑤

김씨에게 탁구를 가르쳐 준 사람에 대한 정보는 말로 표현할 수 있는 서술 정보에 해당하며, 이는 뇌의 내측두엽에 있는 해마에 저장된다.

오답분석

① 김씨는 내측두엽의 해마가 손상된 것일 뿐 감정이나 공포와 관련된 기억이 저장되는 편도체의 손상 여부는 알 수 없다.
② 대뇌피질에 저장된 수술 전의 기존 휴대폰 번호는 말로 표현할 수 있는 서술 정보에 해당한다.
③ 운동 기술은 대뇌의 선조체나 소뇌에 저장되는데, 김씨는 수술 후 탁구 기술을 배우는 데 문제가 없으므로 대뇌의 선조체는 손상되지 않았음을 알 수 있다.
④ 탁구 기술은 비서술 정보이므로 대뇌의 선조체나 소뇌에 저장되었을 것이다.

30 정답 ③

앵포르멜 화가들은 의식적이고 인위적인 표현 행위를 최소화하고자 하였으며, 알베르토 부리 역시 버려진 재료를 되는 대로 오려 붙이는 방식으로 '자루'를 완성하였다.

오답분석

① 앵포르멜 화가들은 작품을 통해 우발적이고 즉흥적인 감정의 동요를 직접적으로 드러내고자 하였다.
② 앵포르멜 화가들은 일체의 형식적인 것들을 거부하고 그저 원재료를 상기시키는 제목을 자신의 작품에 붙였다.
④ 엥포르멜 화가들을 포함한 20세기 예술가들은 기존의 틀에서 벗어나 재료들의 무한한 가능성을 탐색하기 시작했다.
⑤ 앵포르멜 화가들은 형식적인 것들을 거부하고 재료의 비정형성에 의미를 부여하고자 했다.

01	02	03	04	05	06	07	08	09	10
①	④	①	④	①	①	①	⑤	③	④
11	12	13	14	15	16	17	18	19	20
⑤	①	⑤	①	③	⑤	①	⑤	③	④
21	22	23	24	25	26	27	28	29	30
②	③	②	②	①	⑤	②	⑤	①	①

01 정답 ①

아트로핀의 효능
- 항콜린성 약물, 부교감 신경 차단제로 산동과 조절 마비
- 호흡기 분비물 억제

02 정답 ④

대퇴사두근 등척성 운동

다리를 반드시 펴고 바로 누운 자세로 허벅지 윗부분 근육에 힘을 줌과 동시에 무릎관절을 위에서 아랫방향으로 누르는 운동이다. 즉, 무릎 관절을 움직이지 않고 근육에만 힘을 주는 운동으로 근골격의 수축을 예방하여 근육의 탄력 및 힘을 유지하는 데 목적이 있다.

03 정답 ①

혈액의 기능
- 가스(산소, 탄산가스), 영양소, 호르몬, 노폐물 운반
- 체액, 산도, 체온 조절
- 식균 작용, 혈액응고 기능

오답분석

ㄹ 혈압조절은 혈액량, 혈관의 용적, 혈관의 탄력성과 관계가 있다.

04 정답 ④

지혈법의 시행단계

직접압박 → 동맥점 압박 → 지혈대 사용 순서이며, 전완부위 출혈 시는 상완동맥을 지혈한다.

지혈대 착용부위
- 팔 및 다리의 절단이나 상박 및 대퇴부의 지혈시 : 지혈대를 상처 바로 위에 감는다.
- 절단된 손, 발, 하퇴부 지혈시 : 지혈대를 상처로부터 5 ～ 10cm 떨어진 상단에 근육이 많은 곳에 감는다.

05 정답 ①

현대 간호에서 간호윤리가 강조되는 이유
- 새로운 기술의 발전으로 새로운 도덕문제 발생 : 전통적인 도덕관으로는 새로운 지식 및 기술과 관련된 도덕문제를 해결하기 어렵기 때문이다.
- 의료인들의 환자와 가족에 관한 권리주장에 대한 책임확대 : 사회가 간호사로 하여금 대상자의 옹호자가 되어 주기를 기대하기 때문이다.
- 간호사의 역할과 위치의 변화 : 간호사의 역할과 영역의 확대로 인해 새로운 직무 사이의 딜레마에 직면하게 되었기 때문이다.

06 정답 ①

생리시작 후 14일 이내가 아니라 생리가 끝난 후 7일 이내에 실시한다.

07 정답 ①

발목 염좌의 부종과 동통 호소시 우선적인 간호

휴식, 찬물 및 얼음찜질, 압박붕대 감아주기, 발을 심장보다 높이 올리기

08 정답 ⑤

대퇴의 다발성 골절환자의 합병증으로 인한 지방색전증 증상

심한 호흡곤란, 빈맥, 청색증, 심장 부위의 통증, 고열, 불안, 혼수 등이 나타나고, 2 ～ 3일 후 흉부, 액와부, 목, 결막에 점상출혈이 생긴 후 며칠 뒤 소멸되는 것이 특징이다.

09 정답 ③

오답분석

① 임신 7 ～ 8주경에 자궁저부가 경부 쪽으로 휘어지기 쉽게 되는 현상
② 임신 5주경에 경부가 부드러워지는 것
④ 임신 후 질점막이 자청색으로 변하는 현상(질점막 혈관 분포의 양 증가가 원인이다)
⑤ 임신 약 7주 정도 되어 협부가 부드러워지는 것

10 정답 ④

뇌수종의 증상
- 비정상적으로 급격한 두위가 증가하고, 대천문 팽대, 뇌내압 상승, 봉합 분리, 두개골이 얇아지고 Macewen 증상이 나타난다.
- 뇌압 증가가 가장 특징적이다.
- 영아기 : 두위증가, 비정상적인 빠른 머리 성장, 대천문 팽창, 울때 두피정맥 확장, 움푹한 눈, 봉합문 분리, 뇌압 증가로 두개골 얇아지고 봉압선 분리, 타진시 둔탁한 소리(Macewen 증상), 날카롭고 고음의 울음, 구토 등이 발생한다.

- 아동기 : 두통, 구토, Papiledema(유두부종), 사시, 운동실조증, 불안정, 무기력, 무감동, 혼수 등이 나타난다.

11 정답 ⑤

면역요법(탈감작요법)시 주의 사항

- 한곳에 반복하지 않고 1ml 주사기에 항원을 넣어 여러 부위에 주사한다.
- 주사 후 20 ~ 30분 정도 관찰한다.
- 응급처치에 대비한다.
- 과민반응 증상이 나타나면 즉시 담당의사에게 알린다.
- 국소반응으로는 주사부위가 붓고 가려움증이 있고 전신반응으로는 천식이나 비염증상으로 재채기, 눈 가려움, 두드러기, 목의 가려움, 쇼크 등이 주사 후 20분 이내에 발생할 수 있으므로 잘 관찰하도록 한다.

12 정답 ①

이뇨제 투여로 인해 저칼륨혈증에 대비해 칼륨보충제나 칼륨이 풍부한 식품, 즉 오렌지, 바나나, 건포도, 저지방우유, 치즈, 요구르트 등을 제공해야 한다.

13 정답 ⑤

치매환자의 환경간호

- 간호사는 침착하게 조용한 환경에서 자존심을 건드리지 말고 의사소통한다.
- 읽기 쉬운 큰 시계와 달력을 적당한 장소에 부착한다.
- TV, 라디오 등 환자가 익숙한 물건에는 표시를 해둔다.
- 만약 언어적 이해가 떨어진다면 그림을 사용한다.
- 밤 동안에 희미한 불을 켜두거나 야간등을 사용한다.
- 과잉자극을 피하기 위하여 환경을 단일화한다.

14 정답 ①

치매환자의 대다수는 밤에 상태가 더 나빠진다. 어둠은 치매노인의 방향감각을 더 나빠지게 하고 혼돈을 가중시킨다. 따라서 침실과 화장실에 불을 켜 놓도록 하며, 벽을 따라서 야광테이프를 화장실까지 붙여 놓아 치매노인이 길잡이로 삼도록 하는 방법도 좋다. 밤의 배회는 빛을 향해 가는 경우가 많으므로 출구에 두꺼운 커튼을 쳐 어둡게 한다.

15 정답 ③

신생아 탈수열

- 증상 : 38도 이상의 고열, 체중 감소, 대천문함몰, 안구함몰
- 건강하게 태어나 아무런 병이 없는데도 38 ~ 39℃의 고열이 나타나는 경우를 신생아 탈수열 또는 신생아 일과성열이라고 한다.
- 어린 아기들의 경우 체온조절 능력이 부족하고 외부 온도에 영향을 많이 받는다. 특히 신생아는 이불로 꽁꽁 싸 두거나 수분공급이 부족할 때 체온이 상승한다.
- 체중이 감소하고 계속 칭얼거리는 횟수가 많아진다. 물을 주면 잘 먹으며 열도 금방 떨어진다.
- 빨리 수분을 공급해 주지 않으면 창백해져 의식을 잃거나 경련을 일으킬 수 있다. 심한 경우 뇌 손상이나 영아 돌연사의 원인이 될 수 있다.

16 정답 ⑤

정신건강의 지표

- 건전한 사고 : 개인의 인격특성, 인간관계 기술
- 통정된 정서 : 스트레스에 대한 적응능력
- 삶의 의미 : 중년의 위기와 피터팬 신드롬, 현실을 극복할 수 있는 능력

17 정답 ①

폐농양의 증상

- 폐농양은 폐조직의 염증과 괴사로 생긴 공동(직경이 2cm 이상인 공동이 1개 또는 그 이상 형성된다) 속에 고름이 고여 있는 상태이다.
- 서서히 발병하는 기침과 발열, 피로, 식욕부진과 체중 감소, 흉부의 통증과 화농성 객담 청진 시 습성나음의 청취, 빈혈 등의 증상이 있다.
- 폐농양이 기관지와 연결되어 있는 경우에는 기침을 할 때 악취가 나는 부패성 가래가 섞여 나오게 된다.

18 정답 ⑤

경요도 전립선 절제술 후 간호중재

- 수술 첫날까지는 정맥으로 수액을 공급하고, 수술 당일 저녁부터는 경구로 수분섭취를 할 수 있으며 그 다음부터는 환자가 원하는 식사를 할 수 있다.
- 보통 TURP 수술 후 2 ~ 5일간은 매일 2 ~ 3L의 수분섭취를 권장한다.
- 계속적인 방광세척을 시행할 때에는 섭취량과 배설량을 정확히 측정하는데, 특히 세척용액을 계산에 포함시켜야 한다.
- 소변에 혈액이 섞이거나 카테터를 오래 삽입하고 있으면 세척용액량을 증가시킨다.
- 혈량증가와 저나트륨혈증의 증상은 수술 후 24시간 이내에 뇌부종의 증상(의식수준의 변화, 혼돈, 발작, 흥분, 경련과 혼수 등)이 나타나므로 자세히 사정한다.

- 방광세척에 쓰이는 용액은 등장성 용액이어야 하며 수분중독 환자는 수분과 나트륨의 섭취를 제한한다.

19 정답 ③
고관절 수상석고의 간호중재
- 석고붕대는 속까지 완전히 말라야 하며 골고루 일정한 속도로 건조되어야 하므로 습하거나 추운 날이면 전기난로를 이용한다. 단, 전기램프는 복사열이 아니므로 사용하지 않는다.
- 석고를 적용하기 전 피부의 손상을 예방하기 위해서 뼈 돌출 부위에는 과도한 압박을 피하도록 한다.
- 석고붕대한 부분이 침대에 의해서 눌리면 모양이 변하므로 변형되지 않도록 단단한 침요를 사용한다.
- 오한이나 추위를 느끼기도 한다. 이때는 석고붕대하지 않은 부분을 담요로 덮어준다.
- 베개가 높을 경우 굴곡이 생기므로 낮은 베개를 사용한다.
- 아기의 경우 안정을 위해 음식을 소량씩 자주 제공한다.

20 정답 ④
엎드려 눕혀 고관절 경축을 피한다.

무릎위 절단환자의 굴곡경축 예방을 위한 간호중재
- 고관절 경축이 발생하지 않도록 체위는 복위를 취하는 것이 좋다.
- 절단부위 밑을 베개로 지지하는 것은 고관절 경축을 가져오므로 피한다.
- 절단부위를 침대 위, 휠체어 위, 목발의 손잡이 위 등에 걸치지 않도록 한다.

21 정답 ②
사고의 비약(Flight of Idea)은 과대망상, 즉 자신의 중요성에 대한 과장된 믿음으로 사고흐름의 장애이다.

오답분석
① 관계망상(Idea of Reference) : 다른 사람의 무관한 말이나 행동을 자신과 관련짓는 것으로 사고내용의 장애이다.
③ 건강염려증(Hypochondriasis) : 사소한 신체적 증세 또는 감각을 심각하게 해석하여 스스로 심각한 병에 걸려 있다고 확신하거나 두려워하고, 여기에 몰두해 있는 상태로 불안장애이다.
④ 지리멸렬(Incoherence) : 앞뒤가 맞지 않고 비논리적인 사고로 사고흐름의 장애이다.
⑤ 조종망상(Delusion of Control) : 어떤 힘에 의해서 자신의 신체나 동작 또는 정신이 조종되어 잘못된다고 믿는 장애이다.

22 정답 ③
인두제는 등록된 환자 또는 사람 수에 따라 일정액을 보상하는 방식이다.

오답분석
① 행위당수가제 : 제공된 의료서비스의 단위당 가격에 서비스의 양을 받은 만큼 보상하는 방식
② 봉급제 : 서비스 양이나 제공받는 사람의 수에 상관없이 일정 기간에 따라 보상하는 방식
④ 포괄수가제 : 환자 종류 당 총괄보수단가를 설정하여 보상하는 방식
⑤ 총괄계약제 : 지불자 측과 진료자 측이 진료보수총액의 계약을 사전에 체결하는 방식

23 정답 ②
복막투석 시 불안으로 비효율적 호흡양상(호흡곤란)을 보일 때는 대상자에게 기침과 심호흡을 규칙적으로 하도록 하며 호흡을 용이하게 하기 위해 반좌위를 취해 준다.

복막투석
- 부작용 증상 : 체온상승
- 큰입자로 구성된 단백질이 많이 빠져나가므로 고단백식이 좋다.
- 감염예방을 위한 항생제 투여
- 시행 전 : 소·대변 보기, 전해질·혈당 검사
- 시행 중 : 감염증상, 울혈증상(폐부종, 고혈압, 저혈압, 허약감, 오심, 구토) 관찰하기
- 처방된 시간보다 오래 머물면 Hyperglycemia가 올 수 있음
- 합병증 : 복부통증, 방광·장 천공, 복막염
- 복부통증을 예방하기 위하여 투석액을 실내온도로 유지한 후 투여하기

24 정답 ②
후두암
- 초기 증상 : 쉰 목소리(애성), 기침, 통증호소, 호흡곤란, 연하곤란
- 후기 증상 : 종양이 크면 기침을 할 때 출혈, 체중감소, 입안의 악취, 목의 혹
- 위험요인 : 담배, 알코올, 먼지
- 대상자 : 가수, 교사(석면섭취)

25 정답 ①
목발보행시 간호중재
- 계단을 오를 때는 먼저 건강한 쪽 다리를 내디딘 다음 목발을 옮기고 불편한 다리를 끌어올린다.
- 계단을 내려갈 때는 먼저 목발을 옮기고 건강한 발을 옮긴다.
- 체중의 부하는 손바닥과 손목에 주어야 한다.
- 바닥에서 미끄러지지 않도록 굽이 없는 신발이나 슬리퍼를 신는다.

26

정답 ⑤

분만 4기에서 방광 팽만 시 자궁이 한쪽으로 치우쳐서 만져진다. 산후출혈 예방을 위해 소변을 보도록 해야 한다.

27

정답 ②

생리적 무월경(Physiologic Amenorrhea)은 초경 이전, 자연 폐경 이후, 임신, 산욕기 및 수유기의 무월경 상태를 의미하며, 이외의 무월경은 병적 무월경(Pathologic Amenorrhea)으로 정의한다.

28

정답 ⑤

대상자가 지역주민으로 선정되었으므로, 대상자의 보건교육 요구를 파악해야 한다.

보건교육 계획과정
- 1단계 : 대상자의 선정 및 특성 파악
- 2단계 : 대상자의 보건교육 요구 파악
- 3단계 : 보건교육의 목적 설정
- 4단계 : 보건교육의 학습목표 설정
- 5단계 : 이용 가능한 자원 파악
- 6단계 : 보건교육 방법에 대한 계획
- 7단계 : 평가방안 계획

29

정답 ①

치명률은 어떤 질환에 의한 사망자수를 그 질환의 환자수로 나눈 것이다.

30

정답 ①

지속성 우울장애(Persistent Depressive Disorder) / 기분부전장애(Dysthymic Disorder)는 우울장애의 일종으로, 성인의 경우 최소 2년, 아동 및 청소년의 경우 최소 1년 이상 우울한 기분이 지속된다. 식욕 감소 또는 증가, 무기력감, 자존감 저하 등의 증상이 특징적으로 나타난다.

www.sdedu.co.kr

www.sdedu.co.kr

최종모의고사 수리논리 문제풀이 용지

성명 :   수험번호 :

①

②

③

④

수리논리

⑤

최종모의고사 수리논리 문제풀이 용지

성명 :　　　　　　　　　　수험번호 :

⑥

⑦

⑧

⑨

수리논리

⑩

최종모의고사 수리논리 문제풀이 용지

성명 :　　　　　　　　　　　　　수험번호 :

⑪

⑫

⑬

⑭

수리논리

⑮

최종모의고사 수리논리 문제풀이 용지

성명 :   수험번호 :

⑯

⑰

⑱

⑲

수리논리

⑳

최종모의고사 추리 문제풀이 용지

성명 :   수험번호 :

①

②

③

추리

④

⑤

⑥

최종모의고사 추리 문제풀이 용지

성명 :　　　　　　　　　　　수험번호 :

⑦

⑧

⑨

⑩

추리

⑪

⑫

최종모의고사 추리 문제풀이 용지

성명 :　　　　　　　　　　　수험번호 :

⑬

⑭

⑮

⑯

추리

⑰

⑱

최종모의고사 추리 문제풀이 용지

성명 :　　　　　　　　　　　수험번호 :

⑲

⑳

㉑

㉒

추리

㉓

㉔

최종모의고사 추리 문제풀이 용지

성명 :   수험번호 :

㉕

㉖

㉗

㉘

추리

㉙

㉚

2023 채용대비 삼성병원 간호사 GSAT 직무적성검사
FINAL 실전 최종모의고사 6회분 + 무료삼성특강

개정3판1쇄 발행	2023년 03월 20일 (인쇄 2023년 02월 08일)
초 판 발 행	2020년 04월 30일 (인쇄 2020년 03월 23일)
발 행 인	박영일
책 임 편 집	이해욱
편 저	SD적성검사연구소
편 집 진 행	구현정 · 한성윤
표지디자인	박수영
편집디자인	김지수 · 윤준호
발 행 처	(주)시대고시기획
출 판 등 록	제10-1521호
주 소	서울시 마포구 큰우물로 75 [도화동 538 성지 B/D] 9F
전 화	1600-3600
팩 스	02-701-8823
홈 페 이 지	www.sdedu.co.kr
I S B N	979-11-383-4486-9 (13320)
정 가	17,000원

대기업 인적성 "기출이 답이다" 시리즈

역대 기출문제와 주요기업 기출문제를 한 권에! 합격을 위한

Only Way!

대기업 인적성 "봉투모의고사" 시리즈

실제 시험과 동일하게 마무리! 합격으로 가는

Last Spurt!